管好绩效
重燃组织激情

企业绩效管理
实务一本通

邓志文◎著

中国铁道出版社有限公司
CHINA RAILWAY PUBLISHING HOUSE CO., LTD.

图书在版编目（CIP）数据

管好绩效，重燃组织激情：企业绩效管理实务一本通 / 邓志文著. -- 北京：中国铁道出版社有限公司，2025. 7. -- ISBN 978-7-113-32144-4

Ⅰ. F272.5

中国国家版本馆CIP数据核字第202540NP75号

书　　名：管好绩效，重燃组织激情：企业绩效管理实务一本通
　　　　　GUAN HAO JIXIAO, CHONG RAN ZUZHI JIQING: QIYE JIXIAO GUANLI SHIWU YI BEN TONG

作　　者：邓志文

责任编辑：郭景思　　编辑部电话：（010）51873007　　电子邮箱：guojingsi@sina.cn
封面设计：宿　萌
责任校对：苗　丹
责任印制：赵星辰

出版发行：中国铁道出版社有限公司（100054，北京市西城区右安门西街8号）
网　　址：https://www.tdpress.com
印　　刷：三河市宏盛印务有限公司
版　　次：2025年7月第1版　2025年7月第1次印刷
开　　本：710 mm×1 000 mm　1/16　印张：17　字数：270千
书　　号：ISBN 978-7-113-32144-4
定　　价：79.80元

版权所有　侵权必究

凡购买铁道版图书，如有印制质量问题，请与本社读者服务部联系调换。电话：（010）51873174
打击盗版举报电话：（010）63549461

前　言

　　如果在企业管理领域里随机询问 10 位企业主管，估计有 9 位都能对绩效管理侃侃而谈，其中更有 5 位会自信地称自己为绩效管理的专家。毕竟，企业主管们每月要做绩效考核与绩效分析，每年要做年度绩效考评，可谓经验丰富。可是，我在给参加全国经济师考试的人力资源主管进行考前辅导期间，向学员们询问一些绩效管理基础知识时，发现能够说透的人并不多，这与我们想象中的情形很不一样，值得大家深思。事实上，绩效管理是一种非常古老的管理方法，自从人类出现大规模的协作劳动开始就出现了绩效管理的思想。我国春秋时期的《孙子兵法》中提到"取敌之利者，货也。故车战，得车十乘以上，赏其先得者"，"施无法之赏，悬无政之令"（奖要奖得心花怒放，罚要罚得胆战心惊）。明代万历时期，张居正提出"考成法"（定目标、实考核、严兑现），其本质都是绩效管理思想在实践中的运用。我国的绩效管理思想源远流长，而现代系统化的绩效管理理论体系则是在西方工业革命后逐步形成的。自改革开放以来，我们积极引进 KPI[①]、BSC[②]、OKR[③] 等绩效管理工具，与我国绩效管理运行"轨道"（绩效计划、绩效沟通与辅导、绩效考核与反馈、绩效诊断与提高）的闭环式循环，为我国企业管理水平的快速提升作出了非常大的贡献。

　　企业发展阶段不同、规模不同、管理水平也不同。绩效管理作为企业经营管理的主要抓手之一，管理者都会直接或间接地涉及绩效管理工作。曾经有一位从事多年绩效管理工作的资深人士感叹地说："绩效管理工作，应付容易，做好很难！"其主要原因是员工对绩效管理体系的认知参差不齐造成的，绩效管理体系犹如一头"大象"，一些员工对绩效管理的认识就如同"盲人摸象"，只站在自己的视角去感受这头"大象"，摸到局部而没有看到全貌，只关心自己的绩效奖金得失，而忘记

---

① key performance indicators 的简称，即关键绩效指标，是一种衡量绩效的量化指标。
② balanced score card 的简称，即平衡计分卡，是一种战略绩效管理工具。
③ objectives and key results 的简称，即目标与关键成果，是一种目标管理方法。

了要先给企业创造价值才能分享价值的绩效理念，这就使得他们对自己难以触及的部分一无所知。何况绩效管理是一头"跳动的大象"，随着外部竞争环境、内部战略调整，以及经营目标变化而变化。

"不谋全局者，不足谋一域"，管理者要以全局观的视野开展绩效管理工作，在此基础上按照"水因地而制流，兵因敌而制胜；合于利而动，不合于利而止"的理念，摸清楚绩效管理体系这头"跳动的大象"，建立"上下同欲者胜"的价值观，结合东方文化和企业实际情况合理开展绩效管理工作，通过构建利益共同体，重燃组织激情，提升核心竞争力，实现企业提效与员工增收的"双赢"目标。

本书的内容概要与体系结构如下：

第一章，"上下同欲者胜"，在企业的使命、愿景、价值观引导下，提出战略规划的框架，编制年度经营计划书作为绩效目标的重要来源。通过统一思想，凝聚力量，鼓励大家朝着实现战略目标与年度经营方向奋力前进。本章与其他绩效管理书籍不同之处在于增设了战略规划到年度绩效管理目标之间的"桥梁"（年度经营计划书），为实现目标提前规划好人财物等资源的配备。

第二章，"凡事预则立，不预则废"，透过绩效计划的制订、绩效目标的设定、考核指标，以及其权重的设计、评价标准的设定等措施，设计了一套"横向到边、纵向到底"的绩效管理目标与评价体系。本章与其他绩效管理书籍不同之处在于提出了一些简单有效的实操方法，比如企业目标如何有效分解至各部门，部门间绩效指标关联表，优于经验管理法的指标权重设计的两两比较法等。

第三章，"合于利而动"，管理者在绩效实施过程中，应采用合适的绩效管理方法，合理地开展绩效考评、有效进行绩效沟通与绩效反馈、及时处理绩效申诉，牵引管理效能的提升。本章与其他绩效管理书籍不同之处在于主次分明地介绍了绩效管理考评实施流程、职能服务部门的两张白纸定性考核法、绩效辅导模型等。

第四章，"势者，因利而制权也"，讲述了绩效考核结果在经济性激励、非经济性激励等多方面的有效运用。本章与其他绩效管理书籍不同之处在于介绍了绩效考核在股权激励中的运用、绩效成果在任职资格建设中的使用等。

第五章，"知彼知己，百战不殆"，管理者应根据企业实际管理情况和管理要求，持续开展绩效管理信息的搜集、调研分析工作，有利于及时了解绩效管理实施过程的常规问题，在避免"入坑"的同时，找到合理的改进措施。本章与其他绩效管理书籍不同之处在于提供了从绩效管理认知、指标设置、目标设定、考核结果运用等角度梳理的 20 多个常规问题点及其改善建议，供读者参考。

第六章，"激水之疾，至于漂石者，势也；鸷鸟之疾，至于毁折者，节也"，通过奖金池的有效运用，从各方面调动员工的工作积极性，驱动员工把精力聚焦在绩效改进与绩效提升等方面。以开放的心态博采众长，通过有效使用绩效改进工具，达到管理者设定的期望水平。本章与其他绩效管理书籍不同之处在于提出了奖金池的设置及其运用的二维绩效激励模型等。

第七章，"令之以文，齐之以武，是谓必取"，管理者应根据内外部环境的变化，及时调整和完善绩效管理体系，有效防范绩效管理过程中存在的风险，减少目标实现过程中的障碍或阻力。本章与其他绩效管理书籍不同之处在于梳理了绩效管理方面的 26 个风险问题点及其改善建议，提出了有效实施绩效管理的配套措施等。

第八章，"金钥匙银钥匙，能开门的就是好钥匙"，管理者只有将绩效理论、实践经验和传统文化进行有效统合，才能做到顺势而为，应时而变，推动企业在高质量发展的同时，不断迈上新台阶。本章与其他绩效管理书籍不同之处在于向读者介绍一家优秀企业如何根据"以正合、以奇胜"的东方思想设计了"守正出奇"的二维绩效管理模式，鼓励员工发扬"比学赶帮超"精神，实现主营业务收入连续十多年增长率在 20% 左右且突破 100 亿元的实战案例供读者参考。读者在研读这个案例的同时，思考一下本公司与该公司在绩效管理方面的异同，有利于查漏补缺，推陈出新，提高认知。

本书重要章节均有绩效管理方面的理论知识、实战案例、知识拓展等相关内容，帮助读者能够更系统、更全面地提升绩效管理专业技能。

本书的目标读者：一是企业各层级的管理者、人力资源管理者，以及从事绩效管理工作的绩效总监、绩效经理、绩效主管、绩效专员等；二是在校的工商管理、人力资源管理专业本科生；三是其他对绩效管理工作感兴趣的人员。

本书对读者的实际价值：一是通过学习本书，可以全面了解绩效管理的本质，熟悉各种绩效管理方法与特点，掌握绩效管理运行体系与风险控制机制，在提高绩效管理专业技能的同时，避免陷入绩效管理的误区或盲区；二是本书提供了 20 多个案例，150多张图表，直观展现了绩效管理理论与实操方法，方便读者学以致用，即学即用。

"用之则行，舍之则藏"，如果读者觉得本书有用就要努力地去尝试；如果觉得暂时用不到就把它收藏起来。"只有当陀螺动起来，旋转起来，陀螺才能立起来"。只要把所学的知识点放在自己所处的工作环境中思考，做正确的事，做自己该做的事，一定会开卷有益，行稳致远。

由于本人才疏学浅，在编写本书的过程中，努力尝试将东方博大精深的管理思想移植、嫁接到企业绩效管理方面，在融合中一定会存在许多不足和值得商榷的地方，敬请读者提出意见或建议，让我们共同为丰富绩效管理这门学问添砖加瓦。

邓志文

2025年3月

目 录

第一章　以战略牵引为导向：制订年度经营计划　1

第一节　"上下同欲者胜"的全局观：使命、愿景、价值观与战略　2

第二节　战略规划到绩效目标管理的桥梁：编制年度经营计划　3

第二章　凡事预则立：绩效管理目标与评价体系　7

第一节　好的开始是成功的基础：绩效计划的制订　9

第二节　抓住"牛鼻子"：绩效指标的设计　16

第三节　发挥"指标棒"作用：绩效指标权重的设定　39

第四节　衡量成就的高低：绩效指标评价标准　44

第三章　合于利而动：绩效考评与绩效互动　51

第一节　绩效考评　52

第二节　绩效沟通与绩效辅导　75

第三节　绩效反馈　83

第四节　绩效申诉　91

第四章　因利而制权：绩效考核结果应用　95

第一节　绩效考核结果在经济性激励方面的运用　96

第二节　绩效考核在股权激励中的运用　103

第三节　绩效考核结果在非经济性激励方面的运用　108

第四节　绩效指标赋能任职资格体系建设　111

第五章　知彼知己：绩效管理的常见问题解析　120

第一节　绩效管理认知的问题分析　121

第二节　绩效指标设置的问题分析　124

第三节　绩效考核目标设定的问题分析　126

第四节　绩效考核结果运用的问题分析　127

第六章　激水漂石：绩效改进　130

第一节　绩效改进的奖金池设置　131

第二节　绩效诊断　136

第三节　绩效改进的理论模型　141

第四节　OKR 促进绩效改进　151

第五节　积分制推动绩效改进　161

第六节　EVA 推动资本保值增值　167

第七章 文令齐武：绩效风险管控　　172

　　第一节　绩效管理过程中出现的问题点或
　　　　　　风险点　　173
　　第二节　绩效管理配套措施　　178
　　第三节　数字化时代的绩效管理　　188
　　第四节　绩效管理制度　　196

第八章 综合案例：奉行运动健将精神的
　　　　　绩效管理体系　　217

后　记　　260

参考文献　　261

第一章
以战略牵引为导向：
制订年度经营计划

【导读】"不谋全局者，不足谋一域"。绩效管理是一个比较复杂的系统，要做好绩效管理如同建造一幢房子，首先是要设计好房子的框架，其次才是规划好房屋的建筑结构，根据梁、柱、墙等主要承重构件的建筑材料分门别类进行设计规划，然后根据框架的情况，按计划完成施工与装修。"大道至简"，为了向大家讲清楚绩效管理体系的运行轨道，绘制了二维绩效管理模式运作架构，如图1-1所示，作为了解绩效管理全貌的导航路径。

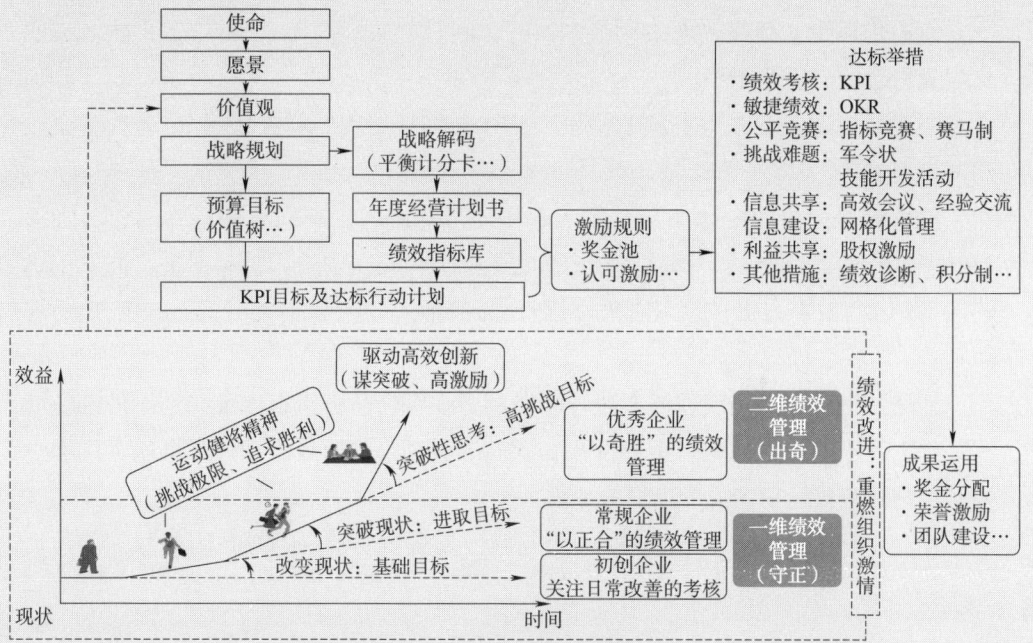

图1-1 二维绩效管理架构图

第一节 "上下同欲者胜"的全局观：使命、愿景、价值观与战略

我们在给企业做管理咨询项目期间，发现一些企业领导愿意花很多时间思考"怎样赚钱"，却很少思考"为什么赚钱"。如果领导把赚钱当梦想，那么员工也会思考如何实现个人利益最大化，这是值得关注的地方。企业在本质上是一个平台，不同的利益群体在平台上相互合作，追求共同的目标与各自的目标实现。"上下同欲者胜"，企业作为一个平台的载体，要行稳致远地发展，需要从全局观出发：一是要统一大家的思想，在企业使命、愿景和价值观的引领下，制定企业战略和年度经营目标；二是尊重所有利益相关者的价值诉求，"薄施厚望者不报"，只有理解和给予对方所需要的，才能得到自己所想要的。

【知识拓展：使命、愿景、价值观与战略】

使命是指企业存在的理由和根本目的，回答"我们为什么而存在"，能对其他文化元素起到引领性作用。

愿景是指对企业未来发展的假设和描述，回答"我们要去哪里"，体现了企业的理想追求。

价值观是指企业全体员工共同信奉和遵循的价值判断标准和基本信念，回答"我们凭什么实现理想"，解决的核心问题是"什么是正确的"，而不是"谁是正确的"，既包括做事方面的认知指导原则，又包括人与人和谐相处方面的认知指导原则。

战略是指企业为了实现长期生存和发展，在综合分析组织内部条件和外部环境的基础上做出的一系列带有全局性和长远性的谋划。本质是谋求外部环境、内部资源条件与战略目标三者之间的动态平衡。

使命、愿景、价值观与战略为企业持续发展提供了前进的方向和动力。

第二节　战略规划到绩效目标管理的桥梁：编制年度经营计划

经常发现很多企业都有制定战略，但又很少有效执行，甚至仅停留在口头上或纸面上，空泛地谈到未来的美好愿望。比如下一年的战略目标50亿元、实现业绩翻倍、市场领先等。经过调研发现，企业战略没有得到有效执行的主要原因是管理者不知道如何制订具体且可执行的计划，导致从战略规划到绩效管理实施的环节之间缺少承上启下的"桥梁"，这个"桥梁"就是通过战略解码来编制的年度经营计划。

【案例分享：编制年度全面财务预算经营计划】

> 我在苏州工业园一家制造业公司负责战略绩效管理工作时，每年至少要花三个月的时间配合公司编制年度全面财务预算经营计划，旨在明确公司的年度经营方向和目标，为员工绩效考核与激励提供制度依据。其成效是公司在1998年主营业务收入约4亿元，2015年主营业务收入约110亿元，这十七年的主营业务收入年均增长率≥20%，一举成为行业翘楚。后来，公司在南通建设了生活用纸产品基地，规划总用地8 500亩，预计总投资450亿元。
>
> 绩效管理真正要推行下去，需要打通战略规划→年度经营计划→绩效考核这条"生命线"。如果没有编制年度经营计划这个过程，企业一旦发展过快，人财物等资源配置不上去，经营目标自然难以实现；如果企业做好了年度经营计划，各部门为了实现目标追求，会最大限度地提前规划好人财物等资源的有效配置和合理利用，为绩效管理打下了良好基础；如果管理者没有做好年度经营计划，在老板的高压之下，只会喊口号，甚至出现"年初拍脑袋定目标、年中拍胸脯表决心、年底拍屁股走人"等问题，这样做相当于扣错了绩效管理的"第一粒纽扣"，一步错步步错。但如何编制一个有效的、可执行的年度经营计划，对管理者是一个很大的考验。

一、年度经营计划与绩效管理的关系

年度经营计划是企业为了适应环境的变化，确保经营方针与目标实现而制订的

年度工作计划。年度经营计划与绩效管理的关系，如图1-2所示。

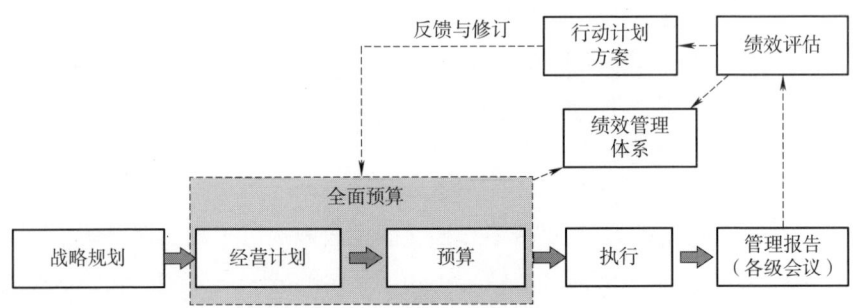

图1-2　经营计划与全面预算、绩效管理的关系示意图

企业为了实现既定的战略目标，需要将年度经营计划、预算和员工绩效管理体系统合起来形成管理闭环，通过提高经营计划与预算效率，建立绩效管理体系，从而促进各项行动计划方案更好地执行战略规划要求。

管理者在制定企业年度经营重点工作的过程中，不仅要结合企业所处行业的竞争态势、优势等因素制定出最适合的目标，还要进行取舍和优先排序，保证在有限的时间和资源等条件下，完成优先级最高的、对目标影响重大的事情。建议每年设定3~7项重点工作，最多不要超过10项，这样有利于聚焦目标，集中配置资源解决问题，增加成功的概率。

二、年度经营计划书的基本内容

一个有效且可执行的年度经营计划书应包括以下内容：

（1）企业背景。企业背景要结合企业发展历程，站在更高更广的角度重新审视当前的经营状况。主要内容包括：基本状况介绍；使命、远景、价值观；短期、中期、长期战略发展规划和发展目标概述；商业模式或经营模式等。

（2）经营环境分析。企业的经营方向应根据外部商业环境的变化及时进行调整。主要内容包括：ESG（environmental social governance，环境、社会、治理）分析，评估企业经营的可持续性与对社会价值观念的影响；商业环境分析；市场状态和容量分析；竞争对手分析；行业和技术发展分析；SWOT分析，即strength（优势）、weakness（劣势）、opportunity（机会）、threat（威胁）的首个字母组合。

（3）年度总体经营目标。营销是"火车头"，现金流、利润、成本费用控制是核心，员工是关键，内部运营管理是保障。主要内容包括：整体目标概述；营销目标；现金流、利润、成本费用目标；人力资源管理目标；内部运营管理目标等。

（4）年度营销工作计划。营销作为企业年度总体经营的"火车头"，年度工作计划要细分到季度或月度，甚至是周或日，主要内容包括：营销总体思路和策略；产品及服务策略；价格与促销策略；营销渠道与合作伙伴策略；市场开发与业务拓展策略；客户策略；竞争策略等。

（5）年度利润、现金流、成本费用管控机制。企业年度经营的核心是收入、利润、回款、现金流等指标，工作计划要细分到季度或月度。主要内容包括：营业收入、营销费用预算；利润率预测；薪酬福利、奖金体系测算；销售回款预算、现金流测算；成本预算、管理费用、研发费用、财务费用的测算；盈亏平衡及保本预测等。

（6）年度人力资源管理工作计划。年度人力资源管理工作计划应细分到季度或月度，主要内容包括：组织架构的调整与优化；岗位设置、人员配置、员工招聘；绩效管理、薪酬福利、奖金体系规划；员工培训、人才发展规划等。

（7）年度企业运营管理工作计划。高效的运营管理工作计划是完成年度总体经营目标的保障，工作计划应该细分到季度或月度。主要内容包括：内部运营和作业指导；内部质量管控、风险管控、合规控制机制；企业文化、团队合作等。

（8）经营风险管控及应急机制。当外部商业环境或内部经营状况的发生突变情况时，容易导致经营风险，管理者要事先考虑风险管控措施、应急处置机制和对策措施。

（9）面临的困难和需要的支持。为了保证年度经营计划的顺利执行，针对现阶段所面临的问题：一是提出解决问题所需要的支持和帮助，包括制度保障、资源支持、流程控制等；二是制订年度工作计划路线图，工作计划路线图如同航标或灯塔，让每一个部门清晰地知道能为公司做什么，让每个员工清楚地知道在每一个月度、季度及年度的关键工作和重要时间节点在哪里，围绕着企业的"主航道"去贡献自己的力量。

绩效管理者要主动参与甚至组织年度经营计划书的编制，利用这个机会做到：一是掌握企业与各部门在未来一年的业务发展目标、行动计划、风险管控等措施，制定绩效管理方案，规划工资包与激励奖金池，做到"手中有粮，心中不慌"；二是以奖金池为抓手激励员工，"合于利而动"，鼓励各部门主管主动签订军令状、开展指标竞赛、推行项目改善、提出金点子、积分制、团建建设等提升绩效与士气的活动。"重赏之下，必有勇夫"，没有人会拒绝，也没有理由拒绝绩效部门推行的激励政策。"香饵之下，必有悬鱼"，各部门主管知道了相关激励政策，会主动找绩效部门"要事干要拿奖金"，使绩效部门实现了由"推销商变为坐销商"的转变。俗话说"手中没有一把米，鸡都懒得理你"，如果绩效管理者手中没有奖金预算等资源，低三下四地求一些管理者每月要对员工进行绩效沟通、绩效反馈、工作改进等工作，一旦次数多了就会"相看二怨"。这是我做了十多年绩效负责人从"0"到"1"成功推行绩效管理的主要经验的之一，大家如果领悟了这段内容，将会有极大地提升绩效管理的技战术水平。

值得注意的是，企业制订年度经营计划的主要目的在于赢得市场竞争，所有行动计划都是为了完成战略重点而必须要做的、优先级高的事情。"将军赶路，不追小兔"，至于日常工作、常规工作可以体现在岗位说明书或日常任务清单中，不要纳入年度经营行动计划书。

第二章
凡事预则立：绩效管理目标与评价体系

【导读】"凡事预则立，不预则废。"广西有一家发展迅速的制药公司，一共有200多名员工，管理者通过每日晨会安排员工的工作，晚会检查员工的工作。每个主管都怀揣一本记录员工日常工作表现的笔记本，在每月结束后，根据员工的日常工作表现进行考核评分。表现好的分数高一些，绩效奖金多一些；表现差的分数低一点，绩效奖金少一些。年终奖由老板对各位员工的工作印象进行考核评级，根据考核评级结果核发每个员工的年度绩效奖金。由于公司发展较快，大家所得的奖金并不少，似乎默认了这种做法。我在给他们做现场绩效培训时，看过一些管理者记录员工日常工作绩效表现的笔记，有的记得非常详细，有的记得非常简略，完全凭主观印象记录。经过与高管沟通后，使大家意识到：随着业务快速发展和新员工人数不断增加，当前绩效考核方法费时费力且效果不好，务必对现有绩效考核方式进行改革。

后来，公司落实一系列绩效改革措施，建立了绩效管理目标与评价体系，如图2-1所示。通过绩效管理目标与评价体系的运用，引导员工把精力聚焦在实现年度经营目标，运用合理化激励机制，使员工从"让我干"到"我要干"的转变，促进了公司整体绩效水平的不断提高，实现了公司增利、员工增收的"双赢"格局。

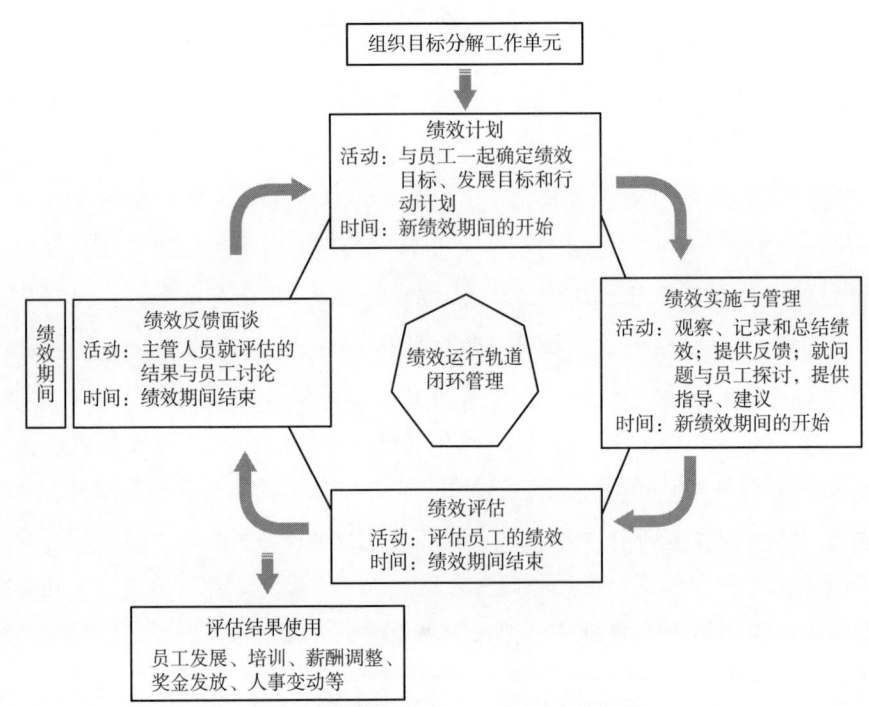

图2-1 绩效管理目标与评价体系流程图

第一节　好的开始是成功的基础：绩效计划的制订

一、绩效管理概述

绩效管理是指为了达到组织目标，通过持续开放的沟通过程，形成组织所期望的利益和产出，推动团队和个人做出有利于目标达成的行为。绩效管理作为一个完整的系统，是对绩效实现过程各要素的管理，是识别、衡量，以及开发个人和团队绩效，使之与组织的战略目标保持一致的持续改进过程。在这个过程中，提高员工的绩效是管理者的责任，获得绩效是员工和管理者的共同任务。

【知识拓展：著名企业高管对绩效管理的看法】

GE（通用电气公司）杰克·韦尔奇说："绩效管理的最终目标并非使员工达到期望的绩效，而是使他们出于意愿而愿意付出超越职责的努力。"意思是绩效管理更重要的是要怎么把员工的积极性调动起来，去做更多。因此，他强调无边界管理，通过打破部门墙达到企业最终的目标，而不是每个人自己的目标。

IBM（国际商业机器公司）路易斯·郭士纳说："绩效管理的根本目的是引导并激励员工贡献于组织的战略目标，同时实现组织和个人的共同成长，它不是绩效考核，而是一个管理过程。"意思是绩效管理要引导并激励员工，而且强调实现组织和个人的共同成长。

华为（华为技术有限公司）任正非说："绩效管理的根本目的是导向冲锋，保证产出，实现组织与个人的成长，落实公司的业务发展战略，强化基于奋斗与贡献的价值导向，逐步形成自我约束、自我激励的机制，不断提高人均效益和增强公司的整体核心竞争力。"

虽然企业家对绩效管理的说法不同，但底层逻辑是一样的：绩效管理既要注重过程，又要与战略协同、匹配，更要去激发员工，实现组织与员工的共同成长。

二、绩效管理方法与企业发展阶段的关系

企业发展阶段大致可以分为初创期、成长期、成熟期和衰退期，在每个发展阶

段都有其特征和挑战，应根据实际情况采用合理的绩效管理方法来契合企业发展。

1. 初创期

创业初期是企业发展的起点。企业最重要的任务是活下来，只有存活下来后才能有自己的未来。在此阶段，管理者充满激情和信心，但如何在激烈的市场竞争中脱颖而出将面临着诸多挑战。

初创期企业的目标是求得生存与发展，考核指标要看得到才能够管得好，不需要做得太复杂，重点要关注：销售收入、销售回款、客户数量、增长速度等KPI。当企业发展到一定规模之后，设置追求规模效率、利润、现金流、资产收益等KPI，通过KPI集中配置资源，牵引组织和员工的行为，使战略有效聚焦，以关键要素驱动战略目标的实现。

2. 成长期

随着企业的产品或服务逐渐被市场接受，意味着已经找到了合适的商业模式，市场需求旺盛，进入成长期。在此阶段，企业应趁机扩大自己的客户群体，快速扩大市场占有率，保持高速增长模式。随着企业的快速发展，会出现诸如管理混乱、资源浪费、组织效率、团队协同等问题，应尽快优化与改善。

对于成长期企业，可以运用BSC构建战略绩效思维框架，把组织的愿景和战略转化为有形的目标和衡量指标。比如通过建立企业战略地图，落实部门战略地图，构建部门平衡记分卡，设计部门与岗位的KPI绩效评价指标，有利于落实各部门之间的纵向管理与横向协调，将战略目标真正转化为员工的日常行动。

对于处于成长期且追求持续做大增量的企业或持续突破的业务领域，可以引入OKR作为KPI的辅助工具，有利于激发员工潜能。

3. 成熟期

企业进入成熟期之后，拥有了稳定的客户群体和市场份额。随着市场环境的变化，可能会出现以下情况：经过短暂的繁荣后迅速进入到老化阶段；对企业内部进行微调尽可能延长企业的成熟期；积极而稳妥地推进企业内部变革，积极拓展新的业务，发展第二曲线，进入到新一轮增长。

对于成熟期的大型业务多元企业组织来说，组织复杂化决定了绩效考核复杂化。只采用一套绩效考核工具往往无法合理科学地帮助企业解决绩效管理难题，需要配套相应的激励机制来配合绩效目标的实现和改进，可以采用OKR与KPI并行管理，通过利益捆绑，实现企业与员工的目标一致。

4. 衰退期

对于衰退期企业可以采用BSC、KPI、EVA（economic value added，经济增加值）等综合绩效管理方法。EVA本质是增值绩效的衡量和人力资本价值创造力的衡量，可以针对贡献度大、价值创造高的业务模块设计EVA增加值的奖励方案。

三、绩效计划概述

绩效计划是基于企业战略和总目标，通过层层分解，由管理者与员工通过沟通协商共同制定的绩效目标、评估指标和实现绩效实施方案的过程。绩效计划是双方在明晰责权利的基础上签订的一个内部协议，是管理者与员工之间确立的关于绩效标准和绩效目标的契约。制订绩效计划应遵循以下原则：

（1）目标导向原则。为了保证组织和部门目标的实现，必须以目标为导向，将目标自上而下逐层分解、设计和选择；绩效计划要定期检查，随着目标的变化适时调整和变更，使绩效计划能够适应不断变化的目标要求。

（2）全员参与原则。在绩效计划的设计过程中，只有让管理者和员工都参与进来，才能在沟通交流中更多地激发大家的主动性、积极性和自主性。

（3）系统性原则。不论是各层次的计划还是各时间段的计划都必须服从系统性原则，即个人绩效计划不仅要服从部门和组织的战略规划，还要服从企业总体规划，脱离企业总体目标而"脱颖而出"的个人计划是不可取的。

（4）可行性原则。绩效计划的制定应考虑组织和员工的实际情况和能力，以确保绩效计划的可行性；应设立与工作本身紧密相连的绩效标准、重点突出、精确可度量，让员工在执行计划时有章可循。

（5）承诺原则。任何计划都是对完成目标所作出的承诺，承诺越多，计划期限越长，实现承诺的可能性越小。因此，一旦发现承诺的时间比本人可能预见的未来期限还要长，就要减少承诺，缩短计划期限。

（6）灵活性原则。计划的灵活性越大，由未来意外事件引起损失的危险性就越小。在制订计划时应留有余地，在资源安排和使用上预留一定的后备力量，以备不测之需。

四、绩效计划的制订流程

绩效计划的制订流程一般需要包括三个阶段，即准备阶段、沟通阶段、审定阶段。

1. 制订绩效计划的准备阶段

制订绩效计划的准备阶段包括以下内容：

（1）组织信息准备。管理者与员工就公司战略目标、年度经营计划进行有效沟通，并确保双方对这个问题的认识没有分歧。对员工来说，了解越多就越能自觉地朝"主航道"前进。

（2）部门信息准备。各部门在绩效计划中扮演着承上启下的角色：一是企业目标要层层分解成部门目标，继而层层分解到每位员工身上，而员工个人绩效计划又必须与部门乃至公司目标始终保持一致；二是绩效计划面谈之前，管理者要准备好充分的部门信息，让员工充分了解部门的动态，大有裨益。

（3）员工个人信息准备。员工所在岗位的工作描述和员工个人的绩效表现，特别是上一年度的绩效表现及评估结果。主管要准备好与员工相关的个人信息并在绩效计划面谈的时候与员工进行沟通讨论。比如针对上一个绩效期间内存在的问题和改善事项：一是能够让员工重新认识自己的优劣势；二是容易与员工就这一年度绩效努力的方向达成一致。

2. 制订绩效计划的沟通阶段

管理者与员工要在宽松的环境中经过充分交流，对员工在本次绩效周期内的工作计划、工作目标及考评方法等达成共识。在双向沟通过程中做到：一是回顾有关信息，包括组织的经营计划信息、员工的工作描述和上一个绩效期间的评估结果等；二是确定KPI与评估标准，以及通过何种方式跟踪和监控这些指标的实际表现；三是主管要了解员工在完成计划中可能遇到的障碍或阻力，及时提供帮助。

为了确保管理者和员工双方是否达成共识，在沟通结束时应回答下列问题：

（1）员工在本绩效期内的工作职责是什么？

（2）员工在本绩效期内所要完成的工作目标是什么？

（3）如何判断员工的工作目标完成得怎么样？

（4）员工应该在什么时候完成这些工作目标？

（5）各项指标权重如何，哪些是最重要的，哪些是次要的？

（6）员工的工作绩效好坏对整个组织或特定团队有什么影响？

（7）员工在完成工作时可以拥有哪些权利，可以得到哪些资源？

（8）员工在达到目标的过程中会遇到哪些困难和障碍？

（9）管理者要为员工提供哪些支持和帮助？

（10）如何获得员工在完成工作过程中的有关工作信息？

（11）在绩效期内，主管将如何与员工进行沟通、培训等？

3. 制订绩效计划的审定阶段

如果管理者与员工都能就上述内容达成共识，组织目标与员工努力方向就会一致，应当取得以下效果：

（1）员工的工作目标与组织的总体目标紧密相连，能够清楚地知道自己的工作目标与组织的整体目标之间的关系。

（2）员工的工作职责和描述已经按照现有的组织环境进行了修改，能够反映本绩效周期内的主要工作内容。

（3）管理者和员工对员工的主要工作任务、各项工作任务的重要程度、完成任务的标准，以及员工在完成任务过程中享有的权限都达成了共识。

（4）管理者和员工都清楚在完成工作目标的过程中可能遇到的困难和障碍，并清楚管理者所能提供的支持和帮助。

（5）形成一个经过双方协商讨论的文档。文档内容包括员工的工作目标、实现工作目标的主要工作结果、衡量工作结果的指标和标准、各项工作所占权重，并且管理者与员工双方要在该文档上签字。

【案例分享：年度经营目标责任书与绩效计划书的制订】

东莞有家成立于2000年的国有公司，以电子开发、生产与销售为核心业务，拥有500多名员工。随着公司规模不断扩大，为了提高公司的经营管理水平，人力资源部开始推行并开展绩效管理工作，根据战略规划与年度经营计划制订绩效计划方案，该方案包括针对公司整体业绩的经营目标责任书、部门绩效的工作计划书和个人的员工个人绩效的计划书等内容。

1. 年度经营目标责任书

年度经营目标责任书以年度为周期来确定公司的经营管理目标，每年与公司负责人或领导班子签订，考核结果与签约者的薪酬挂钩，内容比较简练，以经营指标和指标预期目标为主且少而精，见表2-1。

表 2-1　年度经营目标责任书（示例）

考核方（甲方）：
责任方（乙方）：
为了建立有效的激励和约束机制，明确乙方经营班子经营责任，确保 202× 年公司各项任务的全面完成，根据公司绩效管理制度的有关规定，特签订本经营目标责任书。
一、责任方＿＿＿＿年度的业绩考核目标
（一）综合计划指标
1. 新签合同额：＿＿＿＿万元。
2. 合同到款额：＿＿＿＿万元。
3. 主营业务收入：＿＿＿＿万元。
4. 利润总额：＿＿＿＿万元。
5. 其他（略）。
（二）安全质量指标
1. 不发生工伤事故。
2. 不发生有人员责任的火灾、设备事故。
3. 不发生有人员责任的治安案件。
4. 其他（略）。
（三）综合管理指标
1. 中层干部及员工不发生违法违纪问题。
2. 不发生隐瞒案不报、压案不查或责任追究不到位的问题。
二、检查考核
依据本责任书签订的指标和公司绩效管理制度有关规定进行检查考核，考核结果作为乙方兑现年终奖励的重要依据。
三、责任期限
自＿＿＿＿年 1 月 1 日至＿＿＿＿年 12 月 31 日。
四、考核管理与奖惩
1. 乙方要按照甲方的工作要求和所签订责任书的目标，努力完成各项考核指标。
2. 甲方按照公司绩效管理制度的有关规定，对乙方在责任期限内上述考核指标的执行情况进行考核，并在考核结束后根据考核结果对乙方予以奖励。
五、附则
1. 因不可抗力等因素影响上述指标完成的，乙方应及时向甲方上报有关情况，所采取的措施及调整的申请等材料，经甲方批准后，对年度业绩考核指标可作调整。
2. 本责任书经双方代表签字后生效。
3. 本责任书一式两份，双方各执一份。

甲方：	乙方：
总经理：	总经理：
董事长：	董事长：
年　月　日	年　月　日

2. 部门绩效计划书

部门绩效计划书是对部门在本期工作重点和工作计划的描述。在绩效计划书中要明确主要工作、工作计划、预期目标、工作任务的指标权重、协作部门等内容，见表2-2。

3. 员工个人绩效计划书

员工个人绩效计划书是部门绩效计划书的分解，由部门负责人与员工经过沟通后协商制订。当遇到工作难以量化时，要把重点精力放在当期内要完成的工作任务上，见表2-3。

表2-2　部门绩效计划书（示例）

序号	工作任务或项目	任务指标、完成标准及时限	指标权重（%）	主要责任人	协作部门
1					
2					
3					
4					
5					
…					

总经理签字：　　　　　　　　　　　　　　部门负责人签字：
　　　　　　　　　年　月　日　　　　　　　　　　　　　年　月　日

注：一般情况下，工作任务或项目指标权重越大者，多为关键绩效指标。

表2-3　员工个人绩效计划书（示例）

职位名称：

适用时间：　　月　　日至　　月　　日

工作要项	目的	重要性	指标权重（%）	潜在障碍与阻力	绩效目标	可能的业绩评价指标	行动计划

上级管理者签名：　　　　　　　　　　　　任职者签名：
　　　　　　　　　年　月　日　　　　　　　　　　　　　年　月　日

第二节 抓住"牛鼻子":绩效指标的设计

一、绩效指标概述

绩效指标是用来衡量绩效目标达成的标尺,即通过对绩效指标的具体评价来衡量绩效目标的实现程度。在绩效考核中,指标设计是难点更是重点,既要精简,又要能抓住"牛鼻子"。设计绩效指标时应遵循以下原则:

(1)客观公正性原则。以岗位职责为依据,要针对岗位而非针对个人,不要主观臆断,要符合客观实际。

(2)明确具体性原则。指标的描述要使用精确、清晰的语言;指标的界定要清楚明朗;指标的内涵和外延都应界定清楚,避免产生歧义,避免造成误解。

(3)可操作性原则。指标设置不宜过高,过高会影响员工的积极性;指标设置不宜过低,过低达不到激励员工的作用。

(4)数量少而精原则。管理需要成本,指标并不是越多越好,指标越多,会使简单的工作变得复杂,增加管理成本。一般情况下,绩效考核指标的数量应当与岗位层级挂钩,层级越低,指标越少。

(5)相对稳定性原则。指标一经确定就不要随意更改,"后令谬前者毁",经常修改意味着缺乏权威性,容易失去可信赖性。

二、突出重点的关键绩效指标设计法

常用的KPI提炼方法包括标杆基准法、价值树法、鱼骨图法、关键成功要素法等。

1. 标杆基准法

标杆基准法是指企业将自身的关键业绩行为与最强竞争企业、行业中领先企业的关键业绩行为作为基准进行评价与比较,分析这些标杆企业良好绩效结果的形成原因,以此为基础建立企业可持续发展的关键业绩标准,以及绩效改进的最优策略的程序与方法,如图2-2所示。

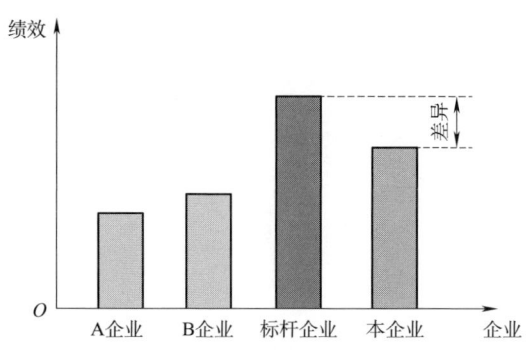

图2-2　标杆基准法

标杆基准法成功的关键在于寻找业界最佳业绩标准作为参照的基准数据，比如主营业务收入、劳动生产率、客户满意度、管理模式等，确定最优绩效标准后，以最优业绩标准为牵引，设定企业成功的关键领域，通过持续不断地学习，缩小与最优基准之间的差距。这是一个循环往复、追求卓越的过程，更是一个不断模仿、学习和创新的过程，特别适合于"搭乘顺风车"的发展中企业。

2. 价值树法

价值树法源自杜邦财务分析模型，以净资产收益率为基点，先将若干个评价企业经营效率和财务状况的财务指标按其内在联系有机地结合起来，形成一个完整的考核指标体系，再将各指标按各部门的职责分配到各个部门头上。价值树分解指标法，如图2-3所示。

价值树法有助于管理者更加清晰地看到净资产收益率的决定因素，营业净利润率与总资产周转率、资产负债率之间的相互关联关系，给管理层提供了一张明晰的考察企业资产管理效率和股东投资回报率的路线图。

价值树法只包括财务方面的信息，不能全面反映企业的实力：一是对短期财务结果过分重视，有可能助长管理者的短期行为，忽略长期的价值创造；二是财务指标反映的是过去的经营业绩，衡量工业时代的企业能够满足要求。在信息化时代，客户、雇员、技术创新、品牌价值等因素对企业经营业绩的影响越来越大，价值树法却在这些方面无能为力。

因此，企业更愿意采用BSC的思路提取指标，即从BSC四个维度建立模型，在指标之间寻找对应的逻辑关系，在价值树模型图上分别列出企业战略目标、对

管好绩效，重燃组织激情——企业绩效管理实务一本通

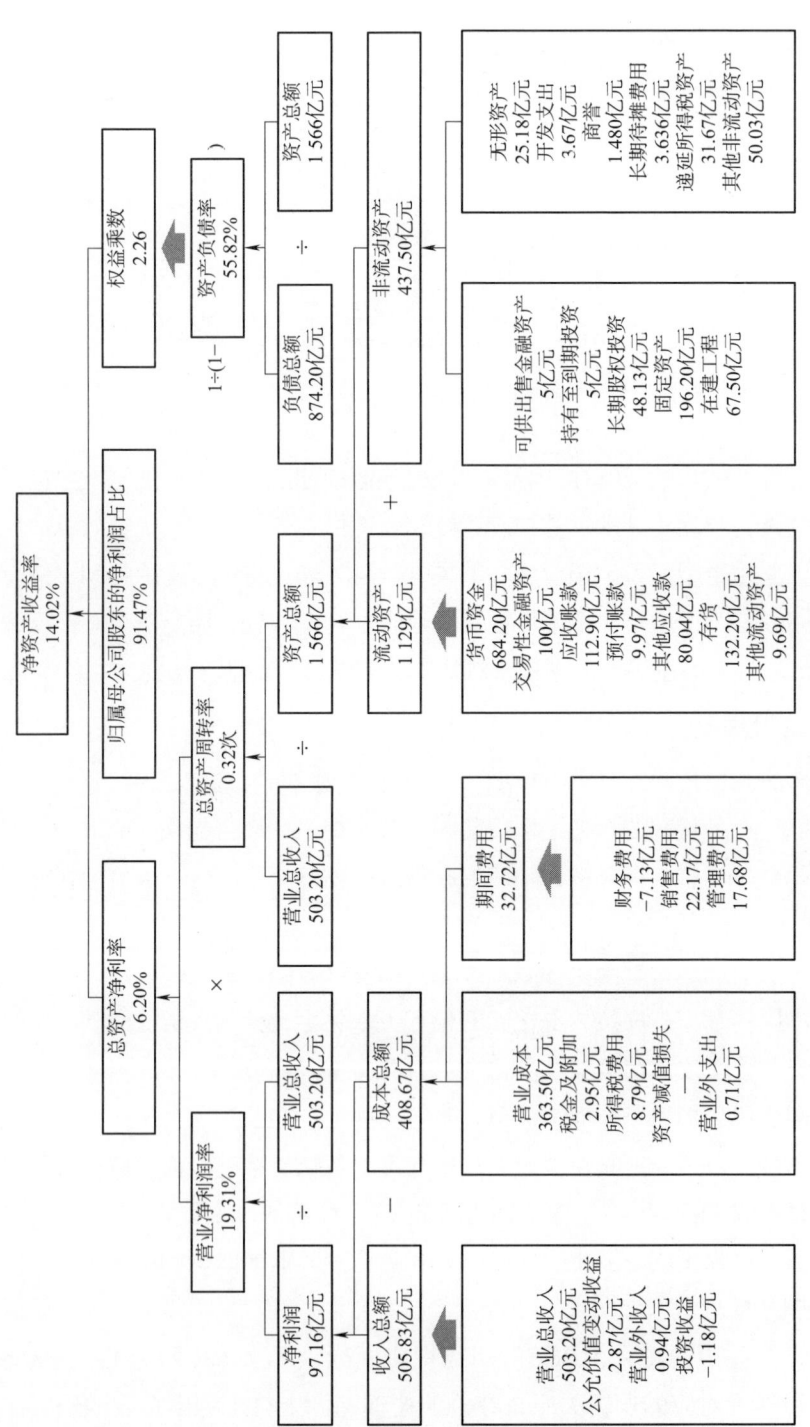

图2-3 价值树分解指标法（示例）

应的关键绩效指标及下一级驱动这些指标的关键驱动因素和对应的指标，一目了然地用一张图表述指标的层层分解的关联关系。运用价值树提取KPI指标，如图2-4所示。

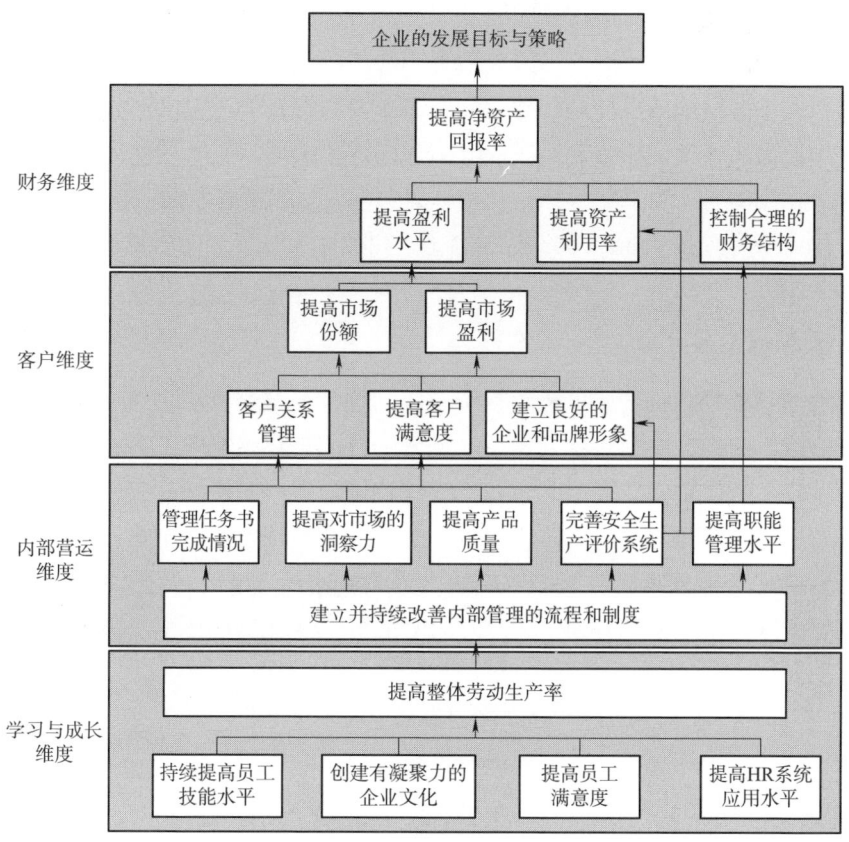

图2-4　运用价值树提取KPI指标（示例）

3. 鱼骨图法

鱼骨图法是指通过图形的形式分析各种特问题或状况发生的潜在原因，把它们按照逻辑层次表示出来。在使用鱼骨图法时要经常问自己：问题为什么会发生？促使员工把目光聚焦于问题发生的原因，而非问题的症状。

鱼骨图又称因果关系图，是一种透过现象看本质发现问题根本原因的方法。绘制鱼骨图法的要点如下：

（1）明确鱼头，比如确定部门、岗位工作目标等。

（2）运用头脑风暴法找出各个影响因素。

（3）明确岗位的重点考核指标。

鱼骨图法的操作程序如下：

（1）根据职责分工，确定哪些要素或组织因素与企业整体利益是相关的。

（2）根据岗位业务标准，定义成功的关键因素。

（3）确定关键绩效指标、绩效标准与实际因素的关系。

（4）关键绩效指标的分解，寻找成功的关键要素。

（5）列出所有因素的鱼骨图，并分层次归纳后，提炼绩效指标。

下面以本年度如何实现销售目标提升5 000万元为例，运用鱼骨图提取KPI指标，如图2-5所示。

4. 关键成功要素法

寻找企业成功关键要素应思考三个方面问题：一是这个企业为什么成功，过去成功靠什么，过去成功有哪些要素；二是分析在成功要素之中，哪些要素能够使企业持续成功，哪些要素已经成为企业持续成功的障碍；三是根据战略规划，研究企业面向未来的追求目标是什么，未来成功的关键究竟是什么。比如分析资产回报率就能够提炼出导致成功的关键绩效模块，如图2-6所示，然后再把绩效模块逐级分解为关键要素，将这些关键要素细分为KPI指标，各项KPI指标都要由责任部门承担以保证落实实施。

经过调研发现，企业的关键成功要素通常在5～10个，只要找到正确的关键成功要素，就能够提炼出主导性的关键绩效指标。

值得注意的是，管理者在设计KPI时应思考以下问题：

（1）指标是否容易被员工理解？指标能否以简单明了的语言定义或说明？是否有可能被误解？

（2）指标是否可控？指标的结果是否有直接的责任归属？绩效结果是否能够被基本控制？

（3）指标是否可衡量？指标可以量化吗？指标是否有可信的衡量标准？

（4）指标是否可以有资料支持？是否有稳定的数据来支持指标和数据构成？数据是否容易计算准确？

（5）该指标是否可以实施？员工是否知道用什么行动来对指标结果产生正面结果？

第二章 凡事预则立：绩效管理目标与评价体系

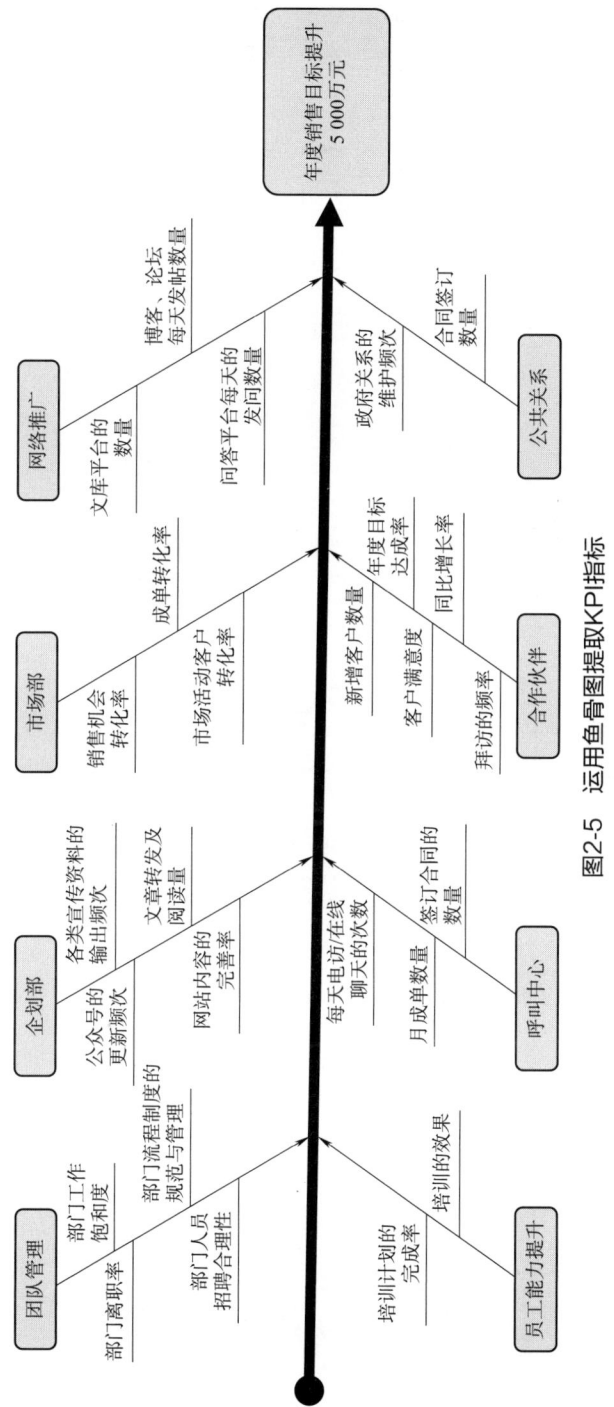

图2-5 运用鱼骨图提取KPI指标

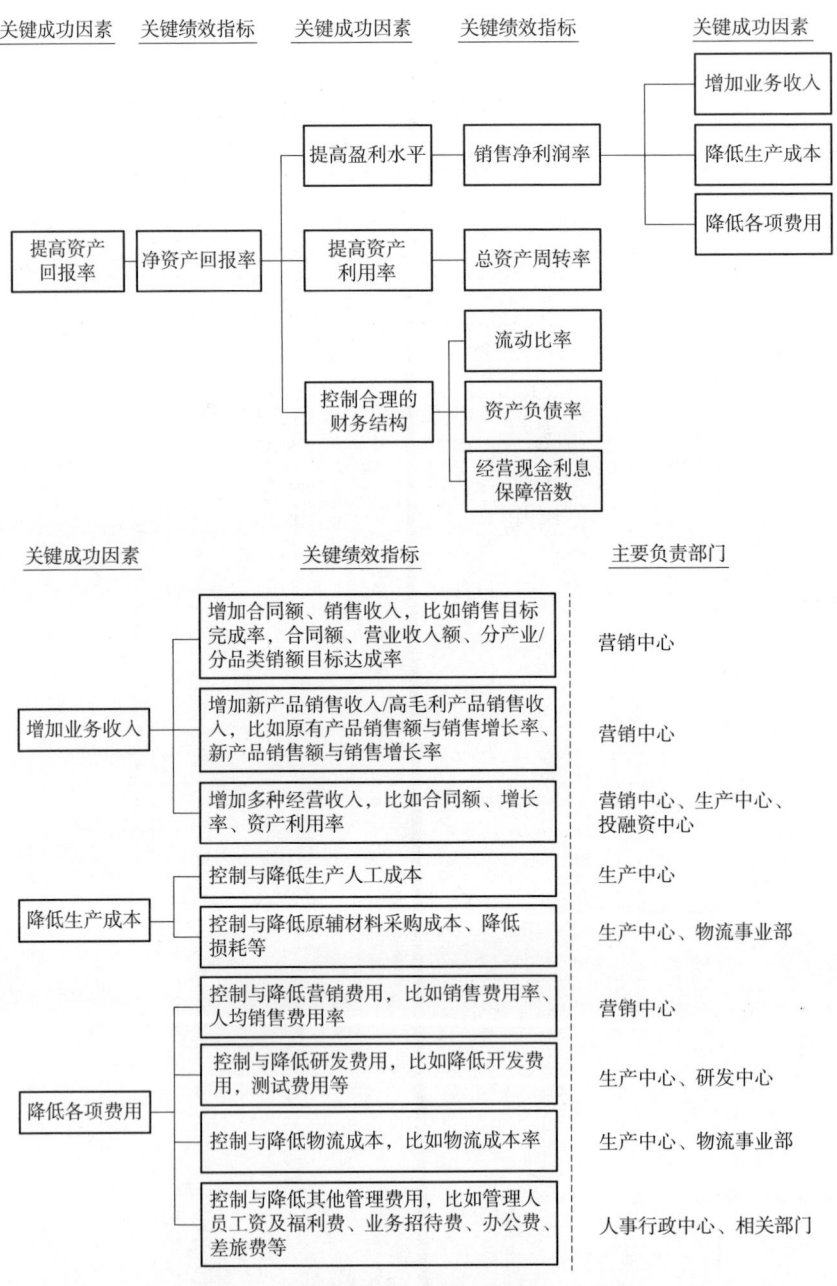

图2-6 关键成功要素分解KPI指标（示例）

（6）指标是否可低成本获得？指标是否可以从标准记录中获得？从标准记录中获取指标的成本是否高于其实际价值？

（7）指标是否与整体战略一致？部门指标是否与企业整体战略目标一致？承担者是否已经清楚自己的责任？

（8）指标是否与整体指标一致？指标与其上一层级指标或下一层指标是否存在关联等？

【案例分享：岗位 KPI 设计】

某制造型工厂下设市场营销部、生产部、技术部、人力资源部等部门。厂长经常鼓励员工要各司其职，抓住工作重点，鼓足干劲，力争上游，多快好省地建设高绩效企业。这里的多、快、好、省分别是指数量指标、效率指标、质量指标、成本指标等内容。为方便大家理解，下面挑选典型岗位阐述。

1. 市场营销总监

设置市场营销总监岗位的主要目的是根据工厂的战略规划和业发展需要，制订年度市场规划和市场拓展计划。市场营销总监主要负责工厂年度市场规划和业务拓展计划的分解、实施、跟踪分析，采取有效的销售策略完成销售目标。

市场营销总监的主要职责如下：

（1）制定销售战略，负责销售目标管理及目标分解。

（2）负责市场开拓、客户开发、客户管理。

（3）负责商务洽谈、合同签订及合同履行。

（4）开发营销渠道并负责渠道维护、运营。

（5）控制营销费用预算及支出。

（6）保证货款的回收等。

市场营销总监的考核指标如下：

（1）数量指标。销售额目标达成率、毛利率、净利润率、新产品销售达成率、新客户开发完成率等。

（2）效率指标。订单准时交货率、市场占有率、客户增长率、应收账款回收率等。

（3）质量指标。客户投诉次数、客户流失率、客户满意度等。

（4）成本指标。销售费用控管率、客户退货率等。

2. 生产总监

设置生产总监岗位的主要目的是根据工厂的战略规划，完成执行工厂下达的年度经营目标和生产任务。生产部总监主要负责工厂整体生产经营计划的制订、执行和监督工作，处理日常生产经营管理过程中的工作和及时应对重大突发事件。

生产总监的主要职责如下：

（1）组织、督促各生产车间按照生产计划保质保量按时完成各项生产任务。

（2）掌握销售订单、库存、出货等相关信息，监督生产，为营销团队提供服务支持。

（3）协调销售部门与生产部门的生产计划沟通。

（4）协调质量部门完成车间原材料试验工作、成品质量管理工作。

（5）协调工艺部门完成工艺参数试验工作，设备部门完成设备的维修保养工作。

（6）协调指导各生产车间主管做好日常管理，提供管理技能支持与协助等工作。

生产总监的考核指标如下：

（1）数量指标。产量完成率、人均产值目标达成率等。

（2）效率指标。生产计划达成率、机台稼动率、交货及时率等。

（3）质量指标。产品质量合格率、客户验货通过率、入库准确率等。

（4）成本指标。生产成本控制率、生产成本降低率、产品损耗率、半成品周转率等。

3. 技术总监

设置技术总监岗位的主要目的是对工厂的技术工作进行统筹管理。技术总监主要负责工厂内部技术工作，保质、保量、按时为客户提供满足客户技术要求的产品。

技术总监的主要职责如下：

（1）负责技术部门的组织管理工作。

（2）领导技术部门制订工作计划，实现技术部门的各项工作目标。

（3）组织技术创新，参与技术管理，为降低成本费用损耗提供技术支持。

（4）指导各技术部门做好日常管理，提供专业技能支持与协助等工作。

技术总监的考核指标如下：

（1）数量指标。新产品开发数量完成率、专利指标达成率等。

（2）效率指标。样品提供及时率、新产品开发周期达成率等。

（3）质量指标。开发成果转换率、样品合格率、技术资料准确率等。

（4）成本指标。研发材料损耗率、研发费用控制率等。

4. 人力资源总监

设置人力资源总监岗位的主要目的是根据工厂发展战略，组织并协调各部门完成对人才的识选育用留、绩效评估、薪酬激励、员工职业发展等管理工作，保证人力资源对工厂战略的有效支持。

人力资源总监的主要职责如下：

（1）制订和实施人力资源发展规划。

（2）制定、修改和审核工厂人力资源管理相关制度、流程、规范。

（3）设计、维护和管理工厂组织架构、岗位体系、能力体系、人才评估体系。

（4）组织梳理、优化相关部门职能和岗位职责。

（5）建立和优化人才招聘、培训、薪酬绩效管理体系。

（6）负责核心员工的调动、晋升、任免管理等工作。

人力资源总监的考核指标如下：

（1）数量指标。绩效考核完成率、招聘计划达成率、培训计划达成率等。

（2）效率指标。人工效率、新员工转正率、任职资格达标率、员工晋升率等。

（3）质量指标。员工流失率、员工满意率、员工安全事故次数、劳动纠纷发生率等。

（4）成本指标。人力费用率、招聘成本增长率、人工成本降低率等。

上述各岗位都有若干个指标，是不是所有指标都要纳入员工的绩效考核表之中呢？当然不是，管理者要根据战略目标、部门职责、岗位职责、工作任务等要求进行筛选，择取重要重指标作为考核指标。经过研究发现，人的大脑一次记忆最多不超过七个项目内容。建议KPI绩效考核指标原则上不要超过七个各部门KPI考核指标表，见表2-4。

表2-4 各部门KPI考核指标表（示例）

项目	市场营销部	生产部	技术部	人力资源部
关键绩效指标（KPI）	销售额达成率	产量完成率	重点项目计划完成率	招聘达成率
	利润率	生产成本控制达成率	新产品开发完成率	培训达成率
	毛利率	生产成本降低率	样品提供及时率	绩效考核达成率
	应收账款回收率	交货及时率	样品合格率	人工效率
	客户满意度	产品损耗率	专利指标达成率	员工满意度
	销售费用控管率	产品质量合格率	研发费用控制率	人工成本降低率
	新产品销售占比	人均产值达成率	知识产权完成率	部门费用控制
	……	……	……	……

三、综合平衡的BSC绩效指标设计法

企业根据管理需要，可以将BSC指标进行归类并划分成不同的层级，有助于从方向上把大目标分解成小目标，把指标分解成具体的行动。运用鱼骨图进行指标分解的BSC，如图2-7所示。

BSC架构下的四个维度指标分别为财务维度指标、客户维度指标、内部运营维度指标和学习与成长维度指标，这属于第一层级的指标类型，将第一层级指标类型向下分解可将其分成第二层级指标类型、第三层级指标类型，甚至可以分成更多指标类型。

BSC指标的层级划分表，见表2-5。

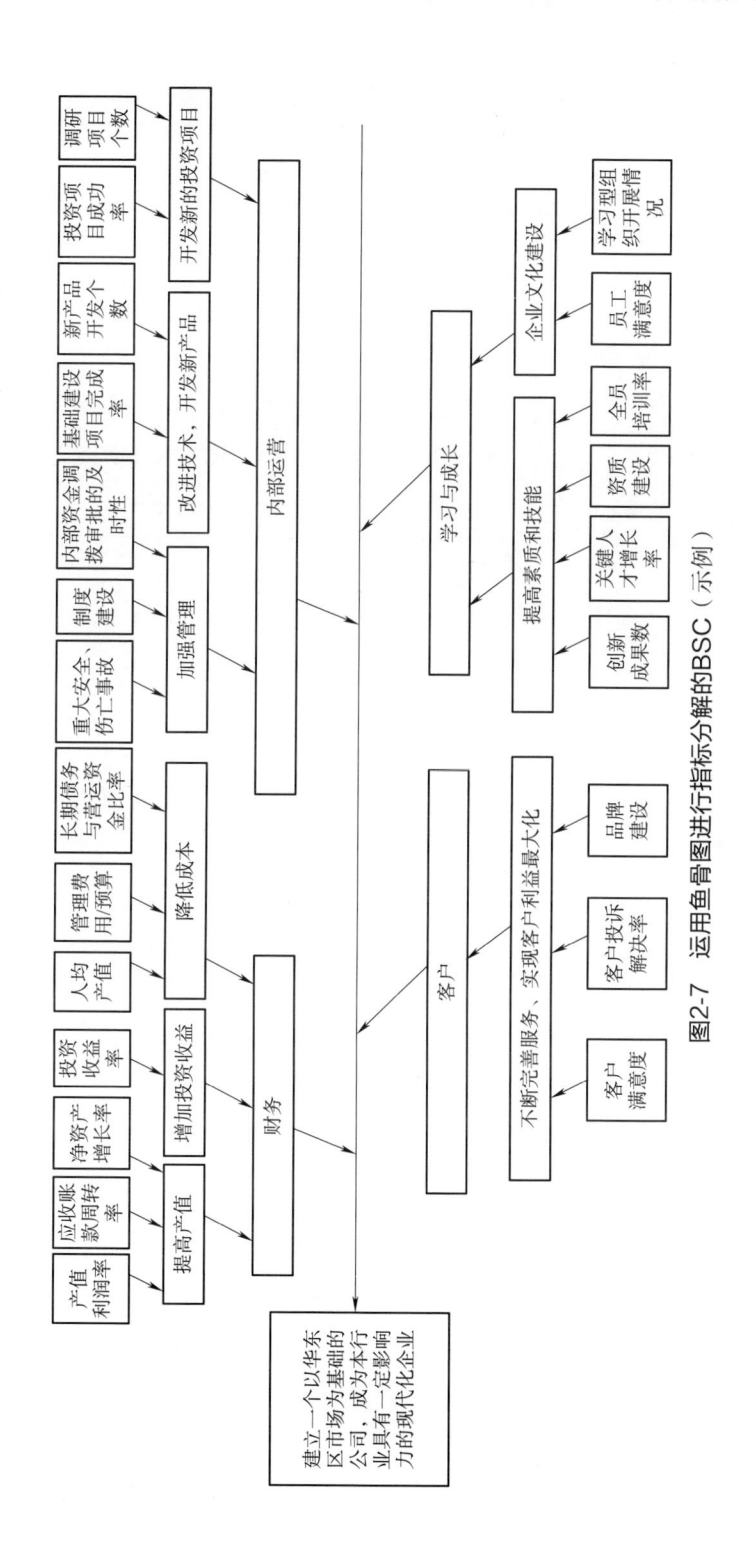

第二章 凡事预则立：绩效管理目标与评价体系

图2-7 运用鱼骨图进行指标分解的BSC（示例）

表 2-5　平衡计分卡指标的层级划分表

指标类型（一级）	指标类型（二级）	指标类型（三级）
财务维度指标	盈利类	净利润、净利润率、净利润增长率、销售净利率、投资回报率等
	经营管理类	营业收入、营业收入增长率、成本额、费用额、成本/费用比率等
	偿债能力类	资产负债率、流动比率、速动比率、现金流量比率、产权比率等
	指标股票类	市盈率、市净率、市值、股票价格、每股收益等
客户维度指标	满意度	客户满意度、客户投诉数量、申诉解决及时性、危机处理情况等
	忠诚度	客户忠诚度、重复购买率、客户流失率等
	吸引力	会员数量、新客户增长数量、会员增长率、客单价、客品数等
	市场份额	市场占有率、市场渗透率、品牌知名度等
	成本	开发新客户成本、客服成本、单位客户客服成本等
内部流程维度指标	数量	渠道数量、产品数量、新产品数量、风险数量、出现错误次数等
	质量	一次合格品比率、项目完成率、项目成功率等
	创新	产品开发周期、产品开发费用、新产品数量、新产品占比等
	时效	交货期及时性、存货周转率、应收账款周转率、信息提供及时等
学习与成长维度指标	员工忠诚度	员工离职率、员工出勤率、员工缺岗率等
	员工满意度	员工敬业度、员工申诉次数、劳动争议次数等
	员工素质能力	员工能力达标率、高绩效员工比例、培训覆盖率等
	员工数量满足	招聘满足率、人才梯队建设完备率、人才规划完备率等
	员工发展成本	员工培训成本、单位员工培训成本、人才招聘成本等

　　BSC指标在划分为不同的层级之后，可以把不同层级需要做好的重要工作作为关键指标，再把关键指标分解到不同部门，作为该部门对应的绩效考核指标。

　　可以采用分解工具表对BSC指标进行分解，纵向是指标类型、指标名称，横向是责任部门。如果某个指标由该部门承担，在该指标纵横对应的方格中打"√"，见表2-6，实现指标的配对。

表 2-6　平衡计分卡指标分解到责任部门（示例）

维度	指标类型	指标名称	营销部门	采购部门	研发部门	生产部门	财务部门	人力资源部门
财务维度	盈利能力	净利润率	√	√				
		销售净利率	√					
	经营管理能力	营业收入	√					
		销售费用占比	√					
	偿债能力	资产负债率					√	
	股票投资	每股收益					√	
	其他	……						
客户维度	满意度	客户满意度	√	√		√	√	√
		客户投诉数量	√	√	√	√	√	√
	忠诚度	重复购买率	√					
客户维度	吸引力	会员数量	√					
	市场份额	市场占有率	√					
	成本	单位客户客服成本	√					
	其他	……						
内部流程维度	数量	产品数量			√	√		
	质量	一次合格品比率			√	√		
	创新	新产品数量	√		√	√		
	时效	产品交货及时性	√		√	√		
	其他	……						
学习与成长维度	员工忠诚度	员工离职率	√	√	√	√	√	√
	员工满意度	员工敬业度	√	√	√	√	√	√
	员工素质能力	员工能力达标率	√	√	√	√	√	√
	员工数量满足	人才梯队完备率	√	√	√	√	√	√
	员工发展成本	单位员工培训成本	√	√	√	√	√	√
	其他	……						

在落实BSC指标分解到不同责任部门时，应遵循以下原则：

（1）关联性原则。将工厂的平衡计分卡指标分解到部门时，应考虑部门和指标之间的关联性，如果相互之间不存在关联性或者关联性很小，就不能作为部门的考核指标。

（2）可控性原则。将工厂的BSC指标分解到部门时，应考虑指标的可控性，即判断该指标是否受到该部门控制，该指标能否通过该部门的努力达成，该指标与该部门之间是否存在直接的责任归属关系等。

（3）贡献度原则。将工厂的BSC指标分解到部门要考虑部门对指标的贡献度，有时某个指标可能与多个部门存在关联，那么该指标可能受到多个部门的控制。由于不同部门对指标的贡献度不同，应当选择对指标贡献度较高的部门作为落实部门。

BSC主要是从财务维度、客户维度、内部流程维度、学习与成长维度来衡量组织的经营情况，这对商业性企业来说是合理的。由于我国是社会主义国家，一些企业在开展生产经营的同时，还要承担社会功能，不能单纯以经济效益核心进行一刀切，需要将社会效益性纳入管理范畴。

【案例分享：基于社会效益设计的平衡计分卡五个维度】

J公司是一家主要从事客运和货运为主的企业，服务的客户群体具有公益性和经营性双重特点，这就要求企业将社会效益与经济效益二者放一起作为广义价值创造的目标，以此为基础在同一层级构建平衡计分卡，以缓解战略目标与经济效益相互冲突的问题。

1. 构建平衡计分卡模型

公司的平衡计分卡模型，如图2-8所示。

2. 搭建战略地图

随着公司的客运业务和货运业务的迅速发展，网络的广度和深度进一步加强，为了实现提质增效，制定了客运提质规划、货运增量行动和品牌战略提升三大战略举措。在明确战略举措之后采用了聚焦策略，将人力、财力、物力等资源投入到重点工作任务中去，构建了从使命、愿景、价值观到战略落地实施的路径。

公司平衡计分卡的制定包括：明确使命、价值观和愿景；搭建战略地图；各维度关键要素分析；绩效指标设计等。

使命：存在的目的和价值贡献是什么
愿景：对未来的设想和展望是什么
价值观：对事物价值特性的根本看法与行为准则是什么

财务维度：要在财务方面取得成功，我们要向股东展示什么

社会效益维度：承担社会责任，为社会带来怎样的效益

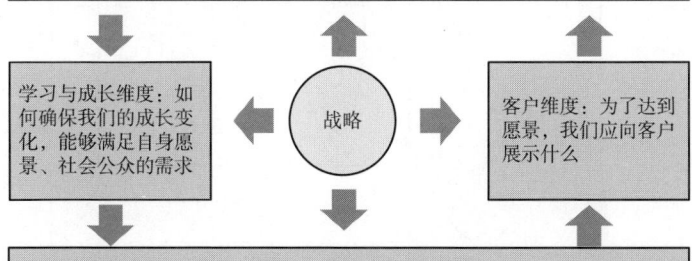

学习与成长维度：如何确保我们的成长变化，能够满足自身愿景、社会公众的需求

战略

客户维度：为了达到愿景，我们应向客户展示什么

内部营运维度：为了满足社会公众、客户和股东的需求，我们需要擅长做哪些营运工作？比如流程优化等

图2-8　平衡计分卡模型

（1）明确使命、愿景和价值观。

使命：让客户享受高质量服务，让员工实现个人价值，让企业担当社会责任。

愿景：以科技和人才为推动力，将企业打造为本行业标杆企业。

价值观：以客户为中心，以奋斗者为本；诚信经营、坚持创新、追求卓越。

（2）战略地图模型，如图2-9所示。

（3）社会效益维度。由于公司的日常经营活动涉及社会经济发展、公众安全保障等诸多方面，需要把承担社会责任、服务区域战略等因素纳入战略范畴。因此，设立了当地员工就业增长数、员工平均收入增长额、无重大安全事故、区域战略任务完成情况等战略要素方面的衡量指标。

（4）财务维度。一般情况下，公司利润增加主要源自收入增长和成本费用率降低。公司设计了基于营业销售收入增长、新增业务收入增长、提高资产利用效率、加强成本费用控制等战略要素方面的衡量指标。

（5）客户维度。客户维度在多个方面体现了目标客户的特征和价值主张。结合公司服务使命和业务需求，公司从客户服务、客户关系、品牌知名度等角度设计了提升服务质量、提高客户满意度、维护老客户关系、提升品牌知名度等战略要素方面的衡量指标。

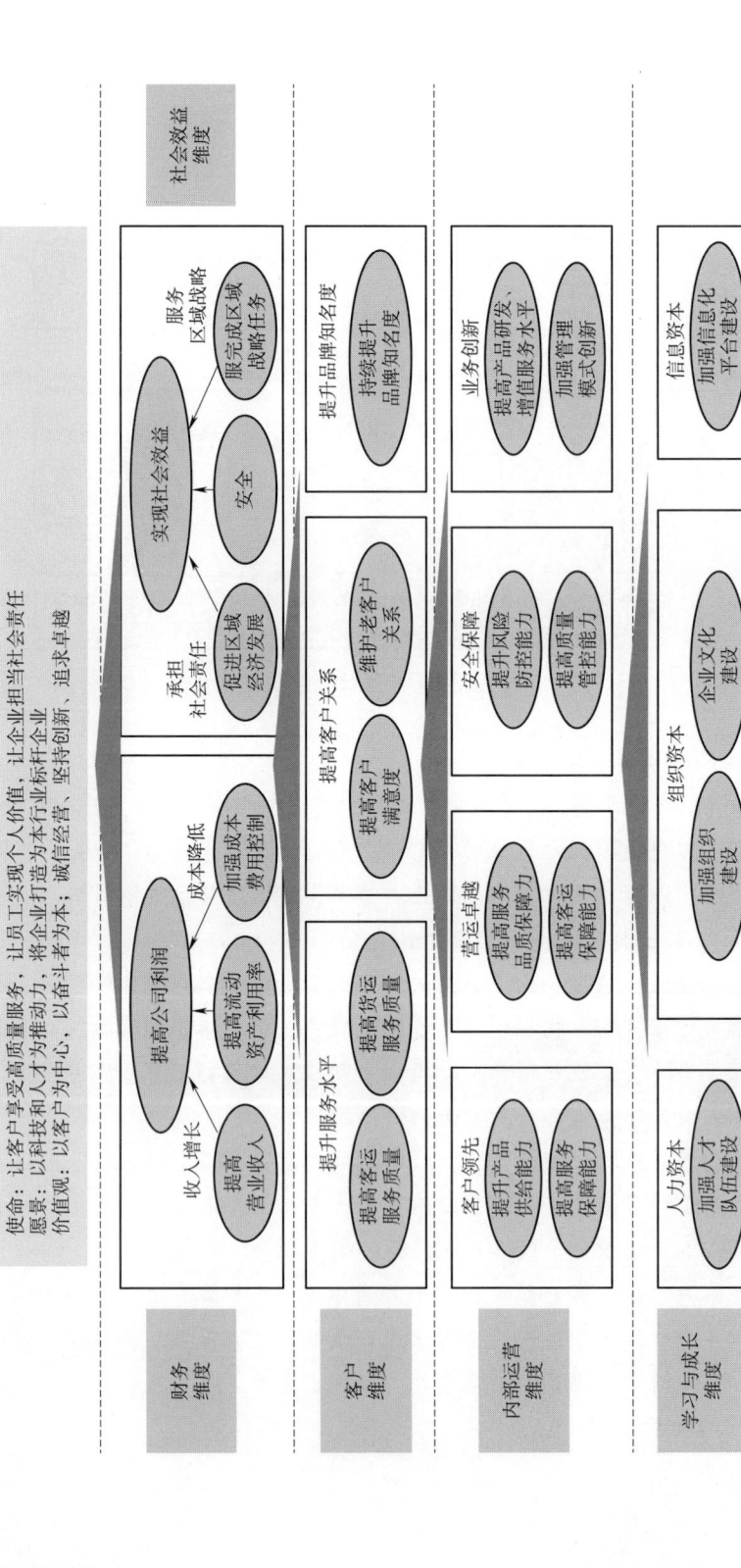

管好绩效，重燃组织激情——企业绩效管理实务一本通

图2-9 战略地图模型（示例）

（6）内部运营维度。为了实现价值定位，管理者必须清楚擅长的关键业务流程与管理流程是什么？必须在哪些关键工作任务上取得突破？因为不断完善的业务流程和不断提升的综合管理水平是提高客户满意度和运营绩效的重要保障。公司从运营卓越、客户领先、安全保障、业务创新等角度设计了产品供给、服务品质、货运保障、客运保障、风险防控、质量管控、产品研发、增值服务、管理模式创新等战略要素方面的衡量指标。

（7）学习与成长维度。学习型组织是推动公司进步和保持活力的重要因素之一，通常包括人力资本、组织资本和信息资本。公司从人力、组织、信息等角度确定了企业文化建设组织建设、人才队伍建设、信息化平台建设等战略要素方面的衡量指标。

3. 构建指标体系

根据平衡计分卡理念，只有将战略要素指标转化或再分解为衡量指标，化战略为行动，从而为有效实施绩效管理打下良好的基础。

通过现场调研和资料分析等手段，设计了基于平衡计分卡各维度指标体系，见表2-7。

表2-7 平衡计分卡各维度指标体系表

维度	层面	战略要素	衡量指标	责任部门
社会效益维度	承担社会责任	促进区域经济发展	当地员工就业增长数	
			员工平均收入增长额	
		无重大安全事故	安全生产事故下降率	
			没有发生重大安全事故	
	服务区域战略	完成区域战略任务	综合评价任务完成情况	
财务维度	提高营业收入	销售收入增长	销售收入增长率	
		新增业务收入增长	新增业务收入增长率	
	提高生产效率	提高流动资产利用率	流动资产周转率	
		加强成本费用控制	成本费用利润率	
客户维度	提升服务水平	提高客运服务质量	客运服务质量	
		提高货运服务质量	货运服务质量	

续上表

维度	层面	战略要素	衡量指标	责任部门
客户维度	提高客户关系	提高客户满意度	客户投诉率	
		维护老客户关系	老客户保有率	
	提升品牌知名度	持续提升品牌知名度	品牌知名度的第三方评价	
内部运营维度	客户领先	提升产品供给能力	加快产品研发与供给进度	
		提高服务保障能力	加速客户响应需求	
	运营卓越	提高服务品质保障力	重要项目推进情况	
		提高客运保障能力	重要项目推进情况	
	安全保障	提升风险防控能力	风险防控能力（第三方评价）	
		提高质量管控能力	质量管控水平（第三方评价）	
	业务创新	提高产品研发、增值服务水平	产品研发、增值服务创新项目的完成情况	
			产品研发、增值服务创新项目的收入增长额	
		加强管理模式创新	信息化、智能化项目完成情况	
学习与成长维度	人力资本	加强人才队伍建设	人才储备率	
			员工培训时数与成效	
			员工职业发展通道建设完成度	
学习与成长维度	组织资本	企业文化建设	企业文化认同度（第三方评价）	
		加强组织建设	组织建设配套机制完成情况	
	信息资本	加强信息化平台建设	自有信息系统建设完成情况	

四、OGSM 绩效指标设计法

OGSM，即 objectives（目的）、goals（目标）、strategies（策略）、measures（绩效衡量指标）的首个字母组合，它是一种计划与执行管理工具，又称一页纸计划书，是帮助团队或个人在企业愿景的指导下，将理想转为可执行的具体行为的重要工具。另外，OGSM 后面通常增加一个 T（tactics，行动方案或计划）。OGSMT 的结构，见表2-8。

表 2-8　OGSMT 的结构表

目 的	目 标	策 略	绩效衡量指标	行动方案或计划
定性的文字描述，期待达成的目的是什么？向组织提供一个工作或努力的方向	定量的数字描述，目标将目的具象化，通过目标衡量目的实现过程中的进展情况	定性的文字描述，是为了达成目标而需要采取的策略，通过什么方法或途径来实现目标。策略一定要聚焦，要有取舍。公司层面的策略最好不要超过五条	定量的数字描述，通过哪些具体的指标来衡量策略的成功？说明：M是对准S的	行动方案或计划须细化到什么人在什么时间完成什么工作 目的、目标是"做什么"，需要花费20%的精力用来做计划去哪里，主要是管理团队要做的事 策略、衡量和行动方案或计划是"如何做"，需要花费80%的精力用来思考"如何做"上 如果企业把大量时间花在目的、目标的讨价还价上是一种浪费。目标没有绝对合理，只有大致合理，关键的是如何达成目标

OGSM的优势在于简洁、清晰，容易操作，容易向下传递。如图2-10所示，OGSM阶梯式管理的各个层级之间有非常强的承接关系。上一级的策略、衡量指标是下一级的目的、目标；以此类推，部门层级的策略可以变成子部门或个人的目的、目标；部门层级的绩效衡量指标也可以变成子部门或个人的绩效衡量指标。通过阶梯式逐级展开，让部门承接企业的策略和衡量指标，员工承接部门的策略和衡量指标，确保上下策略的一致性。

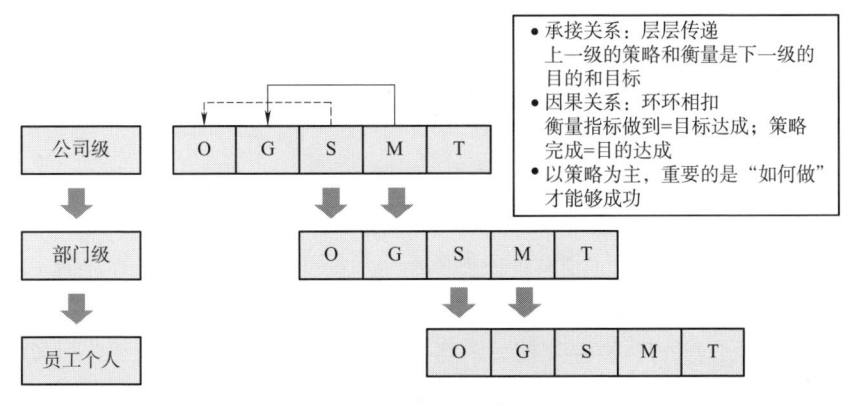

- 承接关系：层层传递
  上一级的策略和衡量是下一级的目的和目标
- 因果关系：环环相扣
  衡量指标做到=目标达成；策略完成=目的达成
- 以策略为主，重要的是"如何做"才能够成功

图2-10　OGSM阶梯式管理

由于OGSM主要精力以"如何做"为主，管理者不但要告诉员工目标在哪里？方向是什么？而且要告诉员工该如何做才能够完成工作？既可以帮助员工明确方向和目标在哪里，又能够帮助员工寻找达成目标的策略，策略性去完成目标。

OGSM非常看重行动计划。详细的行动计划能够让员工清楚该怎么执行任务，自己每天应该做什么样的事情来达成目标。

【案例分享：基于 OGSM 模型的人力资源管理】

某生产制造企业的人事行政部采用OGSM进行管理，目的是提升人力资源的综合管理水平，该公司人事行政部的OGSM管理表，见表2-9。

表 2-9　人事行政部的 OGSM 管理表（示例）

目的	目标	策略	绩效衡量指标	行动方案
健全与公司发展相适应的人力资源管理体系，使人力资源成为公司发展的核心竞争力	1. 工伤安全事故≤12次/年 2. 人均培训时间≥12小时/年 3. 人才培养计划达成率≥85% 4. 核心岗位人才流失率≤5%	成立安全生产管理项目小组，制定并推行安全生产管理制度	1. 安全责任事故≤12次/年 2. 直接经济损失超过5万元的事故为0次/年 3. 消防设施完好率100% 4. 重大工伤事故为0次/年	1. 在1月31日前成立安全生产管理项目小组，修订并颁布新的安全生产管理制度 2. 在2月15日前各部门负责人签订安全责任状 3. 每月第一周开展消防检查工作，第二周开展消防隐患整改完成情况 4. 在2月底，完成车间生产安全知识宣传……
		建设良好的安全生产文化	略	略
		不断完善人力资源管理系统，提升人力资源管理综合水平	略	略

从表2-9中可以看出，OGSM管理表把人事行政部的工作目的、目标转变成具体的策略、衡量指标，以及应办的具体工作，环环相扣。如果再充实工作内容，加入计划执行人、配合部门、资源支持等内容，就形成了一张完整年度工作计划表，见表2-10。

表 2-10　OGSM 年度工作计划表

目标	策略	绩效衡量指标	行动计划	工作执行人 主要责任人	工作执行人 相关执行人	配合协助部门	资源支持 成本费用预算	资源支持 其他	月度 1	月度 2	月度 3	月度 …	月度 10	月度 11	月度 12

OGSM的思路清晰、逻辑严密。只要透过一页纸就能够明确工作方向、工作重点，既有目标和考核指标，又有具体的行动方案及寻求资源支持等内容。

五、不同层级员工的绩效指标设计重点

1. 高管绩效指标

高管是指在企业中担任重要职务、负责经营管理、掌握重要资源的管理者。高管作为企业的核心力量，既参与企业重大决策，又全面负责某个体系或部门的管理，直接控制着企业的价值创造、价值经营、价值实现。企业给高管做绩效考核的意义在于：一是帮助高管对公司战略的全局性、清晰度有更好的认知和把握，为高管之间沟通协调减少障碍；二是帮助高管明确工作目标和方向指引，为高管的价值创造提供衡量标准；三是帮助高管自我检查和评估，发现自身优势和不足，为绩效改进提供依据，最终实现个人的持续成长。

高管的绩效指标设计遵循的原则是承接企业战略规划，并且与高管岗位职责相匹配，主要关注战略规划、组织绩效和整体业绩。由于高管的时间和精力都是有限的，所以工作上需要有所取舍和聚焦，集中精力做好少数几个重要的任务。经过调研，上市企业高层主管的绩效指标设计注重综合性的财务指标和组织层面的关键业绩驱动要素：一是盈余类的净利润；二是资产回报类的净资产收益率；三是销售类的主营收入；四是其他相对指标，比如同行对比或跑赢市场等。

2. 中层管理者的绩效指标

中层管理者在企业中起着承上启下的作用。首先，中层主管是企业战略执行和业绩实现的中坚力量，对上承担了高层主管的业务指标；对下承担了管理和领导下属的职责。其次，中层干部本身还是某个专业职能领域的具体负责人。比如市场部

经理、财务部经理、人力资源部经理等。中层主管这个承上启下的特点，决定了其绩效指标的设计要注重效益、运营指标和部门对应的业务重点。

中层管理者的绩效指标设计既要遵循二八原则，又要体现承上启下的特点。承上是指对企业本年度整体经营业绩完成和战略目标的实现作了多大的贡献，可以提炼几个指标，总权重可以占到60%～70%。启下是指完成的工作任务与工作质量，从中提取几个指标，总权重可以占到30%～40%。根据岗位属性不同可设立结果类、流程类、业务类或管理类指标。建议中层主管的考核指标不要超过七个，指标太多，既体现不出二八原则，又不能够清晰地抓住了工作的重点。

中层管理者的绩效指标有定量指标与定性指标。定量指标比较好做，但定性指标的考核怎么办？比如创新能力指标，可以把创新能力划分成若干个级别，只要清晰地界定出来不同级别的创新能力所表现出来的不同表现形式，就可以作为依据落实考核。

3. 基层岗位员工的绩效指标

基层岗位员工的绩效指标设计，见表2-11。基层岗位员工的绩效指标应覆盖日常工作职责、目标完成情况、个人职业发展等方面。通常是以业绩考核为主，关注短期绩效目标的达成。

表2-11 基层岗位员工的绩效指标设计表

序号	项目	指标定义与表现形式
1	工作目标	在特定时间内完成的工作目标和任务。比如销量、产量目标达成率等
2	工作质量	完成工作的准确性、精确度和质量。比如遵守操作程序、纠正错误、及时处理客户投诉等
3	工作效率	完成工作所花费的时间和资源。比如生产效率、工作速度和资源利用率等
4	团队合作与协作	员工的团队合作和协作能力。比如在工作中与其他同事的工作配合度，对团队目标的支持和贡献等
5	专业知识与技能	岗位所需的专业知识和技能方面的熟练程度。比如技术能力、行业知识、问题解决能力等
6	自我发展	自我学习和发展能力。比如参加培训、学习新专业技能、提出改进建议等
7	主动性与创新	评估主动性和创新意识。比如主动提出创新的想法、解决问题的方法等
8	客户关系管理	评估客户关系的管理能力。比如客户满意度、客户投诉处理等
9	管理能力	评估管理能力。比如团队管理、目标设定和执行能力等

企业根据管理要求设计每个基层岗位员工的绩效指标，考核指标通常为3~9个。各项指标的设计应做到具体、可衡量和可实施。员工能力评价指标等级，见表2-12。

表2-12 员工能力评价指标等级说明表（示例）

指标名称	优秀：90~100分 A	良好：76~89分 B	合格：60~75分 C	不合格（60分以下）D
创新能力	勇于打破思维定势，摆脱路径依赖，从多方面征求大家意见，创造性地解决问题或形成新的观点和主意，并为各种新思路、新方法创造合适的实施环境	经常能从多角度考虑问题，找到解决问题的新途径，并通过运用新的方法、新的技术来改善工作	能接受新思路、新方法，工作上能给予一定支持，但自身创造新理论、新方法的能力比较有限	按部就班，不会提出新想法、新措施与新的工作方法

第三节 发挥"指标棒"作用：绩效指标权重的设定

一、绩效指标权重概述

绩效指标权重是指各项指标在整个绩效考评体系中的相对重要程度或各项指标在绩效考评体系中所占的比重。绩效指标权重具有"指标棒"作用，直接影响企业经营目标的完成程度。绩效指标权重的设计包括以下原则：

（1）针对性原则。不同岗位其主要职责不同，考评指标权重亦不同。比如，对于安保人员来说，责任感可能是工作态度中权重最大的指标；对于业务员来说，业绩指标权重应大于责任感的权重。

（2）系统优化原则。在确定指标权重时，不能只从单个指标出发，而是要处理好各指标之间的关系，合理分配它们的权重。在系统优化原则指导下，对各项评估指标进行分析比对，权衡它们各自对整体的作用和效果，然后对它们的相对重要性做出判断：根据业务重要程度对指标进行划分，业务重要度越高的指标，权重应越高；根据目标的实现难度对指标进行划分，难度越大的目标，权重应越高；根据指标对绩效影响程度对指标进行划分，影响力越大，权重应越高；根据职责的重要程度对指标进行划分，职责越重要的指标，权重应越高。

（3）目标导向原则。绩效指标权重的设计应反映考评者对被考评者工作的引导意图和价值观念。比如，考评者可以通过加大某一指标的权重以彰显其重要性，使被考评者在工作中给予此项指标相应的重视来获得较好的考评成绩。

由于员工的实际工作情况往往与主观意愿不完全一致，在确定权重时应该综合考虑以下问题：一是历史的指标权重和现实的指标权重；二是社会公认的和企业的特殊性；三是同行业同工种间的平衡。把绩效考评的引导意图与现实情况结合起来，以便更好地实现绩效管理之目的。

二、绩效指标权重的确定方法

确定绩效指标权重主要有以下方法：

（1）经验判定法。经验判定法是指管理者或专家根据历史数据、自身经验、各项评价指标重要性的认知程度，以及要起到的引导意图，对各项评价指标的权重进行分配的方法。该方法简单易行，但主观性较强。

（2）倍数加权法。运用倍数加权法进行指标权重的确定可以采用以下步骤：一是找出绩效评价指标中重要程度最小的那个指标作为标准评价指标，可以将其设定为1；二是将其他各指标与该标准评价指标进行对比，作出重要性是该标准评价指标多少倍的判断，得到重要性倍数值；三是用各指标的重要性倍数与倍数的合计之和进行比较，换算成百分数，这就是各评价指标的权重，见表2-13。

表2-13 倍数加权法（示例）

要素	评价要素	评价要素与"智力素质"的倍数关系	权重
A	品德素质	1.5	1.5/15=10%
B	工作实践	2.5	2.5/15=16.7%
C	智力素质	1.0	1/15=6.7%
D	推销技巧	3.0	3/15=20%
E	销售量	5.0	5/15=33.3%

续上表

要素	评价要素	评价要素与"智力素质"的倍数关系	权重
F	信用	2.0	2/15=13.3%
合计		15.0	100%

（3）对偶加权法。对偶加权法是将绩效指标两两比较，然后将比较结果汇总计算权重，见表2-14。运用对偶加权法进行指标权重的确定可以采用以下步骤：一是将考核对象的所有绩效指标纳入对偶比较表中，将绩效指标进行两两比较，若行中指标重要性大于列中指标得1分，行中指标的重要性小于列中指标得0分，对所有指标进行赋分；二是将各绩效指标的得分进行加总得到各指标得分，将各指标得分除以总分便是各指标的权重。

表 2-14 对偶加权法（示例）

要素	A	B	C	D	E	得分	合计	权重
A	—	1	0	1	1	3		3/10
B	0	—	0	1	1	2		2/10
C	1	1	—	1	0	3	10	3/10
D	0	0	0	—	1	1		1/10
E	0	0	1	0	—	1		1/10

（4）两两比较法。两两比较法是指在某一绩效标准的基础上把每一个员工都与其他员工相比较来判断谁"更好"，记录每一个员工和任何其他员工比较时被认为"更好"的次数，根据次数的高低给员工排序，见表2-15。

指标权重是绩效评价的"指挥棒"。指标权重的设计应当突出重点目标，体现管理者的引导意图和价值观念。在运用上述方法初步确定的指标权重之后，需要经过有关部门负责人的审核和讨论，确保指标权重的分配符合绩效考核的要求。

表 2-15　两两比较法（示例）

方法介绍	使用方法	优点	缺点
将行因子与纵因子两两比较，得出每个指标最终得分	将重要程度采用 4 分制，并赋予相应分值： 4—非常重要 3—比较重要 2—相同 1—不太重要 0—不重要	计算结果较为准确	成本较高，效率低

指标名称	指标A	指标B	指标C	指标D	指标E	指标F	评分值	权重	调整
指标A		4	4	3	3	2	16	0.27	25%
指标B	0		3	2	4	3	12	0.20	20%
指标C	1	0		1	2	2	6	0.10	10%
指标D	1	2	3		3	3	12	0.20	20%
指标E	1	0	2	1		2	6	0.10	10%
指标F	2	1	2	1	2		8	0.13	15%
合　　计							60	1.00	100%

三、不同层级员工的指标权重分配

1. 指标权重分配

企业要使员工都做到"守职而不废"，需要发挥指标权重的"指挥棒"作用，在不同层级的岗位之间强调不同的权重分配导向。

（1）高层管理者的绩效指标权重分配。企业是否有美好的未来，是否能够适应内外部环境的变化而不断迭代升级，取决于高层管理者。高层管理者的主要职责是对企业的成长和长期发展作出贡献。工作重点在于注重财务性经营指标和战略目标的达成，绩效指标权重分配重点应放在利润率增长、市场占有率提升、投资回报率提高等方面。

（2）中基层管理者的绩效指标权重分配。企业是否拥有高效的生产力，良好的产品质量，合理的成本费用管控，稳定的人才梯队等，主要取决于中基层管理者的水平。中基层管理者的主要职责是协助高层管理者推动公司的成长与发展，对运营稳定和效率提升负责。因工作职责和工作任务的不同，指标权重分配各有侧重：中层管理者侧重目标计划的达成；基层管理者侧重工作任务的完成。至于职能服务部门的管理者，比如人力资源部、财务管理部等部门，还要设定工作目标完成效果的评价。

（3）基层员工的绩效指标权重分配。基层员工承担着产品销售、生产制造、产品质量、客户服务等具体工作，指标权重分配应侧重于工作任务目标完成情况、质量保证、能力成长等方面。

绩效考核指标权重分配，见表2-16。

表 2-16 绩效考核指标权重分配表（示例）

考核对象		指标权重分配	
		关键绩效目标	工作目标完成情况
高层管理者		100%	—
中基层管理者	中层管理者	60%	40%
	基层管理者	20%	80%
基层人员（纯粹操作/事务执行员工）		—	100%

2. 通用指标权重的设定

一般而言，通用指标权重设计应做到"一盘棋"，体现考评指标在管理上的一致性，为了体现各项指标的重要程度，指标之间的权重差异应设在5%以上。部门的绩效指标关联，见表2-17。

表 2-17 部门的绩效指标关联表（示例）

序号	绩效指标	人力资源部 张经理	行政部 李经理	财务部 王经理	生产部 赵经理	技术部 刘经理	销售部 宋经理	供应部 蒋经理	其他 ……
1	销售目标达成率	10%	10%	15%	10%	20%	30%	15%	
2	利润目标达成率	—	—	25%	10%	15%	15%	15%	
3	企业星级管理达标率	20%	20%	—	—	—	—	—	
4	客户满意度	—	—	—	—	20%	20%	20%	
5	员工满意度	25%	20%						

续上表

序号	绩效指标	人力资源部 张经理	行政部 李经理	财务部 王经理	生产部 赵经理	技术部 刘经理	销售部 宋经理	供应部 蒋经理	其他 ……
6	部门管理费用控制	10%	10%	10%	10%	10%	10%	10%	
7	按时交货率	—	—	—	25%	—	—	30%	
8	产品合格率	—	—	—	15%	15%	—	—	
9	财务预算准确率	—	—	20%	—	—	—	—	
10	新客户开发完成率	—	—	—	—	20%	10%	—	
11	销售回款目标达成率	—	—	10%	—	—	15%	—	
12	人均贡献值	20%	10%	10%	5%	—	—	—	
13	安全零事故	—	—	—	10%	10%	—	10%	
14	员工流失率	15%	10%	—	—	—	—	—	
15	……								

3. 指标权重的调整

指标权重分配应朝向推动战略目标实现、年度经营计划目标实现、完成重点工作任务等方面倾斜。企业为了适应内外部环境的变化，应根据考核目的进行灵活调整。

第四节 衡量成就的高低：绩效指标评价标准

绩效指标评价标准，描述的是绩效指标需要完成到什么程度，反映组织对该绩效指标的期望水平。绩效指标评价标准的设计内容应包括指标的标度、评分规则和计算方法等内容。绩效指标评价标准的设定原则，见表2-18。

表2-18 绩效指标评价标准的设定原则

等级	原则	说明
1	基于工作原则	评价标准的制定要以企业战略目标的实现、企业的竞争需求及员工的工作职责的要求为基础设定。相同工作的评价标准不能因人而异，应相同

续上表

等级	原则	说明
2	公开原则	（1）对被考评者来说，了解考评标准能够更好地理解组织意图，明确努力方向； （2）对考评者来说，了解考评标准能够帮助其更准确地对被考评者进行考评； （3）对其他员工来说，了解考评标准能够帮助其判断自己是否受到公平对待
3	简明原则	考评标准要简单、明确、具体。不要让被考评者产生歧义
4	稳定性原则	考评标准一旦确定就具有权威性，在没有重大变化的情况下不得随意更改
5	适应性原则	考评标准既要体现管理的先进性，又要与企业的资源能力、岗位职责、员工个人能力相配称，尽量避免考评标准给员工带来的负面效应
6	员工参与原则	考评标准在制定过程中要让员工充分参与，有利于提高认可度
7	事先确定原则	为了避免给被考评者留下"考评具有针对性"的印象，要事先让被考评者了解考评标准，不要在绩效产生过程中确定考评标准，更不要"先射箭后画靶"

一、绩效指标的标度

标度是指考评对象在绩效指标的评价标准上表现出来的不同状态与差异类型划分。常用的方法有习惯划分法和统计划分法等。

1. 习惯划分法

习惯划分法是一种依据考评实践中人们对考评对象进行区分的心理习惯而划分标度的种方法。如果等级划分过少，考评者容易操作区分，但评判结果的差异区分不明显且容易相对集中；如果等级划分过多，评判结果的差异区分明显但相对分散，使考评者不便把握与操作。一般来说，3、4、5、7四个等级标度较为合适，常用的习惯划分法有等级分数对应法和等级排序法。

（1）等级分数对应法。等级分数对应法，它是指将每个等级对应的得分范围明确地划定出来的方法，见表2-19。

表2-19 等级分数对应法

考核结果	划分方法	备注
优（A）	85分（含）以上	A-、A、A+，三个等级（以85分为基数，每高出5分上升1个等级）

续上表

考核结果	划分方法	备注
良（B）	70（含）~85分	B-、B、B+，三个等级（以70分为基数，每高出5分上升1个等级）
中（C）	60（含）~70分	C-、C，两个等级（以60分为基数，每高出5分上升1个等级）
低（D）	50（含）~60分	不再细分等级
差（E）	50分以下	

虽然等级分数对应法比较简单，员工容易理解，管理者容易操作，但是对绩效考核者的要求较高，如果出现全员"优秀"的情况，容易使考核流于形式。

（2）等级排序法。等级排序法，又称强制分配法，它是指将员工的考核得分从高到低排序，强制按照一定比例划定等级，见表2-20。通常呈现正态分布，即两边人少，中间人多。

表2-20　等级排序法

考核结果	划分方法	备注
优（A）	前15%	每个等级的人数可以按照四舍五入取整，或采取直接舍弃小数取整的方法，也可以优等向上差等向下取整
良（B）	次20%	
中（C）	中间50%	
低（D）	中下10%	
差（E）	最下5%	

企业用得最多评价方法是等级排序法，这源自著名的"救生艇理论"，假设大家被困在一艘救生艇上，管理者会选择留下哪些员工。等级排序法的优点是可以减轻或避免管理者在绩效管理中常犯的一些错误。比如全部给予好评或差评，考核结果没有区分度等；缺点是存在人为地将员工划分为优良中低差等级，这就要求管理者具备很强的分析判断、灵活修正等能力。

2. 统计划分法

统计划分法是指绩效指标标度的等级划分并不是事先主观规定好的，而是根据考评对象在每个绩效指标标志上的实际表现进行统计并确定等级的一种方法。比如基于聚类分析结果进行划分的团队挂钩法，就是将员工绩效等级比例的划分与部门的绩效考核结果挂钩，对绩效表现优秀的部门进行奖励，给予其较多的优等名额、较少的差等名额，见表2-21；而对于部门绩效表现较差的部门适当降低其优等名额。这种方法通常用在总部对下属分子公司进行考评的情况下使用。

表2-21　团队挂钩法（示例）

等级		单位内部员工考核等级分布					合计
		A+	A	B	C	D	
单位获得的绩效考核等级	A+	10%	20%	70%	—	—	100%
	A	10%	10%	80%	—	—	100%
	B	—	20%	70%	10%	—	100%
	C	—	10%	70%	15%	5%	100%
	D	—	—	70%	20%	10%	100%

等级说明：A+代表优秀、A代表优、B代表良、C代表中、D代表差。

二、绩效指标的评分规则

绩效指标通常以可量化指标和不可量化指标为主，评分规则分可量化指标评分规则和不可量化指标评分规则。

1. 可量化指标评分规则

可量化指标是指能够指以数字信息作为评价依据，对其可进行数值衡量的评价指标。可量化指标评分规则的设计需要考虑基准点位置和等级差距。其中，基准点位置是指预期的标准水平所在地位置，即正常情况下多数人可以达到的水平；等级差距存在两种情况：一是尺度本身的差距，二是每一尺度差所对应的绩效差距，这两种差距是结合在一起就可以描述绩效状态水平。尺度差距可以是等距或不等距的。

可量化指标的评价方法，见表2-22。

表 2-22 可量化指标的评价方法（示例）

序号	考核指标	权重	定义/计算公式	目标	评分方法				信息来源
1	部门销售收入完成率	25%	销售收入实际完成额÷目标完成额×100%	100%	低于70% 0分	70%~79% 16~20分	80%~89% 21~26分	90%~100% 27~30分	财务部
2	部门人均总收入	15%	总收入÷部门正式员工数	100%	低于70% 0分	70%~79% 8~10分	80%~89% 11~13分	90%~100% 14~15分	财务部
3	利润完成率	20%	实际利润完成额÷目标利润完成额×100%	100%	低于70% 0分	70%~79% 8~10分	80%~89% 11~13分	90%~100% 14~15分	财务部
4	项目节点任务完成率	10%	实际完成项目节点数÷计划完成项目节点数×100%	100%	低于70% 1~4分	70%~79% 5~6分	80%~89% 7-8分	90%~100% 9~10分	研发部
5	产品合格率	15%	产品合格数÷产品总数×100%	100%	低于70% 0分	70%~79% 8~10分	80%~89% 11~13分	90%~100% 14~15分	质量管理部
6	产品交付的及时性	10%	比计划交付延迟的天数	—	每延误1天，扣1分，分数被扣完为止				工作记录
7	工作负荷度综合评价	5%	从部门工作任务的饱满度、复杂度、难度等方面评价	—	较低 1~2分	一般 3分	较高 4分	很高 5分	人力资源部
	合　计	100%							

2. 不可量化指标评分规则

不可量化的指标，见表2-23，它是指以非数字信息作为评价依据的评价指标。通常采用习惯划分法直接对指标进行主观评分。比如计划能力指标，可以将它分为四级：优秀、良好、合格、不合格，与之相对应的分数分别为100分、80分、60分、30分。

在对绩效指标标准进行描述时，除了尽可能量化以外，还要对各等级的评价标准进行详细描述，帮助员工更加清楚地认识到每项指标对自己的要求。

不可量化指标的评价方法，见表2-23。

表2-23　不可量化指标的评价方法（示例）

指标名称	优秀 90（含）~100分 A级	良好 75（含）~89分 B级	合格 60（含）~75分 C级	不合格 60分以下 D级
计划能力	全面制订工作计划，预测准确，对任务执行进行深入分析，并及时进行调整	能够有效地对一个或几个领域的工作任务进行分解，预先分配时间及其他资源	能够合理对指定领域的任务进行分解，大致编制可行的计划，并按计划执行	不能合理安排本职工作，有问题不会及时反馈
组织协调能力	善于协调工作相关的各方关系，组织跨部门的团队，解决疑难问题，并能够组织和完成企业重大任务	能够根据成员的特长合理组织人员、分配工作，充分调动组织成员的积极性，圆满完成任务	工作中能顺利地进行人员组织、任务分配和工作关系的协调，顺利完成任务	工作中不会进行基本的人员组织和任务分配，不能协调工作关系，工作拖延
团队建设能力	能够运用全局性资源制定明确的团队目标，发挥团队优势，使得团队能够高效运作，运用分级管理授权，完成全局性工作目标	能组织跨领域的团队，明确团队目标，协调各方面的关系，完成复杂的工作目标	能够组织一个领域的团队，协调内外部关系，完成较复杂的工作目标	不能组织领域内一个方面的团队，不会协调内部关系以完成工作目标

三、绩效指标的计算方法

绩效指标评价的计算方法有很多种，常用的方法包括加减赋值法、相对赋值法、一般比例法和非此即彼法等。

1. 加减赋值法

加减赋值法是一种针对工作中的关键事件而制定相应的加分或扣分标准对绩效

考评结果进行评价的方法。其优点是形式简单、易于理解，且工作量比较小；缺点是奖励和处罚的力度不大，考评分数结果差距不明显。比如组织学术交流次数，在考核周期内比计划每少一次，扣2分，直至分数被扣完为止。

2. 相对赋值法

相对赋值法是一种对工作成果或工作履行情况在一定区间内进行等级划分，并对各等级用数据或事实进行具体和清晰的界定，据此对被考核者的实际工作完成情况进行评价的方法。相对赋值法，见表2-24，它的优点是能够清楚、直观地用数据或事实描述出各个级别的不同，且每一等级严格对应固定的分数，奖励和处罚的力度比较大，易于拉开考评分数差距；其缺点是分级描述比较复杂，指标标准设计的工作量较大。

表2-24　相对赋值法（示例）

指标	权重	计算方法	目标值	评价标准			
销售收入达成率	××%	实际完成额÷目标完成额×100%	100%	低于70%	70%～79%	80%～89%	90%～100%
				0分	16～20分	21～26分	27～30分

3. 一般比例法

一般比例法是按照相应的计算公式进行绩效评价的方法，适用于计算方式比较明确的量化指标。一般比较法中可以设置有底线值，即完成值小于合格点，绩效分数为0。比如销售收入目标达成率低于70%，绩效分数为0。

4. 非此即彼法

非此即彼法是指一些指标的考评结果只有两种：要么达到标准，要么达不到标准，即要么是满分，要么是0分。比如一旦发生重大质量责任事故，绩效分数为0。

第三章
合于利而动：绩效考评与绩效互动

【导读】"合于利而动，不合于利而止。"2007年1月，索尼公司前常务董事天外伺朗曾在日本《文艺春秋》上刊登过一篇《绩效主义毁了索尼》的文章，深度剖析了20世纪90年代中期之后，索尼引入美国式绩效之后，于管理上出现了本末倒置的倾向。比如，绩效目标和绩效评价的强绑定使管理者为了追求短期收益而忽视长期投入；管理者为了统计业绩花费了大量的精力和时间，而在真正的工作上却敷衍了事；唯指标论使员工做事的内在激情、挑战精神逐渐消失殆尽，公司由创新先锋沦为落伍者，一步步滑向衰败的深渊。"橘生淮南为橘，生于淮北则为枳。"三星公司在数字时代打败了索尼，而三星比索尼还更早地引入了美国式的绩效管理制度。可见，绩效管理本身并没有错。

"世上难得两全法"，从某种意义上说，企业没有绩效就没有生存和持续发展权；而有了绩效管理往往又麻烦不断。这就需要管理者根据企业的实际经营管理状况，采用合理的绩效考评方法，主动与员工进行绩效沟通、绩效辅导、绩效反馈，及时处理绩效申诉等问题，透过双方的有效互动，持续提高员工的专业技能与职业素养。

第一节　绩效考评

　　绩效考评是指考核人对照工作目标或绩效标准，选择合适的考评方法，评价被考核人的工作任务完成情况、工作职责履行程度和个人发展情况，并且将考评结果反馈给被考核人的过程。这是通过系统的方法对员工行为的实际效果及其对企业的贡献、价值进行考评。绩效考评的实施有利于推动组织朝良性方向发展，把员工的行为引导到促进战略目标实现的"主航道"上来，确保组织和员工共同受益的"双赢"。

一、绩效考评方法及考评周期

1. 绩效考评的常用方法

　　绩效考评的常用方法包括以下内容：

　　（1）基于经验的绩效考评方法。基于经验的绩效考评是指对员工的考评主要是凭借直接领导的个人经验进行评价，只有对员工本人及其工作比较熟悉才会起到应有作用。常用方法有两种：一是排序法；二是评价量表法。排序法是指员工的绩效是通过与其他员工的绩效进行比较来评价的方法。它通过员工之间系统地排序而不是评分，排序形式有简单排序、配对比较、强制分布等方法，花费的时间和精力较少，简便易行，因此得到广泛应用。评价量表法是指通过设计量化指标对员工的绩效进行考评的方法。因其开发成本低，几乎适用于所有的工作岗位，由于分数或刻度没有明确的规定，容易出现偏松或偏紧倾向。基于经验的绩效考评方法适用于组织规模不大、直接领导熟悉业务并且能够直接观察到员工工作行为的场合。

　　（2）基于岗位职责的绩效考评方法。企业的年度经营目标与工作计划都需要通过岗位功能才能够得到落实，并以岗位目标与任务的达成作为实现手段。基于岗位职责的绩效考评方法有行为锚定等级评价法、关键事件法等。

　　（3）基于战略的绩效考评方法。基于战略的绩效考评方法为企业的战略解码与实施提供一种路径，促使战略决策不断地由设想转化为具体行动措施的转变。基于战略的绩效考评方法主要有目标管理法、关键绩效指标法、平衡计分卡法等。

（4）提倡参与的绩效考评方法。提倡参与的绩效考评方法主要是通过向被考评者提供全面信息反馈帮助被考评者不断提高其职业能力和绩效水平。

2. 绩效考评周期

绩效考评周期包括以下内容：

（1）定期考评和不定期考评。定期考评又称为阶段性考评，是指按照一定的时间和既定的项目对员工进行考评。不定期考评又称为平时考评，是指管理者对员工的日常工作状况的考评。通过不定期的考评，可以了解员工在日常工作中的能力发挥程度、工作努力程度和工作业绩大小，为定期阶段考评积累材料。

（2）不同层级员工的绩效考评周期。高层管理者的绩效考评周期，通常以年度为单位，同时结合半年度考评作为阶段性成效检验，效果会更好；中层主管的绩效考评周期，一般以季度为单位进行考评，如果HR（human resources，人力资源）熟练运用绩效考评方法，可采用月度考评方式，应根据管理需要进行设定或调整；基层员工的考核周期，通常采用月度考评方式。

一般而言，月度考评是绩效考核周期的最小单位，尤其是对于月薪制员工，如果以周或日考核员工，除了增加工作量之外，还会增加员工的抵触情绪。

在考评周期的确定上应注意以下几点：一是在考评期内员工应该已经完成了自己的工作；二是考评时间的选择应注意避开员工的工作高峰；三是针对不同层级员工的绩效考评周期，可以一致，也可以不一致。

二、绩效考评参与者的职责

传统观念认为，绩效考评是人力资源管理部门的职责，与其他部门没关系。但随着现代绩效管理的发展，绩效考评作为企业经营管理中的一项多边活动，会涉及不同部门的工作，各部门管理者要有全员绩效管理思想，通过合理的职责分工、协作，共同做好绩效管理。

1. 绩效负责人

（1）制定绩效考评体系。绩效负责人要根据不同部门实际情况，制定一个符合企业管理要求的绩效考评办法，绩效考评办法的好坏将直接影响到绩效评价的最终实施效果。

（2）组织考评者培训。培训目的是让考评者正确理解绩效考评计划、考评过程和考评标准。企业范围内的考评标准"一盘棋"能够有效地避免考评者的各种主观错误。

（3）对考评结果进行分类归档。绩效负责人收到各部门提供的绩效考评反馈资料，及时对考评结果进行分类、统计分析、审核存档，为管理者经营决策提供参考。

（4）监督和指导绩效考评体系的落实、实施等。

2. 直接主管

（1）与下属共同设计绩效指标，通过双方沟通与员工达成绩效目标协定。

（2）在收到员工的绩效考评表格后，以事实为依据，按照绩效考评标准，对员工的工作进行逐项评分并作出评价。

（3）及时向员工提供绩效反馈，随时记录员工绩效情况及收集相关资料。

（4）与员工进行考评结果面谈，提出改进意见或建议。

3. 员工

（1）协助直接主管确定绩效考评目标。在绩效指标的设计阶段，被考评人要与考评人积极配合，双方进行有效沟通，制定客观的、有挑战性的绩效标准。

（2）进行自我评价与绩效改进。员工对照绩效考评表的要求，对自己的各项工作表现进行评分，发现需要改进之处，及时改善。

（3）申诉。员工对绩效考评结果不满意时，可以通过申诉渠道进行申诉。

三、绩效考评者的培训

考评者的主观失误过多是导致绩效考评失败的主要原因之一。常见失误如下：

（1）近期效应。考评者以近期发生的事件所形成的印象作为判断的基础，只根据被考评者最近的行为进行评价而导致的误差。

（2）晕轮效应。考评者往往会因为被考评者在某一特性上得到高分而高估其他特征导致的误差。

（3）与我相似误差。考评者对和自己具有相似特征和专长的被考评者给予较高评价而导致的误差。"近朱者赤"是管理中的一种常见现象。

（4）人际关系误差。考评者把被考评者与自己的关系好坏作为评价依据而导致的误差。

（5）中间趋向误差。考评者倾向于把多数被考评者都评为中等而导致的误差。

（6）过分宽容误差。考评者考评时过于宽容，因打分过高而导致的误差。

（7）过分苛刻误差。与过分宽容误差相反，考评者打分过低而导致的误差。

（8）对比效应误差。考评者倾向于通过将被考评者与其他员工进行比较来对其评价，而不是根据工作要求评价而导致的误差。

（9）世俗偏见误差。考评者对某些群体存在固有好恶偏见而导致的误差。

为了避免上述问题，企业在考评工作正式开始之前，要对考评者进行培训，内容包括：考评目的、如何采用合适考核方法、如何发挥主管职能实现绩效持续改善等。

四、绩效考评的信息收集

考评者为了在绩效考评中有充足的客观依据，需要用事实说话，在绩效实施的过程中对被考评者的绩效信息持续进行记录和收集。比如，要将一个员工的绩效考评结果评为"优、良、中、可、差"，应有证据作支持。这些信息既可以作为对员工绩效进行评价的依据，也可以作为员工技能改进、绩效提升和职位调整、加薪等人事决策的依据，甚至在员工对绩效考评结果产生争议时，可以利用这些记录在案的事实依据作为仲裁依据，既可以保护企业的利益，也可以保护当事员工的利益。

1. 收集绩效信息的方法

为了保证信息收集工作的质量，不同的绩效信息收集需要采用不同的方法，主要有工作记录法、观察法、抽查或检查法、他人反馈法、关键事件法等。

（1）工作记录法。工作记录法是指通过工作记录的方式将员工的工作表现和结果记录下来的方法。管理者在对一些需要详细工作记录的工种进行监控时，应使用工作记录法收集信息。比如对于财务、销售、生产、服务等方面的有关数量、质量、时限等相关信息的收集需要使用工作记录法；管理者应规定相关人员及时填写原始记录单，定期进行统计分析和汇总。为了提高工作效率，在条件允许的情况下，可以使用电子表格或绩效信息系统收集信息，以便存储、统计分析和汇总。

（2）观察法。观察法是指管理者直接观察下属的工作表现。管理者常常采用"走动式管理"的方式，到工作现场进行不定时的考察以获取第一手绩效信息。

（3）抽查或检查法。抽查或检查法常常与工作记录法配合使用，管理者通过对绩效信息进行抽查或检查以确保原始信息的真实性。

（4）他人反馈法。他人反馈法是指员工的某些工作绩效不是管理者可以直接观察到的，也缺乏日常的工作记录，在这种情况下就可以采用他人反馈的信息。比如行政后勤人员的服务质量可以从其他部门那里了解信息。

（5）关键事件法。关键事件法是指管理者在绩效管理过程中，对员工表现特别突出或有异常失误的关键性事件进行记录，为管理者对业绩突出者及时进行奖励，对重大问题者及时进行辅导或纠偏作准备，也可以作为绩效评价和绩效改进提供依据。

收集绩效信息方法运用是否正确，直接关系到信息质量，最终影响到绩效管理成败。因此，在实际操作中，通常是几种方法交叉使用。

2. 收集绩效信息的内容

收集绩效信息会耗费大量人力、物力、时间和精力，应按照绩效指标的要求，有选择地收集信息。基本信息的来源可以分为三类：一是来自财务报表或绩效记录的信息，以财务指标居多；二是由管理者通过观察得到的信息，以市场营销指标居多；三是来自他人评估的信息等。在收集信息的过程中，属于"关键事件"信息需要特别关注，比如记录的员工的典型成功、失败关键等事件。

五、绩效考评的重点

1. 部门或团队绩效考核重点

部门或团队的绩效考核需要从多维度进行全面思考，包括工作业绩和履职情况、团队行为等。

（1）工作业绩和履职情况。工作业绩是指从工作质量、工作数量、工作效率等方面进行考核。比如财务指标完成情况、项目计划完成的进度和质量等。履职情况是指从部门职能与定位需要承担的工作任务，有无完成预期目标等方面进行考核。

（2）团队行为。一是企业价值观的践行情况，团队内部工作氛围、团队精神面貌；二是团队合作情况，团队与团队之间的工作上的合作等。

2. 岗位绩效考核重点

岗位的绩效考核更多侧重于"人"的因素，包括工作业绩和岗位履职、能力态度等。

（1）工作业绩和岗位履职。工作业绩是指从岗位目标完成的质量、数量、效率等方面进行考核。岗位履责是指从基于岗位职责的践行情况，有无完成预期目标进行考核。

（2）能力态度。能力态度包括品德态度（职业道德，包括纪律性、责任感和工作积极性等）、专业能力（专业知识、业务技术、组织管理能力等）、适应度（员工在担任某一职位与其人品、性格、能力是否相适应等）。

【知识拓展：职能服务部门的非量化的指标考核】

职能服务部门的绩效考核应强调评估过去、引导未来。企业要把职能服务部门的绩效考评做好，需要打破传统旧观念，树立新观念。

传统旧观念认为职能服务部门就写报告做报表，没有产生实际的价值。比如，人力资源部门就是做员工招聘、培训宣传、工资发放等工作，只要工作没做好，背后就有人说"人事部不干人事"；财务部门做的是记账算账和费用报销等工作。行政管理部门被认为是"开开灯，关关门，打个灯笼送个人"等。

新观念认为职能服务部门是总经理的"左膀右臂"，"左膀"是财务，"右臂"是人力资源；其他职能服务部门都是保驾护航的部门。因为当企业规模小的时候，核心部门是销售、生产、研发、设计等直接创造利润和现金流的部门；当企业走上正轨，规模越来越大，职能服务部门通过管理创造效益就显得非常重要了。比如，财务管理部门要发挥筹资、用资、耗资、分配等管理职能，保证生产经营所需的各项资金，监督检查各项资金的使用情况等；人力资源部门不仅要做人力资源规划、招聘、培训、绩效评估与激励，还要为员工设计职业生涯规划、人才梯队建设、制定和监督实施人力资源发展的各项规章制度等工作；行政部门做好后勤服务工作能够更好地为员工创造良好的生活和工作环境等。

那么，如何考核职能服务部门的工作呢？建议采用两张白纸法。第一张白纸发给一线业务部门，让他们提出当下工作中最迫切的需求是什么？希望职能服务部门提供什么的支持？第二张白纸发给自己的上级领导，询问上级领导当下对职能服务部门的管理要求是什么？让上级领导引导大家努力工作，使大家明确工作目标和努力方向。

通过这两张白纸法能够找到指标项。如果是量化指标，考核起来比较容易；如果是非量化的指标，需要采用集体评议模式。集体评议一般是由各级部门负责人带领本部门主要下级主管，对下级部门员工进行绩效评议，确定绩效考核结果，该结果再报上级部门审核批准的过程，从而避免"一言堂"的问题。

六、各层级员工的绩效考评重点

1. 高层管理者考核

高层管理者是指对整个企业管理负有全面责任的人。主要职责是制定组织的总目标、总战略，掌握组织的大政方针，并评价整个组织的绩效。高层管理者包括董事长、总经理、副总经理、财务负责人等主管。

××企业总经理绩效考核表,见表3-1。

表3-1 ××企业总经理绩效考核表(示例)

考核方向	指标名称	权重	目标	实际达成	得分
财务层面	年度利润总额	15%			
	净资产增长率	15%			
	主营业务收入增长率	15%			
	总资产周转率	5%			
内部运营层面	企业战略目标完成率	20%			
客户层面	市场占有率	10%			
	品牌价值增值率	10%			
学习与发展层面	核心员工保有率	10%			
小计		100%			
一票否决项(发生得分清零)	重大生产安全事故				
	重大环境责任事故				
	刑事、民事、行政等相关国家机关处罚				
综合得分					

高层管理者的考核一般采取量化考核与绩效述职相结合的方式,由企业内的财务管理部、人力资源部或安全环保部等部门提供数据支持,各条线副总经理向总经理述职,总经理向董事会述职。由于高层管理者负责的是企业的整体战略规划,从决策到效果的转化周期较长。对高层管理者的考核一般采取年度考核方式,在强调目标经营结果的基础上,偏重其战略规划、组织能力、对未来的洞察能力、全局意识、领导能力等软要素考核。

2. 中层管理者考核

中层管理者是指处于高层管理者和基层管理者之间的中间层次的管理者。中层管理者是企业经营战略、各项计划和各个决策方案能够顺利实施的重要支柱,主要职责是贯彻执行高层管理者所制定的重大决策,监督和协调基层管理者的工作。中

第三章　合于利而动：绩效考评与绩效互动

层管理者包括财务经理、人力资源经理、生产经理、营销经理、项目经理等主管。一般采用月度或季度打分考评，年度以KPI考核+述职模式为主。

××企业人力资源部经理的绩效考核表，见表3-2。

表3-2　××企业人力资源部经理的绩效考核表（示例）

项目	考核指标		目标	权重	指标定义	实际达成	得分
主项考核	定量指标	绩效考核完成率	100%	20%	完成各部门关键岗位管理干部绩效考核，建立健全绩效考核体系		
		净利润达成率	100%	20%	实际净利润 ÷ 目标净利润		
		招聘满足率	90%	10%	达到目标时：〔1+（实际－目标）÷目标〕×100% 低于目标时：〔1-（目标－实际）÷目标〕×100%		
		培训计划完成率	24次/年	10%	（实际培训次数÷24）×10，未完成每次扣1分		
		人力费用率	90%	5%	人力费用额 ÷ 销售额		
		部门费用控制	100%	5%	1- 实际费用 ÷ 预算费用		
	定性指标	岗位职责履行	100%	30%	权重要进行二次分配： 1.总经理交办事务落实情况及执行率：20%； 2.销售中心协同、技术协同：20%； 3.重要岗位人员的职业发展规划和人才梯队建设：20%； 4.减员增效目标，定员定岗：20%； 5.销售岗位的末位调整：20%		
	小计			100%			
一票否决项（发生得分清零）		重大刑事、民事、行政等相关国家机关处罚			受到重大刑事、民事、行政等相关部门的处罚，金额超过万元，或者被限制人身自由等事项		
合　计							

3. 基层管理者考核

基层管理者通常是指给下属作业人员分派具体工作任务，直接指挥和监督现场员工的日常工作的人员，比如班长、小组长等。基层管理者的绩效考核以结果为导向，重点在于工作目标完成、现场的工作任务完成等方面。

××车间班组长绩效考核表，见表3-3。

表3-3　××车间班组长绩效考核表（示例）

序号	项目		指标	细则	权重	得分	考评人
1	产量订单完成率		≥90%	1. 本月计划完成××吨，实际完成××吨；完成率××% 2. 每上升1%加1分，每下降1%扣1分	30%		
2	人工成本		××元/吨	1. 计划完成××元/吨，实际完成××元/吨 2. 每下降1%加1分，每上升1%扣1分	15%		
3	质量	验收合格率	100%	按日考核，每次不合格扣3分，扣完为止	15%		
		客户投诉	0次	因车间生产问题造成客户投诉，每起扣5分	10%		
4	安全生产零事故		0次	安全生产0事故，每发生一起扣10分	10%		
5	员工满意度		—	1. 工龄1个月以上员工，每流失1人扣1分，扣完为止 2. 班组内自主新招员工工作满1个月以上，每增加1人加2分（封顶加10分） 3. 员工申诉，经核实，每次扣1分	10%		
6	日常管理与现场5S		—	1. 车间现场与下班后的工作现场均按规定做好5S，品管部每次检查发现不合格扣1分，拒不整改再扣1分 2. 领导、客户参观，发现不合格，每次扣5分 3. 控制车间劳保用品、易耗品，超标扣2分	10%		
			合　　计		100%		

注：5S起源于日本，即整理 seiri、整顿 seiton、清扫 seiso、清洁 seiketsu、素养 shitsuke。

4. 基层员工考核

基层员工是指直接从事具体工作的担当者、操作者和作业者，也是具体工作实施的执行者和完成者。对于基层员工的绩效考核要以责任结果为导向，覆盖日常工作职责、工作任务完成情况、工作能力与工作态度等方面。

××企业人事行政专员绩效考核表，见表3-4。

表3-4　　××企业人事行政专员绩效考核表（示例）

项目	序号	考核项目	基准目标	分值	达成情况	考核分数
工作任务（70%）	1	人员招聘、培训、薪资核算等工作	严格执行人力资源管理的各项制度，按照计划推进招聘、薪资核算等相关工作	20		
	2	文档管理	服务中心档案完好、无遗漏；符合要求；方便查阅	15		
	3	各类会议的安排	妥善安排会议的地点、规模、形式、需求，能确保会议按计划实施	10		
	4	各类办公设备及办公用品的管理	严格执行公司的相关管理流程；建立明确的固定资产及办公用品清单，各类办公设施的维护	10		
	5	宿舍管理	宿舍管理符合公司规定	10		
	6	办公环境监督	办公环境整齐、整洁	5		
工作态度（15%）	1	服务意识	能以客户服务为己任，始终被客户所信任	5		
	2	团队精神	除完成自己的本职工作，能不计较个人得失，积极协助其他部门和同事共同达成工作目标	5		
	3	工作效率	任何工作都按时保质、保量完成，且从无怨言、无牢骚	5		
工作能力（15%）	1	表达力	具有良好的公文写作及准确表达自己见解的能力	3		
	2	协调能力	协助服务中心经理处理好与开发商、政府部门、业主及物业使用人的关系；处理好本管理处和其他部门之间的关系	3		

续上表

项目	序号	考核项目	基准目标	分值	达成情况	考核分数
工作能力（15%）	3	执行力	具有正确理解上级工作意图，有效计划实施计划的能力	3		
	4	解决问题能力	灵活应变，及时解决问题	3		
	5	协作	他人工作请求从无怨言、畏难从不发牢骚	3		
合　　计				100		
加分项	1. 提出建议，公司有采纳的，每项加 1 分					
	2. 其他有特殊贡献的，视情况加分，但需要经过上级领导核准					
综合考核得分						

七、述职制度 +KPI 考核制度

企业对中高层管理者的阶段性绩效考核，通常采用述职制度+KPI考核制度。通过这种方式能够促进中高层管理者在目标设立之初就会配合企业战略目标或年度经营计划要求，理清思路，抓住工作重点，采取措施提高成功的概率。

在一个考核周期结束后，企业组织中高层管理者述职会议，让述职者向述职评价委员会做业绩回顾报告，使企业能够直观了解中高层述职者的绩效完成情况，对述职者的业绩成果和综合能力做出更为全面、准确、客观的评价，有助于企业与述职者之间就业绩目标、实施策略、影响业绩目标达成等因素达成共识，及时发现问题并解决问题。

1. 述职评价委员会

述职评价委员会一般由企业总经理、高层管理者、外部专家顾问等组成。

2. 述职的内容

管理者述职的主要内容包括：目标承诺陈述、主要业绩分析、重要问题分析、面临市场竞争的挑战与机会、绩效改进的要点与措施、能力提升的要点、需要得到的支持与帮助、目标调整及新目标的确定等。

3. 述职的程序

（1）在考核周期结束时，由总经理组织召开管理者述职报告会。参加人员包括述职评价委员会成员、一级部门负责人、述职者的直接主管等。

（2）被考核者在述职报告会之前，填写述职表，会议组织者将述职表和被考核者年初制定的策略目标表复印多份，发给述职评价委员会每一位成员。

（3）被考核者首先进行述职，述职时间在15～30分钟。随后回答述职评价委员会和与会人员提出的问题，回答问题时间为15～30分钟。

（4）被考核者答辩结束后，述职评价委员会成员根据述职会议情况对被考核者作出评价、核算得分，并填写述职评价表，统一交给会议组织人员。述职会议结束后，由述职评价委员会共同讨论，给出最终综合评价、确定等级并填写"中高层管理者述职表"。

（5）考核的最终结果交回给被考核者，经双方确认后生效，递交由人力资源部负责存档管理。

××企业中高层管理者述职表，见表3-5。

表3-5　××企业中高层管理者述职表（示例）

姓名		部门		职务		考评期间		年　月至　年　月		
一、业绩达成的KPI指标（权重：70%）										
序号	KPI指标	指标类别	指标说明	目标值	挑战值	权重	达成情况自评		达成情况评价	
							被考评者自述	得分	述职评价小组评价	得分

二、管理要项（权重：10%）						
序号	管理要项	衡量方法	衡量标准	权重	述职评价小组评价	得分
管理要项的具体内容说明（可采用附件）：						

续上表

姓名		部门		职务		考评期间	年　月至　年　月
三、能力改进与工作创新（权重：20%）							
项目		权重	自我总结		考评者评语及下期工作期望		得分
行为能力改进		10%			评语：		
^		^	^		期望：		
工作创新		10%			评语：		
^		^	^		期望：		
四、考评得分							
五、加减分项							
六、综合得分							
七、等级评定 A—优秀、B—良好、C—合格、 D—需要改进、E—不合格			等级：	考核者签名：			被考核者签名：

述职报告填写要点如下：

（1）业绩达成的KPI指标是指报告考评期内业绩完成情况，并与同期水平相比明确工作的进步情况，审视全年目标、标明目标的达成程度，说明差距和原因。

（2）管理要项情况是指承担不同职责的部门，根据自己部门的情况对KPI指标完成的支持情况，可以作为KPI考评的有效补充。

（3）能力改进与工作创新指标是指个人在工作能力改进与工作创新方面的完成情况，说明存在差距和原因，以及下一个绩效考核周期工作期望。

（4）例外加减分是指非职务因素方面的重要贡献或损失损害等。比如获得省市级奖项的加分、出现生产安全事故等。

八、360°评估反馈法

360°评估反馈法又称全方位考核法，是指由与被评估者有密切关系的人，包括被评估者的上级、同事、下属和客户等，分别匿名对被评估者进行评估，是通过汇总各方面的意见清楚考核对象的长处和短处的考核办法。

1. 全面反馈绩效评价主体与客体

自我评价是指管理者让员工针对自己在工作期间的绩效表现，或者根据绩效表现评估其能力和并据此设定未来的目标。当员工对自己做评估时，通常会降低自我防卫意识，了解自己的不足，进而愿意加强或补充自己的尚待开发与不足之处。

同事评价是指通过同事互评绩效的方式来达到绩效评估的目的。对有些工作而言，有时上级与下属相处的时间与沟通机会，反而没有下属彼此之间多。在这种上级与下属接触的时间不多，彼此之间沟通少的情况下，上级要对下属做绩效评估也就比较困难。但下属彼此间工作在一起的时间较长，他们相互之间的了解反而会比上级更多。他们之间的互评，反而能够比较客观。事实上，下属之间的互评能够让彼此知道自己在人际沟通这方面的能力。

下属对上级评价是指由下属来评估上级，管理者通过下属的反馈，清楚地知道自己的管理能力有什么地方需要加强。若自己对自己的了解与下属的评估之间有太大的落差，管理者要针对这个落差，深入了解其中的原因进行改进，大有裨益。

上级对下属评价是指下属的绩效评估工作由上级管理者来做。作为上级管理者要善用绩效评估的结果作为指导下属，发展下属潜能的重要工具。

企业有时候会成立一些跨部门项目团队，导致一些员工同时会与很多主管一起共事。在这种情况下，可以将多主管、矩阵式的绩效评估方式纳入绩效评估系统之中。

2. 操作要点

（1）准备阶段。准备阶段的主要目的是使所有相关人员，包括所有评估者与被评估者，以及所有可能接触或利用评估结果的管理者，正确理解实施360°评估反馈目的和作用，建立起对该评估方法的信任。

（2）评估阶段。评估阶段：一是组建360°评估反馈团队，但要注意评估要征得被评估者的同意，这样才能保证被评估者对最终结果的认同和接受；二是对被评估者进行360°评估反馈技术的培训，使大家熟悉并能正确使用该技术；三是实施360°评估反馈；四是统计并报告结果。实施360°评估反馈分别由上级、同级、下级、客户和本人按各个维度标准进行评估。最好是采取匿名的方式，必须严格维护填表人的匿名权及对评估结果报告的保密性。经研究表明，在匿名评估的方式下，人们往往愿意提供更为真实的信息。另外，在提供评估报告时应注意对评估者匿名需要的保护，相关管理部门针对反馈的问题应制定相应改善措施。

（3）反馈和辅导阶段。通过来自各方的评估反馈，使被评估者更加全面地了解自己的长处和短处，清楚地认识到企业和上级对自己的期望及目前存在的差距。经调研发现，企业在第一次实施360°评估和反馈工作时，最好请外部专家或顾问开展一对一的评估和反馈辅导谈话，指导被评估者如何去阅读、解释并充分利用360°评估和反馈报告。请外部专家或顾问来做容易形成一种"安全环境"（即不用担心受惩罚、泄密等）氛围，有利于相互之间的深入交流。

360°绩效考核表，见表3-6。

表3-6 360°绩效考核表（示例）

被考核人：　　　　　　所在部门：　　　　　　岗位名称：

序号	考核指标	权重	评分标准	分数	自评	审核
1	专业知识	15%	具有非常丰富的专业知识，并能完全发挥完成任务	15		
			具有相当的专业知识，并能充分发挥完成任务	13		
			具有一般的专业知识，能符合岗位需要	11		
			专业知识不足，影响工作进度	8		
			缺乏专业知识，无成效可言	5		
2	工作效率	20%	工作效率极其高，具有卓越创意	20		
			能胜任工作，工作效率高	17		
			工作不误期，表现符合要求	14		
			勉强胜任工作，无突出表现	10		
			工作效率低，时常出错	7		
3	团队精神	15%	与他人协调无间，善于协调与沟通且卓有成效	15		
			爱护团体，常协助别人	13		
			肯应别人要求帮助他	11		
			仅在必要与人协调时才与人合作	8		
			精神散漫，不肯与人合作	5		

续上表

序号	考核指标	权重	评分标准	分数	自评	审核
4	工作态度	10%	不需要督促，能主动自发做事	10		
			具有积极性，能自觉完成任务	8		
			基本上能积极工作	7		
			对工作不太热心	5		
			消极应对	3		
5	成本意识	10%	成本意识极其强烈、能积极节省，避免浪费	10		
			具有成本意识，尚能节省	8		
			具有成本意识，尚能节省	7		
			缺乏成本意识，稍有浪费	5		
			成本意识欠缺，以致常有浪费	3		
6	责任心	10%	较强的责任心，能彻底完成任务，可以放心交付任务	10		
			有责任心，能顺利完成任务，可交付工作	8		
			具有责任心，能如期完成任务	7		
			责任心不强，需要人督促，方能完成任务	5		
			欠缺责任心，时时督促，亦不能如期完成任务	3		
7	纪律性	5%	遵章守纪，原则性强，企业利益高于一切	5		
			政策水平高，说话办事干脆利落，原则性强	4		
			遵守规章制度，能规劝他人做好工作，服从领导安排	3		
			有时违反规章制度，服从领导的安排	2		
			不遵守规章制度，不服从领导安排，我行我素	1		
8	积极性	5%	奉公守法，足为他人楷模	5		
			热心工作，支持公司方面的政策	4		
			对本身工作感兴趣，不在工作时间开无聊玩笑	3		
			工作无恒心、精神不振，不满现实	2		
			态度傲慢，常唆使别人	1		

续上表

序号	考核指标	权重	评分标准	分数	自评	审核
9	创新能力	5%	不断接受新事物、新观念，善于创新进取	5		
			一贯创新，并能灵活运用到工作中	4		
			能够主动考虑深层次问题，乐于发表创新思想	3		
			偶尔有创新思想或独到见解	2		
			因循守旧	1		
10	发展潜力	5%	学识、涵养俱优，极具发展潜力	5		
			具有相当的学识、涵养，具有发展潜力	4		
			稍有学识、涵养，可以培养训练	3		
			学识、涵养稍有不足，不适合培养训练	2		
			学识、涵养欠缺，不具备发展潜力	1		
合 计		100%				

评价者：　　　　　　　上级管理者：　　　　　　　日期：　　年　月　日

九、常规25种绩效考评法

绩效评价方法有很多种，在这里梳理了常规的25种绩效考评法，见表3-7。大家可以根据管理需要，采用合适评价方法，确保绩效考核成功实施。

表3-7　常规25种绩效考评法

序号	项目	概念	优点	缺点	适用范围
1	德能勤绩法	对一个人的工作过程和结果从思想道德、工作能力、勤奋程度等方面依次与一定针对性的标准进行比较，得出各个方面的评估结果，然后再进行综合的方法。这种方法在对管理者进行评价时经常使用	能够反馈员工工作质量的相关信息，而且所设计的方式能够让上级管理者更容易作出评估决策	考核指标庞杂、没有针对性、没有明确的标准、考核重点不清楚。考核不能真正反映员工的业绩，往往"老好人""庸人"考核分数反而最高	现在大多数企业不单独使用，通常与其他的方法结合在一起使用

第三章　合于利而动：绩效考评与绩效互动

续上表

序号	项目	概念	优点	缺点	适用范围
2	目标管理法	根据被考核人完成工作目标的情况来进行考核的一种绩效考核方式。在开始工作之前，考核人和被考核人应该对需要完成的工作内容、时间期限、考核的标准达成一致。在时间期限结束时，考核人根据被考核人的工作状况及原先制定的考核标准来进行考核	能够提升员工工作的积极性、主动性、创造性；提高员工的成就感	以结果为导向，重视结果轻视过程；难以对不同的员工设定不同的工作目标；对考核人员的素质提出了很高的要求；并非所有的工作都可以设定明确的目标	对各级管理者比较适用
3	360°反馈	360°反馈又称全视角反馈，是被考核人的上级、同级、下级和服务的客户等对他进行评价，通过评论知晓各方面的意见，清楚自己的长处和短处，来达到提高自己的目的	从多角度评价员工，产生的结果也比较客观公正	容易导致员工之间不团结	强调以绩效为导向的企业
4	主管述职评价	述职评价是由岗位人员作述职报告，把工作完成情况和知识、技能等反映在报告内的一种考核方法。述职报告可以在总结本企业、本部门工作的基础上进行，但重点是报告本人履行岗位职责的情况，即该管理岗位在管理本企业、本部门完成各项任务中的个人行为，本岗位所发挥作用状况	定期对工作进行述职，能够检讨工作得失且为下阶段工作计划的制定及工作改善指明了方向，是一种较为民主的方法	考核方法单一，不能精确反映出被考核人的工作质量状况，仅仅设定几个考核要素进行评定，主观性强	主要针对企业中、高层管理岗位的考核，被经常使用
5	关键事件法	考核人在平时注意收集被考核人的"重要事件"，这里的"重要事件"是指被考核人的优秀表现和不良表现，对这些表现要形成书面记录。根据这些书面记录进行整理和分析，最终形成考核结果	能够记录反馈员工日常工作中表现好或不好的工作行为；有利于促进工作绩效的提升	考核人如果没有记录员工的关键事件，就会大大近期效应的偏差。员工觉得管理者编造事实来支持其主观意见	基层管理者及一线操作人员
6	强制正态分布法	按照事物"两头小、中间大"的正态分布规律，先确定好各等级在总数中所占的比例，然后按照每个员工绩效的优劣程度，强制纳入其中的一定等级	有利于筛选出淘汰的对象；具有激励和鞭策作用；避免考核标准过宽或过严及考核结果过于趋中现象	如果一个部门的员工都的确是优秀的，可能会带来多方面的弊端，不利于形成团队合作的氛围等	适用于工作绩效难以通过数量来衡量的工作

序号	项目	概念	优点	缺点	适用范围
7	排序法	通过打分或评价等方式，给被考核者排好名次	考核简单、能迅速完成	标准模糊，主观性强	管理基础薄弱的企业
8	配对比较法	将被考核者进行两两配对比较，比较中认为绩效更好的得1分，绩效不如比较对象的得0分。在进行完所有比较后，将每个人的所得分加总就是这个人的相对绩效，根据这个得分来评价出被考核者的绩效优劣次序	考核操作简单、方便	主观性强，考核标准不能量化，考核结果不精确	管理基础薄弱的中小企业
9	等级评定法	根据一定的标准给被考核者评出等级，例如A、B、C、D、E或优、良、中、劣、可等级	考核简单、能迅速完成	对考核人的诚信度要求很高；主观性强；标准模糊	管理基础薄弱的企业
10	交替排序法	由考核人按照整体的工作表现从员工中先挑出绩效最好的，再挑出最差的；然后挑出次优的，再挑出次差的，直至排序完毕	容易操作，结果令人一目了然	因为在员工中间进行比较，迫使员工相互竞争，容易对员工造成心理压力	对考核要求不高的企业
11	等差图表法	在实际操作中考虑两个主要因素：一是考核项目，即要从哪些方面对员工的绩效进行考核；二是评定分等，即对每个考核项目分成几个等级。在确定了上述两个因素之后，由考核者按照评价标准对被考核者进行评价	考核操作简单、方便	主观性强，考核标准不能量化，考核结果不精确；考核要素没有重点与非重点之分	规模小的企业或管理基础薄弱的企业
12	要素评定法	在实际操作中考虑两个主要因素：一是考虑到不同的考核项目具有不同的重要性；因而考虑加权的因素，将不同的因素赋予不同的重要性，这个重要性是通过他们各自的分值范围体现的。二是评定分等，即对每个考核项目分成几个等级。在确定了上述两个因素之后，由考核者按照评价标准对被考核者进行评价	考核操作简单、方便；考核要素能够体现出工作的重要性来	主观性强，考核标准不能量化，考核结果不精确	规模小的企业或管理基础薄弱的企业
13	流程考核法	按照系统工程理论对相关的工作制定作业操作流程，找出影响工作成果的关键流程点，并对这些点进行控制和考核的方法	具有相对稳定性、连续性；能够激励每个职位的员工相互配合，有利于培养团队精神	在流程没有优化的情况下进行考核，致使工作效率没有提高，顾客抱怨没有减少，员工对考核产生误解	流程性比较强、公司组织结构比较扁平的企业

续上表

序号	项目	概念	优点	缺点	适用范围
14	小组评价法	小组评价法是指由两名以上熟悉该员工工作的主管，组成评价小组进行绩效考核的方法。为了提高小组评价的可靠性，在进行小组评价之前，应该向员工公布考核的内容、依据和标准。在评价结束后应向员工讲明评价的结果。在使用小组评价法时，最好和员工个人评价结合进行。当小组评价和个人评价结果差距较大时，为了防止考核偏差，评价小组成员应该首先了解员工的具体工作表现和工作业绩，再作出评价决定	小组评价法的优点是操作简单，省时省力	缺点是容易使评价标准模糊，主观性强。可靠性不高	各类企业
15	综合法	将各类绩效考核的方法进行综合运用，在实际工作中，很少有企业使用单独的一种考核方法来实施绩效考核工作	对员工进行综合的、多方面的评价，尤其是对管理者的综合素质评价起到了积极的作用	工作比较复杂，需要进行专门的系统培训	管理相对完善的企业
16	行为锚定等级评价法	由考核者收集关键事件来描述每项工作的有效行为、一般行为和无效行为。在对被考核者进行考评时，每一项工作范畴都可以作为一项衡量指标	不需要复杂的技术，操作简单且容易理解	如果考核人没有记录员工的关键事件，就会夸大近期效应的偏差	基层工作人员
17	行为等级量表法	由考评者依据量表，对员工每一考评项目的表现进行评价和计分	容易操作，结果令人一目了然	考核的主观性太强。考核结果不精确，往往导致员工的抱怨	基层工作人员
18	图表尺度法	在一个等级上对业绩的判断进行记录，列举出了一些绩效的构成要素，还列举一些跨越范围很宽的绩效等级。在进行绩效考核时，首先针对每一位下属员工从每一项考评要素中找到最能符合其绩效状况的分数，然后将每一位员工所得到的所有分值进行加总，就会得到最终的结果	引入数学模糊理论，使工作质量和员工的岗位重要性结合一起，能直观地反映关键岗位的工作绩效对企业的影响程度	考核没有量化的标准，考核结果不太精确，考核者容易"拍脑袋"，导致考核容易流于形式	规模小、管理薄弱的企业

续上表

序号	项目	概念	优点	缺点	适用范围
19	岗位绩效指数化法	对考评对象的工作业绩和所确定的岗位指数之间进行比较的考评方式。由于岗位指数是职位要素、岗位目标以及影响目标达成的各种因素的综合指数，岗位绩效指数一旦确定，考评就有了一个动态的、相对固定的参照坐标	采用多角度考评，可以确保权重确定的可靠性和客观性；满足选拔、提升晋级、素质测评及培训等多方面的需求	要求考核人具有比较高的个人素质；岗位指数难以精确确定，从而影响到绩效结果的精确度	管理基础好的企业
20	层次分析法	将复杂问题分解成为各个组合因素，又将这些因素按支配关系组成层次结构，通过两两比较的方式确定层次中诸因素的相对重要性，然后综合决策者的判断，确定决策方案相对重要性总排序	针对不同的个体，能够设计出个性化的绩效方案	对考核人员的素质要求很高，要求熟练地掌握计算机程序的应用，且具有运筹学的基础，不能广泛地推广	员工素质比较高的企业，尤其是考核人的素质比较高
21	增强效力法	要求考核人和被考核人一同决定考评绩效的具体细节，包括多种表格、方法、沟通周期等。在实施的过程中，将员工个人置于客户的位置来考虑	针对不同的个体，能够设计出个性化的绩效方案	因为对考核人的素质提出了更高的要求而不能推广；考核没有形成系统，难以操作与管理维护	欧美等外资企业，本土企业因文化观念等原因很少使用
22	综合指标法	按照事先设定的指标和评价标准，对各项指标的完成程度进行综合评估的方法	将多项要求以指标进行评估，全面客观	选取指标困难，即便指标较多也会未必全面	集团分子公司、非营利组织等
23	全面总结法	一个组织对其在评估期内方面的工作进行系统的回顾与评述，列出分类、成绩、不足、改进措施和下一期的工作计划，最后得到上级管理者对该总结认可的评估方法	系统全面，自我反省进步、不足和改进措施，有益于后期工作	没有批评标准，易于夸大优点和自我满足	集团内部分子公司等
24	目标任务法	依据事先设定的目标标准或被上级组织认可的指标，对一个组织在评估期内主要工作任务的成果进行评估的组织评估方法	评估目的明确，结果针对性强	不全面，重视结果轻视过程	小型组织、协作配套的内部组织等
25	财务指标法	依照事先设定的收入、利润、投资收益率等财务指标，对一组织的业绩进行评估，评判各项财务指标达到的程度的评估方法	促进企业提高经济效益	容易引导组织追求短期的经济利益从而忽视长期利益	利润中心组织、独立企业等

任何考核方法都有其优缺点，管理者应结合企业的经营状况和管理水平，把多种考核方法整合起来，通过综合使用或交叉运用，提高管理效率。

十、绩效考核分数与等级系数

1. 绩效考核结果的表现形式

绩效考核结果是对考核对象绩效水平的评价结论，可以采用分数、等级、系数或评语等形式表示，但要注意绩效考核的分数、等级和系数之间应具有逻辑对应关系。

绩效分数与等级系数对照表，见表3-8。

表3-8 绩效分数与等级系数对照表（示例）

考核等级	A	B	C	D	E
考核分数	95分（含）以上	90（含）～95分	75（含）～90分	60（含）～75分	60分以下
绩效系数	1.2	1.0	0.8	0.6	0.4

考核分数是由各项指标考核分数加权汇总计算出来的，或者根据考核评价直接得出来的，能够直观反映被考核人绩效计划的总体完成情况。

绩效等级可以根据考核分数的绝对值确定，也可以根据考核分数相对水平确定，比如规定考核分数前10%为优秀。绩效等级通常设立"A、B、C、D、E"代表"优、良、中、可、差"等形式。根据考核分数绝对值确定绩效等级时，应结合被考核人的历史考核分数分布来划分分数区间，以确保被考核人的绩效等级分布呈"两头小中间大"的钟形分布特征。

绩效系数表示绩效程度或相对水平，可根据考核分数和绩效等级确定，计算方法较多作为薪酬分配系数。

2. 绩效考核系数的计算方法

常用的绩效考核系数计算方法有等级对照法、精确系数法、功效系数法、分享系数法等，不同的计算方法得出的系数不同。

（1）等级对照法。等级对照法是指通过制定绩效等级系数表，为不同考核等级设置相应的考核分数区间和绩效系数。根据被考核人的考核分数确定绩效等级和绩效系数。以表3-8为例，员工的考核分数为85分，经查表可以知道其绩效等级为C，绩效系数为0.8。等级对照法简单易懂，是最为常用的绩效系数确定方法之一。但也有不足之处，当不同绩效等级分数区间较大时，可能会因1分之差导致绩效系数差异较大的情况。

（2）精确系数法。精确系数法是指根据考核分数和标准分的对比关系确定绩效系数的方法。一般情况下，企业将标准分设定为100分，计算方法如下：

绩效系数=实际考核得分÷标准分

比如，某员工的实际考核得分为85分，绩效标准分为100分，则绩效考核系数=85÷100=0.85

这种方法计算简单，可以精确反映不同被考核对象之间的绩效差异，容易被大家接受，使用比较普遍。

（3）功效系数法。功效系数法是等级对照法与精确系数法的结合。首先，根据绩效考核成绩确定绩效考核等级和等级系数（或标准系数）；然后，再根据具体考核分数和所在绩效等级计算调整分数，以体现处于同一绩效等级的不同考核对象之间的绩效差异性。计算过程如下：

绩效考核系数=标准系数+调整分

调整分=功效系数×（上一绩效等级考核系数-本绩效等级考核系数）

功效系数=（实际绩效考核分数-本绩效等级基础分）÷（上一绩效等级基础分-本绩效等级基础分）

式中，标准系数是指根据绩效考核成绩所在绩效等级确定的绩效考核系数；本绩效等级基础分是指该绩效等级对应的最低绩效考核分数。比如，某员工的绩效考核成绩为85分，绩效等级系数，见表3-9。

表3-9 绩效等级系数对照表（示例）

考核等级	A	B	C	D	E
绩效系数	1.2	1.0	0.8	0.6	0.4
考核分数	95分（含）以上	90分（含）～95分	75分（含）～90分	60分（含）～75分	60分以下

按照功效系数法，该员工绩效考核系数的计算过程如下：

第一步：确定标准系数。

假设该员工的绩效考核成绩为85分，对应的绩效等级为C，对应的绩效等级系数为0.8，即标准系数为0.8。

第二步：计算功效系数。

功效系数=（85-75）÷（90-75）=0.67

式中，90分、75分别为B、C的绩效等级的基础分。

第三步：计算调整分。

调整分=功效系数×（上一绩效等级考核系数-本绩效等级考核系数）=0.67×（1.0-0.8）=0.134

第四步：确定绩效考核系数。

绩效考核系数=标准系数+调整分=0.8+0.134=0.934

功效系数法既体现了考核对象之间的绩效差异性，又转移了对考核分数的过度关注，但计算比较复杂。

（4）分享系数法。分享系数法是指根据部门标准绩效工资总额和绩效考核成绩，确定该部门在公司绩效工资总额中享有的分配比重的方法。

部门实际绩效工资总额=企业绩效工资总额×部门绩效工资分享系数

部门绩效工资分享系数=（该部门标准绩效工资×部门绩效考核成绩）÷$\sum$（各部门标准绩效工资×绩效考核成绩）

分享系数法能够直观地反映了部门价值和绩效考核成绩对部门绩效工资总额的影响关系。

第二节　绩效沟通与绩效辅导

现代管理大师彼得·德鲁克认为："管理是一种实践，其本质不在于知，而在于行，其验证不在于逻辑，而在于结果。"有些企业制定了一系列绩效管理方案，期望通过绩效管理帮助企业提升经营效益，调动员工的工作积极性。但在推行过程中，由于管理者与员工之间缺乏有效的绩效沟通，没有做到绩效计划与绩效实施的统一、组织目标与员工个人目标的统一，双方都不满意，而导致绩效管理方案被束之高阁。这就要求管理者在绩效实施过程中，加强绩效沟通与绩效辅导，既要拿结果，更要抓过程。

一、绩效沟通

绩效沟通是指考核者与被考核者就绩效考评反映出的问题及考核机制本身存在的问题展开实质性的沟通，着力于寻求应对之策，服务于下一阶段企业与员工绩效改善和提高的一种管理方法。通过妥善有效的绩效沟通将有助于员工及时了解企业管理上存在的问题，采取应对之策，防患于未然，降低经营风险。

企业应建立多种形式的沟通渠道，包括会议、座谈、微信、OA（office automation，办公自动化）系统、工作邮箱、内部刊物等，这有助于快速解决问题，提高员工对工作的响应与执行能力。

常见绩效管理沟通渠道与方式，见表3-10。

表3-10 主要绩效管理沟通渠道与方式

序号	渠道与形式	沟通方式	适用范围	频次
1	日常经营管理会议	双向沟通	高管与中基层管理者与员工沟通	例会每周一次；月度工作例会每月一次；季度经营分析会每年四次；战略分析会每年一两次
2	工会座谈	双向沟通	高管与部分员工间的非正式沟通	不定期
3	企业微信	双向沟通	全体员工	实时
4	公告栏、宣传栏	双向沟通	全体员工	不定期
5	工作邮箱	双向沟通	高管与员工间的非正式沟通	实时
6	内部刊物	双向沟通	高管与全体员工间的沟通	每两个月一期
7	OA	自上而下	高管与全体员工间的沟通	实时
8	总经理信箱	自下而上	全体员工	不定期
9	企业官网	自上而下	员工、客户、供应商和合作伙伴等	不定期

续上表

序号	渠道与形式	沟通方式	适用范围	频次
10	媒体沟通	双向沟通	员工、客户、供应商和合作伙伴等	不定期
11	外部会议	双向沟通	客户、供应商和合作伙伴等	不定期
12	内线电话	自下而上	员工、客户、供应商和合作伙伴等	不定期

绩效沟通应强调时效性，不受时间、地点限制的非正式沟通也很重要。比如发生在办公室、电梯、走廊、茶水间等地的沟通，有助于形成共识。

1. 不同绩效管理阶段的沟通重点

绩效沟通贯穿整个绩效管理的实施过程，但在不同阶段，沟通方式要有所不同。不同绩效管理阶段的沟通重点，见表3-11。

表3-11 不同绩效管理阶段的沟通重点

管理阶段	沟通目标	沟通内容	沟通方式
绩效目标与计划阶段	确定员工在绩效考核期内应该完成什么工作和达到什么绩效目标	（1）回顾有关绩效信息； （2）设定具体绩效目标； （3）确定关键绩效指标； （4）确定绩效的衡量标准； （5）讨论可能遇到的问题或困难； （6）明确员工的权利和义务	书面沟通、面谈沟通
绩效辅导与执行阶段	针对绩效辅导与执行过程中的关键控制点、员工工作问题点及行为	（1）员工的工作进展情况如何； （2）员工是否在正确达成目标和绩效标准的轨道上运行； （3）如果偏离方向趋势，采取什么行动扭转这种局面	书面沟通、面谈沟通、非正式沟通
	偏差等进行预防和纠正，使管理者和员工共同找到与达成目标有关的问题答案	（1）员工哪方面的工作做得较好，哪方面需要改进； （2）员工在工作中遇到哪些方面的困难、阻力或障碍； （3）管理者和员工双方在哪些方面已经达成一致，在哪些方面还存在分歧； （4）面对目前的工作情况，需要对哪些工作目标和达成目标的行动方案进行调整； （5）为了使员工出色地完成绩效目标任务，管理者需提供哪些帮助和指导	书面沟通、面谈沟通、非正式沟通

续上表

管理阶段	沟通目标	沟通内容	沟通方式
绩效评估与反馈阶段	针对员工的绩效结果、目标完成情况及原因进行分析，探讨改进措施和机会，提高员工的专业技能和绩效水平	（1）向员工说明在考核周期内的绩效状况； （2）与员工探讨取得此绩效的原因，对绩效优良者予以鼓励，帮助绩效不优良者； （3）分析原因，共同制定绩效改进措施； （4）针对员工的绩效水平，应告知其将会得到怎样的奖惩或其他人事措施； （5）表明组织的期望与要求，了解员工在下一个绩效周期内的工作计划，并提供可能的帮助和建议	书面沟通、面谈沟通、会谈沟通、非正式沟通

2. 绩效沟通实施阶段应做好的重点工作

在绩效实施过程中的沟通主要监控员工的绩效状态，帮助员工了解产生良好绩效和不良绩效的原因，针对不良绩效制定相应的改进措施。在正式绩效沟通之前，无论是访谈者，还是被访谈者都要有所准备。

实施绩效沟通的工作重点，见表3-12。

表3-12　实施绩效沟通的工作重点

沟通阶段	工作内容
访谈者（主管）工作准备	（1）掌握被访谈者之前设定的工作目标； （2）检查每个工作目标进度完成的情况； （3）从员工的同事、下属、客户、供应商处了解详情； （4）搜集关于该员工的工作表现
访谈者（主管）工作准备	（1）对员工工作成果和表现进行评价或打分； （2）对分数过高和过低的目标要搜集翔实的支撑材料； （3）整理该员工的表扬信、感谢信、申诉信等； （4）为下一阶段的工作设定目标； （5）提前3~5个工作日通知员工做好面谈准备等
被访谈者（员工）工作准备	（1）查阅之前设定的工作目标； （2）检查每个目标完成进度或完成程度情况； （3）审视自己在公司价值观方面的行为表现； （4）对自己的工作成果和表现打分； （5）哪些方面表现好？为什么表现好； （6）哪些方面需要改进？下一步的行动计划是什么； （7）为下一阶段的工作设定目标； （8）需要的公司给予哪些技术支持和资源支持等

续上表

沟通阶段	工作内容
访谈者尽量避免的问题	（1）定义不明确，双方工没有达成共识； （2）评价关注的是过去，而不是现在和将来； （3）评价侧重于人而不是于事，不侧重于问题的解决； （4）评价过于注重表格的填写，而忽略了沟通的过程； （5）掌控了评价的过程，而没有与员工共同控制此过程； （6）缺乏实施评价所需要的技巧等
沟通过程中访谈者应做事项	（1）提供绩效记录，方便决策； （2）尽早发现潜在问题，帮助员工改进； （3）发现员工的长处，采取措施进一步培养； （4）对工作表现出色的员工加以表扬，以提高员工的积极性； （5）收集解决问题所需的准确的信息； （6）记录有关绩效沟通的详细情况，以便将来在进行纪律处分和处理潜在的法律诉讼纠纷时使用

访谈者在开始绩效沟通时，应营造良好的沟通氛围，建立彼此之间的信任，既要清楚地说明此次绩效沟通的目的，又要以正面积极的方式结束，及时对沟通的内容进行简单总结与梳理，填写绩效沟通记录表，见表3-13，有利于帮助被访谈者解决问题与提升绩效，打下良好的基础。

表3-13　绩效沟通记录表

一、基本信息（由访谈者填写）			
被访谈者姓名		岗位	
访谈者姓名		岗位	
所属部门		沟通时间	
二、访谈者的意见（由访谈者填写）			
1. 考核期间完成的主要工作：			
2. 工作较好的方面：			
3. 存在的问题：			

续上表

三、工作改进建议（由访谈者填写）
四、被访谈者的意见（由被访谈者填写）
五、需要培训的项目（由被访谈者填写）

访谈者签字：　　　　　　　　　　　　被访谈者签字：

【知识拓展：针对不同类型员工的绩效沟通技巧】

（1）优秀的下级。鼓励下级的上进心，为他制订个人发展计划；不要急于向员工承诺职级提拔或给予特殊的物质奖励。

（2）绩效差的下级。需要具体问题具体分析，找出真正的病因，采取相应措施解决问题；切忌不问青红皂白，认定是下级的错误。

（3）没有显著进步的下级。开诚布公跟他讨论是不是能力不足，是否需换岗位；让他意识到能力不足，需要加强培训或学习。

（4）"放火"的下级。耐心地倾听他的意见，尽量不马上争辩和反驳；仔细分析"放火"的原因，通过共同分析，建设性地找出问题的办法来。

（5）年龄大的、工龄长的下级。对这类员工要特别尊重，肯定他们过去的贡献，耐心而关切地为他们出主意。

（6）过分雄心勃勃的下级。这类员工急于被晋升、提拔或奖励；应耐心开导，说明政策是论功行赏，用事实说明他们离公司的要求还有一定差距；不能泼冷水，与其讨论未来进展的可能性与计划；不要让其产生错觉：自认为只要达到某一目标就一定马上能够获奖或晋升；鼓励他们继续努力，只要机会一到，一切水到渠成。

（7）沉默内向的下级。对不爱开口的员工应耐心启发，用提出非训导性问题或征询意见的方式促使其做出反应。

二、绩效辅导

绩效辅导是指在绩效管理过程中，管理者对其团队成员的绩效主动介入，在全程有计划、有目标、有步骤地进行反馈、沟通和指导，确保员工工作不偏离组织战略目标，并提高员工在绩效周期内的绩效水平以及长期胜任素质的过程。绩效辅导的作用：一是及时发现员工工作中存在的问题，帮助员工消除障碍或阻力；二是帮助员工不断挖掘自身潜力，助力员工职业发展；三是建立信任关系，增强组织凝聚力和向心力。

1. 绩效辅导者的角色

直接主管是绩效实施的主体，起着承上启下的作用，上对企业的绩效管理体系运行负责，下对提高下属员工的绩效负责。因此，企业在实施绩效管理之前，需要统一所有管理者的思想，使大家各司其职。

直接主管作为绩效实施的主体须承担合作伙伴、辅导员、记录员等角色。

（1）合作伙伴。绩效目标使管理者与员工真正站在了同一条船上。比如管理者的绩效要通过员工的绩效体现，员工绩效的提高意味着管理者绩效也提高，员工的进步即管理者也进步，鉴于"同舟共济"这个前提，管理者就有责任、有义务与员工就工作任务绩效目标等前瞻性的问题进行沟通。

（2）辅导员。管理者在辅导员工实现目标的过程中，沟通是成功的关键要素之一。由于外部市场环境的千变万化，企业内部的管理策略也会出现不可预料的调整，员工绩效目标也要随之调整。这些都需要管理者发挥自己的作用和影响力，帮助员工排除障碍和阻力。沟通包括正面沟通和负面沟通。比如，在员工表现优秀的时候要给予及时的表扬和鼓励，通过认可，强化员工的积极表现；在员工表现不佳的时候，及时真诚地予以指出来，提醒员工需要改善和调整。

（3）记录员。为了避免在年终考核或阶段性考核时，员工对考核结果不认同而发生争吵的情况。什么会出现争吵？就是因为缺乏有说服力的真凭实据，这就要求管理者有必要花时间当好记录员，认真记录有关员工的绩效表现情况，形成绩效管理的文档，以此作为考核的依据，确保绩效考核有理有据。比如，员工平时工作表现如何，在管理者的记录里都可以查到，员工自己就可以判断其考核结果，管理者只需保证公平与公正即可。

2. 绩效辅导的时机选择

管理者要对员工进行及时、有效的辅导，必须掌握辅导的时机。

（1）当员工需要征求一件事情时。比如，员工向管理者请教问题或了解新想法和新看法时，管理者要不失时机地对员工进行辅导。

（2）当管理者发现有改进的机会时。比如，管理者发现某项工作可以用另一种方式做得更快更好时，可以指导员工采用这种方法。

（3）当员工工作业绩出现问题时。比如，员工工作绩效的行为或结果不符合标准而其自身尚未发觉，管理者要及时给予员工指导并纠正其不当行为或观念。

（4）当员工希望解决某个问题时。比如，员工在工作中遇到障碍或阻力及难以解决的问题希望得到帮助时，管理者可以传授给员工一些解决问题的技巧。

（5）当员工掌握了新技能时。如果管理者希望将新技能运用于工作中，就可以辅导他使用这种技能。

（6）当员工面临新的职业发展机会时。比如，管理者发现员工拥有可以开发的潜力，而公司恰好拥有新的发展机会，就可以辅导员工争取机会等。

3. 绩效辅导的GROW模型

有效提问和积极倾听在绩效辅导中发挥着重要作用。如何进行有效的提问呢？约翰·惠特默在《高绩效教练》中提到了提升团队绩效的GROW模型，即goal（目标）、reality（现实）、options（选择）、will（决心）的首个字母组合。这是明确目标—发现问题—思考问题—解决问题的过程，也是帮助我们思维更有条理，更有逻辑地去思考问题和解决问题的工具。

（1）明确目标。主要是指明确的近期可控目标，在员工能力范围内的"员工跳一跳，够得着的目标最好"（心理学洛克定律）。

（2）梳理现实状况。目标明确了，现实情况如何？比如，员工在知识技能和经验方面有哪些欠缺？员工在人财物、资源信息与技术方面存在哪些不足？外部环境如何？什么人可能会影响目标的实现等？经过梳理现实状况，做到心中有数。

（3）寻找可能的解决方案。针对现实与目标之间的差距，运用脑力激荡法思考有哪些解决方案？哪些方案可供选择？在这个环节就是要不断追问可能性，尽可能多地列出可供选择的方案，为后面下决心环节能够作出更好的选择。

（4）帮助员工下定决心。目标明确了，现实状况已经判别清楚了，可供选择的方案也已经找到了不少。辅导者需要进一步思考并提出下列问题：你准备把哪些选择付诸行动？从什么时间开始实施？这样做会实现你的目标吗？在这个过程中，可能遇到哪些问题？需要哪些资源支持？如何获得这些支持？还有哪些需要考虑的事项？这样做有几成把握可以成功？哪些因素会阻碍成功等。

利用GROW模型，管理者既能帮助员工认清现状，又能确定绩效目标，以及达成目标的有效措施，从而激发员工潜能，促进绩效目标的达成。

【案例分享：绩效辅导的 GROW 模型】

> 上海一家化妆品销售公司，计划推出一款新的产品进入市场，经过六个月努力，但新产品推动的成效不能令人满意。总经理找到了产品经理想了解具体情况。产品经理表示自己一直都在努力，责任不能完全由自己承担。双方用GROW模型的思路沟通。
>
> （1）确定目标。六个月过去了，新产品的推广效果还没有达到预定的目标，是吗？你估计什么时候才会有明显的改善？
>
> （2）现状分析。在推动过程中存在哪些障碍或阻力？我们的推广方案有哪些？哪些是有效方案？哪些方案需要改进？和同类竞争品相比较，新产品的优势是什么？劣势是什么？
>
> （3）方案选择。我们需要如何做才能克服这些障碍或阻力？还有哪些方法没有尝试过？我们要如何做才能够调动起有关部门的积极性？
>
> （4）行动方案。你打算怎么做？你要找哪些人沟通？你需要什么支持？怎么才能获得支持？
>
> 通过询问式沟通过程，明确了工作目标和现状，引导员工为了完成工作任务，主动思考需要哪些帮助；通过开放式沟通，提高了员工找到解决问题的能力和执行意愿。

第三节　绩效反馈

企业在开始推行绩效考核的时候，最让管理者头疼的问题之一就是与员工沟通绩效考核的结果。有些部门管理者接到人力资源部的通知被强制要求做绩效沟通时，就把绩效沟通当作一项任务办。比如将绩效考核表放在员工的桌上，告诉他们在今天下班前必须填好，签完字交上来，然后将员工签好字的绩效考核表进行汇总，递交人力资源部，算是完成了沟通任务。这种"上有政策，下有对策"的形式主义，反映了部门管理者不愿意和员工进行绩效沟通的心态。

若没有绩效反馈，企业管理者就不能有的放矢地指出员工的不足，更无法给员工提建设性的改进意见。面对这种情况，企业应加强部门管理者的沟通技能培训，促使考评者认真对待考核工作，让员工意识到绩效反馈的目的是认识并发挥自己的潜能。

一、绩效反馈概述

绩效是企业员工在一定时间内对企业目标的贡献水平，是业绩和效率的统称，反馈是评估者与被评估者通过沟通，使被评估者能够了解自身的绩效水平，并对其行为产生影响的过程。绩效反馈的目的是让员工了解自己在本绩效周期内的业绩是否达到所定的目标，行为态度是否合格，让管理者和员工双方达成对评估结果一致的看法，共同探讨绩效未合格的原因所在并制订绩效改进计划。绩效反馈主要包括以下内容：

（1）员工个人的绩效评估结果。
（2）员工表现优秀并值得发扬的地方。
（3）员工存在的不足及需要改善的地方与改进措施。
（4）员工未来的目标追求、工作计划与工作任务。
（5）在实现目标过程中可能会遇到的外部障碍或阻力。
（6）为了完成目标任务需要提供的资源。
（7）目标执行的流程。
（8）目标实施的激励机制。
（9）在目标实施过程中来自公司内部的支持和组织氛围等。

由于绩效反馈在绩效考核结束后实施，而且是考核者和被考核者之间的直接对话。因此，有效的绩效反馈对绩效管理起着至关重要的作用。

二、绩效反馈的 SMART 原则

由于企业内部存在岗位分工的不同和专业化程度的差异，而导致管理者与员工之间存在信息不对称的问题。为了改变这种情况，在管理者与员工之间应该经常地进行绩效沟通。在沟通时可以遵循 SMART 原则。

（1）S意思是具体（specific）。对于管理者来说，无论是赞扬还是批评，都要有具体、客观的结果或事实来支持，使员工明白哪些地方做得好与不好，差距与缺点在哪里；如果员工对绩效评估有不满或质疑的地方，可以向管理者进行申辩或解释，也要摆事实讲道理，这样的反馈才是有效的。

（2）M意思是鼓励（motivate）。绩效面谈是管理者与员工的一种双向沟通，为了获得对方的真实想法，管理者应鼓励员工多说话，充分表达自己的观点，不要随意打断或压制员工的说话，对员工表现好的地方应充分肯定，也要承认自己有需要改进的地方，大家共同制定发展目标。

（3）A意思是行为（action）。绩效面谈涉及的工作绩效是员工工作中的一些事实表现。比如，员工为了完成目标采取了哪些行动与措施，最终效果如何等等都是行为表现。面谈要对事不对人，不要以员工个人的性格作为评估绩效的依据。但对于关键性的影响绩效的性格特征应指出来，鼓励员工进行改正。

（4）R意思是原因（reason）。绩效反馈面谈时，管理者要从员工工作中的实际情形和困难入手，分析绩效没有达成的种种原因，提供指导和建议。对于员工不足之处不要过多批评，而是要立足于帮助员工改进不足之处。否则，员工会出于自卫心理，面对批评，马上会作出抵抗反应，使面谈无法深入下去。

（5）T意思是信任（trust）。因为没有信任就没有交流，缺乏信任的面谈会使双方都会感到紧张、烦躁，不敢放开说话，充满冷漠、敌意。管理者应站在员工的角度，设身处地为员工着想，才能赢取员工的理解与信任，使绩效反馈面谈顺利进行。

此外，绩效面谈要因人而异，管理者要针对不同个性的员工采用合理的策略。比如，积极有效地倾听，使用中性化的词语和比较平缓的语气适时而恰当地提问，适当地对面谈内容进行总结与确认，有利于防止误解的产生等。

【知识拓展：法约尔的绩效反馈试验】

法国管理学家亨利·法约尔曾做过一个试验：他挑选了二十名技术水平相近的工人，每十人一组，在相同条件下，让两组同时进行生产。每隔一小时，他会对工人们的生产情况做一次考核。

对第一组工人，法约尔只是记录下他们各自生产的数量，但不告诉工人们他们工作的进度。

对第二组工人，法约尔不但将生产数量记录下来，而且让每个员工了解他们的工作进度。每次考核完毕，法约尔会在生产速度快的两名工人的机器上插上红旗，速度中等的四名工人插上绿旗，速度慢的四名工人插上黄旗。如此一来，每个工人对自己的进度一目了然。

试验结果是：第二组工人的生产效率远远高于第一组。

这个试验告诉我们，在绩效管理中，及时、明确的绩效沟通和反馈有助于员工工作绩效的提升。

三、对员工正确行为与负面行为的反馈

1. 对员工正确行为的反馈

"小功不赏，则大功不立"对正确行为的反馈要以表扬的方式，但表扬要及时，要切中要害，而且要避免社会性懈怠表扬。社会性懈怠是一种理性行为，假如使出一半力就行，又不会引起注意，为什么要使出全力呢？这是一种我们让自己亏欠所有人的欺骗形式，这一欺骗大多不是故意的，而是不知不觉发生的。比如拔河比赛中，一个人与另外一个人比赛，肯定是会全力以赴。但团队与团队之间的比赛，一个人的作用就会下降许多，如果他错误地以为别人都不会使出全力，那么，他在比赛过程中会不自觉地留下一些力气，不愿意为了赢得比赛付出全力。由社会性懈怠延伸出来的不良现象是"一个和尚打水喝，两个和尚抬水喝，三个和尚没水喝"的不良现象。因此，表扬应该强调个人的良好表现和贡献，而不是集体荣誉。

2. 对员工负面行为的反馈

针对员工个人的负面行为的反馈要通过正面的批评来进行，主要有两种方法：一是汉堡原理；二是BEST（behaviordescription描述行为、express consequence表达后果、solicit input征求意见、talkabout positive outcomes着眼未来）反馈法。

（1）汉堡原理。汉堡原理是指在进行绩效沟通时按照以下方式进行，一般将其划分为三层：上层，对被评估者表现积极的地方进行表扬；中层，对其需要改进的工作进行批评指正；下层，以肯定和支持结束反馈。

【案例分享：汉堡原理在沟通中的运用】

某公司人力资源部刘经理和人事专员小王就上个月的绩效情况进行沟通：

> 第一步，先表扬。"小王，你上个月在考勤管理、合同管理、人事行政等事务都做得不错。考勤记录做得很及时，我抽查后没发现错误，新进员工的劳动合同及时签订好了，社保和公积金也按时缴纳。还在考勤管理方面还做了优化，这些优化对于公司考勤效率的提升将会起到了很大作用。希望你能够继续立足本职工作，多思考HR方面的改善事项。"
>
> 第二步，提出需要改善的特定行为。"前面我们谈的是你工作中表现好的方面，这些成绩要继续发扬。但我在你的工作中也发现了一些需要改进的地方。比如没有及时发放员工合同到期的考核表，这关系到员工本人以及所在部门是否续签的意见，以及后期的人事事务操作，一定要重视起来。我想听听你对这个问题的看法。"小王："我当时是这么想的，劳动合同续签……"
>
> 第三步，以肯定和支持结束。"小王，你这样想很好，我同意你对这个问题的想法，那么我们把它列入你的改进计划，好吗？"
>
> 汉堡原理的作用在于提醒管理者帮助员工持续改进绩效，而不是抓住员工的错误和缺点不放，通过表扬优点指出不足，然后以肯定和鼓励的方式达到好的沟通效果。

（2）BEST反馈法。BEST反馈法又叫刹车原理，是指在管理者指出问题所在，并描述了问题所带来的后果之后，在征询员工的想法时，管理者不要打断员工，适时地"刹车"，而是以聆听者的姿态，听取员工的想法，让员工充分发表自己的见解，发挥员工的积极性，鼓励员工自己寻求解决办法。最后管理者再做点评总结即可。

【案例分享：BEST 反馈法在沟通中的运用】

> 某公司经销部刘经理和销售员小李就经销部分析报告进行沟通：
>
> 第一步，描述行为。市场营销部张经理："小李，这次你给我的经销部分析报告有两个地方的数据搞错了。"
>
> 第二步，表达后果。张经理："你的工作失误，让我在公司的营销管理会议上很难堪，总经理批评了咱们部门，这对咱们部门年终的绩效考评很不利。"

> 第三步，征求意见。张经理："小李，你对这个问题怎么看？计划采取什么措施改进？"小李："我准备……"
>
> 第四步，着眼未来。张经理："很好，我同意你的改进措施，希望以后你能按照你自己说的计划去做。"

3. 负面反馈应注意的关键点

（1）描述而不判断。比如，员工迟到了，"小李，你迟到了20分钟。"这是描述，"你总是迟到。"这是判断。如果小李总是迟到，就应该把他每一次迟到的日期、时间说清楚，这就是描述，就事论事，员工比较容易接受。

（2）告知而不指责。负面反馈之目的是帮助员工发现问题，改善行为以促进绩效的改善，而不是发泄不满或打击下属。一般而言，对于问题所带来的不良后果，员工自然会意识到，无需指责也能解决问题。比如，"小李，你给我的材料上有两个数据是错误的，总经理在办会议上批评咱们了，今后对待数据可要仔细了。"而不是"你怎么搞的，这么简单的事儿都做不好，不知道你是怎么想的！"

（3）从员工的角度。管理者要用积极倾听的态度听取员工本人的看法，允许员工对事件进行解释，听听员工是如何看待问题的，而不是喋喋不休地说教。

（4）共同商讨改善计划。管理者在与员工相互沟通并探讨下一步改善方案之后，要形成书面计划。

四、绩效反馈面谈的工作安排

绩效反馈面谈需要由管理者和员工共同完成，为了做好面谈沟通，管理者和员工都要做好相应的准备工作。

1. 管理者为绩效反馈面谈要做的准备工作

（1）准备绩效反馈面谈资料。绩效面谈资料包括：①绩效计划。绩效反馈面谈罗列的事实应来自绩效计划，这是绩效沟通基础。②岗位说明书。岗位说明书中明确规定了岗位职责和工作目标，这是绩效评估时的重要依据。在绩效面谈之前，管理者应认真阅读被员工的岗位说明书，做到有理有据。③绩效评估表。绩效评估表中记载了员工的绩效完成情况，管理者通过了解员工的绩效情况，能够想出以什么样的方式与员工面谈才有效。④员工的工作记录。管理者只有充分了解员工的工作记录，就能够理解绩效结果的产生原因。

（2）拟订面谈计划。面谈计划是对面谈的内容、时间、地点和人员等工作作出相应的安排。面谈计划内容包括：①管理者向员工说明面谈的目的和程序。②员工对照之前制订的工作计划，简要汇报上一阶段的工作情况。③管理者根据员工绩效考核的结果作出分析。④双方商讨员工绩效中需要改善的地方，制订下一阶段的行动计划。⑤面谈信息的确认。

绩效面谈的重点要放在未来而不是过去，虽然面谈中有许多内容是对过去绩效的回顾和评估，但最终目的还是从过去事实中挖掘出对未来业绩增长有用的信息。

（3）选择面谈地点。面谈地点应当选择在中立的、和谐的、安静的地点，同时要注意保密。比如，对于犯有错误、性格外向、喜欢交际的人，可以选择办公室这种严肃的地点；对于希望能够增进双方了解、密切双方关系的面谈，可以选择在家中这种亲切、平等的地点；对于性格内向、胆小怕事、敏感或屡教不改的人，应该选择在路上或室外这种相对随便的地点；对于情绪低落、消沉的人，可以选择公园、林荫路等非正式的地点。在座位安排上应结合员工的性格特点，以斜对或并肩为好，尽量不要面对面，以免给员工造成较大的心理压力。

（4）选择面谈时间。面谈时间由管理者与员工共同商议，不宜过长也不能太紧凑，要因人而异，有些人只需要5~10分钟就可以了，而有些人可能要谈一个多小时。

（5）发放面谈通知。管理者应当提前将绩效面谈的通知告诉被评估者，以便被评估者有时间做好各项准备。

2. 员工为绩效反馈面谈要做的准备工作

（1）填写自我评价表。自我评价表包括对绩效考核周期内完成的工作成果的回顾、描述及自我评价。回顾绩效是对自己在绩效评估期间的工作成果进行回忆，预估一下自己达到什么样的绩效水平，做到心中有数；工作描述是员工对照绩效评价标准描述工作表现，如果发现没有完成的绩效，要分析是由什么原因造成的，能否做得更好；自我评价是在绩效面谈前，先对自己的工作表现进行总体概括，看自己的评价与管理者的评估是否相同。

（2）准备下一个阶段的发展计划。员工要根据自己的实际情况制订未来发展计划，管理者才能够对症下药，帮助员工提升绩效。

（3）准备好需要沟通的事项。员工针对绩效评估结果可以提出疑问，也可以提供一些资料证明自己的某项工作为什么没有达成的原因。

（4）提前做好工作安排。员工要提前安排好工作或将手头上的重要工作交接给他人做，避免因面谈时间过长等不确定因素而影响工作。

绩效考核面谈表，见表3-14。

表3-14　绩效考核面谈表（示例）

部　门		职　位		姓　名	
面谈日期	年　　　月　　　日					
1. 工作成功的方面					
2. 工作中需要改善的地方					
3. 是否需要接受培训					
4. 本人认为自己的工作在本部门中处于什么状况					
5. 本人认为本部门工作表现最好与最差的是谁					
6. 对考核有什么意见					
7. 希望从企业得到怎样的支持和帮助					
8. 下一步的工作计划和绩效的改进方向					
面谈人签名				日　期	
备　注					

第四节 绩效申诉

很多数管理者是不希望员工进行绩效申诉的，认为员工进行绩效申诉会暴露管理上的漏洞，处理起来也很麻烦，甚至出现扯皮的现象。但这种认知是有问题的，如果管理者不能够很好地保障员工的利益，可能导致员工的不满而消极怠工，甚至使绩效评估前功尽弃，这对企业的发展是非常不利的。为了确保绩效考核的质量，使绩效考核保持客观、公平与公正，企业应建立员工申诉制度，当员工对绩效考核结果有异议时，有权利向相关管理者或人力资源管理部门提出申诉，这既是完善绩效管理制度非常重要的一环，又是确保员工合法权益必不可少的一步。

一、绩效申诉概述

绩效申诉是指员工对绩效考核结果有异议时，向企业提出的一种申诉行为。这种行为主要是为了维护员工的权益，提高企业的管理水平。

建立绩效申诉机制使员工对绩效考核结果可以表达自己的意见和看法，对考评者给予必要的约束和压力以避免不公正对待员工问题，减少内部矛盾和冲突，有利于促进绩效考评的健康推进。比如，为绩效考核误差或失误的纠正提供一种渠道，避免绩效考核误差或失误被带入后续的其他决策之中。

绩效申诉的处理过程中应遵循原则：一是处理过程及结果应公开透明，处理方式应公正公平；二是处理过程应及时有效，避免拖延申诉处理时间；三是处理过程中应尊重员工的合法权益，保护员工的隐私。

二、绩效申诉的处理流程

1. 提起投诉

在绩效反馈之后，员工对考核结果存在异议时，应及时向人力资源部或上级领导提出投诉。提起投诉应采用书面文本、电子邮件等形式，但必须写清楚投诉人、被投诉人，以及确切的申诉理由和证据。如果上级领导经过审查并处理好了投诉，则投诉终止；如果不能处理好投诉，则递交人力资源部门办理。

绩效考核申诉处理表，见表3-15。

表 3-15 绩效考核申诉处理表

一、基本信息（由申诉方自行填写）			
申诉人姓名		所属部门	
申诉人岗位名称		直接主管姓名	
申诉提交日		申诉接收方	
二、申诉信息（由申诉方自行填写）			
申诉内容（由申诉人填报）			
三、申诉处理情况（由相关部门/人员填写）			
申诉受理方			
间接上级领导意见：		□接受申诉　□驳回申诉　□需上报处理	
		签名： 日期：	
表项4：申诉处理意见反馈确认（由申诉人填写）			
申诉人于年月日收到反馈意见 □认可上述处理意见 □不能接受上述处理意见或解释，将继续申诉		签名： 日期：	
本记录由（部门）保管，经手人：		日期：	

2. 投诉受理

人力资源部收到投诉书之后，马上通知被评估人的直接领导与间接上级领导。投诉流程从投诉受理日正式开始，投诉受理正式开始后，原来该员工的绩效评估流程自动中止，在此期间不影响薪酬的调整。

3. 投诉事项查证

人力资源部通过会议沟通、现场访谈、查阅资料等方式对投诉事项进行全面查证工作。在查证过程中，相关部门管理者要积极配合并提供必要的信息。查证的工作时间一般设为5个工作日。

4. 召开处理会议

人力资源部在查证工作结束后，及时召开投诉处理会议，参加人员应包括投诉人的直接领导与间接上级领导、人力资源部的绩效负责人等。会议的主要内容是公布查证结果，作出处理决议。

5. 评估结果的调整与存档

（1）对于基于事实的绩效评估，结果不予更改。

（2）对于不属实的绩效评估，对评估者给予纪律处分。

（3）对于绩效评估分值的调整，上报投诉人所在单位的最高领导审核后办理。

人力资源部对每一次绩效考核投诉过程和结果，都应进行记录并存档保管，以便后续查阅。

三、绩效申诉的问题分析与解决办法

人力资源部或管理者接到员工的绩效投诉时，应及时分析原因，找出解决办法。

（1）员工不理解绩效考核制度。加强绩效考核制度的宣传和培训，使员工了解绩效考核之目的、方法、标准等基本内容。作为部门管理者应与员工进行沟通，倾听他们的疑虑和建议，持续优化绩效考核制度。

（2）申诉处理不及时。建立高效的申诉处理机制，只要发现有拖延或不作为的情况，应追究相关人员的责任。

（3）受理问题。主管在接到员工的投诉时，暂时不要讨论结果如何，要以积极的态度接受并认真倾听员工的想法，详细记录申诉内容，向投诉人交代清楚问题处理流程以及所需要花费时间，让投诉人看到公司处理问题的诚意。一定要抛弃成见，避免武断地拒绝、消极敷衍或刻意打压等问题发生。

（4）分析问题。在分析投诉问题时要组织专人对投诉内容进行详细的调查，认真分析问题产生的原因：是管理制度、管理流程等方面的疏漏，还是员工个人原因所致；是绩效考核指标或考核方法不合理，还是员工自身的能力问题，甚至外部的因素所致；是个别案例，还是普遍存在的问题等。

（5）讨论问题。重点放在这个投诉如何解决、用什么措施解决，需要哪些人财物或技术支持等，采取切实可行的措施落实执行。

（6）反馈问题。人力资源部门与投诉人进行反馈沟通时，要保持中立的态度，告知对方产生问题的原因、投诉处理方案及投诉人做好哪些配合工作等。

（7）绩效考核结果不公平。建立公平公正的绩效考核机制，只要发现有舞弊行为，应严肃处理，以维护制度的权威性。

由于绩效考核结果是员工的薪酬调整、职位晋升、培训开发、年终奖金发放的重要依据之一，如果处理不好很可能会给企业带来法律纠纷等麻烦。因此，人力资源部门在处理绩效申诉时要尽最大努力与申诉人达成共识。在双方达成共识后，由申诉人签字确认并备案，作为员工关系处理的证据。

【案例分享：绩效申诉的分析与处理】

> 某快速消费品总公司为了提高员工的工作积极性，实施了新的绩效考核方案。江苏分公司李经理给苏州业务员小王在4月的销售目标任务是100万元/月，截至4月15日，小王已经完成了85万元的业绩。因连云港业务发展的需要，李经理当天将小王调到连云港去拓展市场。由于苏州营销团队在4月的业绩表现很好（目标任务500万元，实际达成600万元，超过目标任务100万元），公司给苏州营销团队额外发了5万元的绩效激励奖金。由于小王已经被调到连云港工作，苏州营业所所长张某没有给小王发任何奖金。于是小王向人力资源部蒋经理提出申诉说：如果他在苏州工作，当月肯定能够完成销售目标任务并获得奖金，但服从公司安排，为了拓展连云港城镇市场辛辛苦苦地工作，却没有得到任何奖金。蒋经理收到小王的申诉信息之后，立即将这事转告李经理。李经理意识到了问题的严重性，立即找到苏州营业所所长张某询问：奖金发放的依据是什么？每个团队成员发放的奖金额是多少？小王的工作表现如何，是否该拿这个奖金？公司给的5万元奖金已经发了多少？预留了多少等。经过沟通，张某马上意识到自己的工作失误。立即与蒋经理、李经理、小王等人进行视频会议沟通，并对苏州营业所各成员之间的奖金重新调整，给小王核发了7 000元奖金。小王对这次申诉的处理结果感到满意。

第四章
因利而制权：绩效考核结果应用

【导读】"势者，因利而制权也。"某企业为了保证员工不断进步，采用了一套新的绩效评估程序：对同一层级的员工进行横向比较，按绩效考核结果将员工分为五个等级（优良中可差），以此决定员工的绩效奖金多少和职位晋升。结果事与愿违，形成了个人业绩重于团队合作的企业文化现象。一位老员工说："如果我和某人是竞争对手的话，我为什么要去帮他呢？"后来，这种压力拉动型的绩效评估机制逐渐转化为拉帮结派的官僚系统，甚至出现管理者借机赶走那些自己看不顺眼的员工等异常情况。

有些企业绩效管理方案规划得很好，但在实际运作过程中，没有想办法通过绩效管理牵引员工去争取更好的成绩，反而成了内部矛盾的爆发点或内耗的高集中点，要么流于形式，要么中途夭折，使管理者、员工都非常痛苦。这与绩效负责人的能力不足或不尽职责有非常大的关系，绩效负责人的主要工作职责包括：制订绩效计划、设定绩效目标、指导绩效实施、评估绩效、落实考评结果的应用、开展绩效改善等工作，这些工作环环相扣，只要其中一项工作没有做好就有可能导致绩效管理流于形式。绩效考评结果的应用作为绩效管理活动的终点，这是驱动员工提升绩效的推动力，也是保障绩效体系持续运行的基础，必须加以重视。

第一节　绩效考核结果在经济性激励方面的运用

绩效结果运用是通过对绩效优异者的奖励和绩效较差者的惩罚，鼓励正确行为、激励员工为达到企业目标而共同努力；同时，对企业内部运作中出现的问题进行指导和纠正，推动企业的持续进步。

绩效考核结果的应用必须与员工的利益挂钩才有意义，绩效考核结果在经济性激励方面的应用主要包括薪酬调整、浮动工资的确定、绩效定岗、职位晋升或降职等。建立以绩效考评为中心的激励机制，已经成为人力资源管理的重要挑战。

一、绩效考核与工资总额管理挂钩

1. 工资总额管理与综合业绩考核成效挂钩

根据经营业绩考核成绩计算企业工资总额，即：

可计提工资总额=工资总额基数×业绩考核系数

工资总额基数的确定方法：一是根据上年度实发工资数据为依据，扣除不合理工资支出后作为本年度工资总额基数；二是以连续前三年工资总额数据的平均值作为基数。

2. 工资总额管理与部分绩效指标挂钩

工资总额管理与部分经营绩效指标挂钩是国有企业功效挂钩管理的常见模式。一般实行复合挂钩指标，重点突出盈利性指标的作用。比如北京出台市管企业工资总额管理办法提出，竞争类企业经济效益联动指标主要包括反映盈利能力、资产质量、发展能力和市场竞争能力等情况的指标，其中利润总额、归属母公司所有者净利润等反映盈利能力的子指标权重原则上不低于50%；劳动生产率联动指标主要包括人均利润、人均营业收入、人均劳动生产总值等；人工成本投入产出率联动指标主要包括人工成本利润率、人事费用率等；经济效益联动指标增长的，当年工资总额增长幅度可在不超过指标增幅内确定，企业经济效益联动指标下降的，除受政策调整等非经营性因素影响外，当年工资总额原则上相应下降。

一般情况下，企业常用含量法和比例法确定可计提工资总额。比如，某企业工效挂钩指标采用复合式指标，总营业收入和净利润，则该企业可计提工资总额的挂钩方法有以下几种：

（1）可计提工资总额分别与总营业收入和净利润两个指标挂钩，挂钩比例分为60%和40%。其中，与净利润指标挂钩部分按1：0.7的浮动比例提取工资总额，则

可计提工资总额=总营业收入×百含系数×60%+工资总额基数×（1+净利润增长率×0.7）×40%

（2）可计提工资总额与总营业收入和净利润指标复合式挂钩。其中，与挂钩指标按1：0.7的浮动比例提取工资总额，则

可计提工效挂钩工资总额=总营业收入×百含系数×（1+净利润增长率×0.7）

这种方法，相当于总营业收入决定工资总额基数，净利润增长决定工资增量的计提。

（3）可计提工资总额分别与总营业收入和净利润两个指标挂钩，挂钩比例分为60%和40%。其中，与挂钩指标按1：0.7的浮动比例提取工资总额增量，则

可计提工效挂钩工资总额=工资总额基数×[（1+总营业收入增长率）×60%+（1+净利润增长率）×40%]×0.7

说明：百含系数是指每百元营业收入工资含量系数，即工资额占营业收入比。

3. 否决指标或调节指标与工资总额调整

在工资总额管理中，一般还会设置否决指标和调节指标对企业最终能够核发的工资总额进行调整。

（1）否决类指标。否决类指标一般用于直接扣减可计提工资总额。比如发生重大安全质量事故，按事故损失金额的50%扣减挂钩工资总额。

（2）调节类指标。调节类指标是指除了挂钩指标以外的其他经营业绩考核指标。通常根据调节指标考核结果确定适当的调节系数，进而计算实际可计提的工资总额。

核发工资总额=可计提工资总额×调节系数-考核扣减工资

二、绩效考核与管理者年薪挂钩

管理者年薪制是指以年度为单位确定管理者基本收入，视其经营成果浮动支付效益年薪的工资制度，管理者年薪一般由基本年薪与效益年薪构成。管理者年薪制旨在建立管理者个人收入与企业经营成果直接挂钩考核、动态管理的收入分配机

制，切实体现管理者责任、风险和收益对等的原则。绩效考核指标应突出企业经营业绩指标对管理者效益年薪的决定性作用，又要兼顾对企业经营成长和业绩驱动等关键绩效因素的考核，作为对效益年薪的调整因素。根据绩效考核指标与效益年薪的关联关系，管理者年薪有以下几种方式：

（1）效益分享模式。效益分享模式是指效益年薪根据公司经营效益确定，类似于提成工资制度。比如：

效益年薪=（营业收入×T_1×K_1+利润×T_2×K_2）×K

式中，T_1、T_2——效益年薪参与企业营业收入和利润的分享系数；

K_1、K_2——效益年薪参与企业营业收入和利润分享的比例，$K_1+K_2=1$；

K——根据调节指标确定的效益年薪调节系数。

（2）增值模式。增值模式是指管理者的效益年薪根据企业经营效益指标增长目标的实现程度确定。通常是先确定效益年薪的基准值，再根据考核结果浮动发放。

效益年薪=效益年薪基准值×（利润实际值÷利润目标值×K_1+净资产值÷净资产目标值×K_2）×K

式中，K_1——效益年薪与利润增长指标的挂钩系数；

K_2——效益年薪与净资产增长指标的挂钩系数，$K_1+K_2=1$；

K——根据调节指标确定的效益年薪调节系数。

具体挂钩指标及数量可以根据企业管理需要灵活选择。

如果利润、净资产等挂钩指标的实际达成都低于目标值的一定比例，根据管理制度的规定，会取消相关责任者的效益年薪。

（3）综合系数模式。综合系数模式是指根据管理者年薪的挂钩指标和调节指标的考核结果以确定经营业绩综合系数，计算管理者实际效益工资的方法。

效益年薪=效益年薪基准值×经营业绩综合系数

经营业绩综合系数可以依据累积法或加权法确定。

累积法：

经营业绩综合系数=挂钩指标考核系数×调节指标考核系数

加权法：

经营业绩综合系数=挂钩指标考核系数×K_1+调节指标考核系数×K_2

式中，K_1、K_2——分别为挂钩指标和调节指标的加权系数，$K_1+K_2=1$。

指标考核系数可以参考部门绩效考核系数的方式办理。

不同计算方法体现了企业不同的管理导向。效益分享模式突出了企业经营规模的增长要求，而增值模式强调了企业的盈利能力和资本运作能力；综合系数模式则从直观上强调了其他指标的均衡性。

三、绩效考核与员工的薪酬挂钩

1. 绩效工资发放

个人绩效工资分配就是根据员工个人的绩效考核结果确定其实际绩效工资发放额度。有些企业绩效管理制度还规定个人绩效工资要与部门绩效考核成绩相挂钩。根据个人绩效工资与部门绩效考核成绩的挂钩形式，可以分为一次分配和二次分配两种形式。

（1）一次分配模式下的员工绩效工资核算。一次分配是根据员工绩效考核成绩直接核发个人绩效工资。

个人实际绩效工资=个人标准绩效工资×绩效考核系数

绩效考核系数根据个人绩效考核成绩，或部门和个人绩效考核成绩共同确定，按照绩效考核结果与绩效工资发放比例对照表操作，见表4-1。

表 4-1　绩效考核结果与绩效工资发放比例对照表

项目	评分	考核等次	绩效工资发放比例
岗位绩效考核	70（含）～100 分	称职	100%
	65（含）～70 分	基本称职	80%（含）～90%
	60（含）～65 分		70%（含）～80%
	55（含）～60 分		60%（含）～70%
	50（含）～55 分		50%（含）～60%
	＜50 分	不称职	0
纪律考核	通报批评	—	每次扣发 10%～30%（含）
	警告	—	每次扣发 30%～60%（含）
纪律考核	记过	—	每次扣发 60%～90%（含）
	记大过以上处分	—	0
执行病、事假管理制度考核	按照企业考勤、病事假管理制度规定，缺勤者扣发相应绩效工资		

说明：①考核结果的等次为称职的员工，发放全额绩效工资；基本称职的员工，发放50%～90%的绩效工资；不称职的员工不发放绩效工资。

②违纪员工按照企业员工奖惩制度或有关条款规定扣发相应的绩效工资。比如，通报批评，每次扣发10%～30%；警告，每次扣发30%～60%；记过，每次扣发60%～90%；记大过以上处分者，绩效工资为0。

③根据员工病事假管理制度的有关条款规定，缺勤者扣发相应绩效工资。

（2）二次分配模式下员工绩效工资的核发。二次分配模式的操作步骤：一是根据部门绩效考核成绩核定部门员工绩效工资总额；二是根据部门内部员工绩效考核成绩核发个人绩效工资。在二次分配形式下，部门内部员工绩效工资总额已定，只需要处理好绩效工资总额在本部门员工之间的再次分配问题即可。

个人实际绩效工资=部门实际绩效工资总额×[个人标准绩效工资÷$\sum$（部门员工个人标准绩效工资）]×个人绩效考核成绩

为了避免出现部门实际绩效工资剩余或不足的情况，应建立绩效工资调节资金，以调节余缺。

2. 绩效工资调薪

根据绩效考核成绩调整员工的工资水平，有利于激发员工的工作积极性。但个人的薪酬调整因素要以个人绩效提升与能力成长为导向。

如果企业已经实施了绩效管理，定期收集绩效考核数据，那么月度、季度、半年度、年度绩效考核结果是重要的调薪参考因素，可以根据绩效考核成绩所对应的绩效等级来确定调薪水平的增减。比如某企业绩效考核制度规定，员工的绩效考核等级划分为A+（卓越）、A（优秀）、B（良好）、B-（待改进）、C（差）。个人调薪比例可以在岗位调薪比例的基础上根据绩效等级上浮或下调一定比例。假设基础调薪比例为10%，绩效等级为A+（卓越）者的调薪比例可以在10%的基础上上浮5%，A（优秀）者可以上浮3%，B-（待改进）者则下调3%，C（差）者可以下调5%或约定绩效等级为C者不参与调薪。

绩效等级与个人调薪比例的关系表，见表4-2。

表4-2 绩效等级与个人调薪比例的关系表

绩效等级	A+（卓越）	A（优秀）	B（良好）	B-（待改进）	C（差）
基础调薪比例	10%	10%	10%	10%	10%

续上表

绩效等级	A+（卓越）	A（优秀）	B（良好）	B-（待改进）	C（差）
上浮或下调	+5%	+3%	0	−3%	−5%
调薪比例合计	15%	13%	10%	7%	5%，或者约定绩效等级为C，不参加调薪

如果企业没有实施绩效管理，人力资源部可以组织述职会议对相关岗位员工进行周期性（季度、半年度或年度）评价，根据评价结果所产生的等级划分，结合绩效等级与个人调薪比例的关系表，对员工进行调薪。

四、特殊福利与中长期激励

事实上，绩效考核结果在经济性激励方面的运用，除了上面提到的绩效考核与工资总额管理、管理者年薪、员工的薪酬挂钩之外，还包括：

（1）特殊福利。福利体系分为法定福利、通用福利和特殊福利等，与绩效考核有关的特殊福利不是你有我有大家有，而是采用差异化管理。比如，绩优员工享有旅游假期、外出培训等特殊福利等。

（2）中长期激励。在设计中长期激励方案时，应优先选择绩优员工作为激励对象。员工的绩效评价既决定着入门资格，又决定着利益兑现。

关于年度优秀员工、优秀团队和优秀人才的选拔，应优先从绩优员工中选择，首先是考虑员工的价值创造和价值贡献，其次是看员工的工作态度或辛苦程度等因素。

【案例分享：绩效考核应用于浮动工资的调整】

某快速消费品公司为了激励销售人员达成销售目标并超越目标，将绩效考核应用于浮动工资的调整。在薪酬结构中设计相应的薪资级差，通过业绩考核，拉开绩优员工与绩差员工的收入差距，鼓励大家不断"跳高"且创造新的高绩效。

1. 浮动工资在工资总额中的比例

为了留住关键员工，根据员工的工作性质和具体工作内容确定了不同级别、不同类别员工的浮动工资在工资收入总额中所占比例。由于销售人员或其他业务相关人员的绩效考评结果与业务指标的完成密切相关，浮动工资在工资总额中所占比例应当相对较大；而后勤服务工作人员鉴于其工作与可量化的业务指标关联性不强，浮动工资在其工资总额中所占比例可以相对减小。

2. 浮动工资的计算方法

业务员小李的考评周期为1次/月，总工资主要由基本工资、浮动工资、补贴工资三部分构成，各自比例为50%、45%、5%。总工资构成计算公式：

总工资=基本工资（50%）+浮动工资（45%）+补贴工资（5%）

假设小李的年度工资总收入为10万元，按上述固浮比例确定的各项工资收入：基本工资5万元（50%×10万元）、浮动工资4.5万元（45%×10万元）、补贴工资5 000元（5%×10万元）。

公司对业务员的绩效考核制度规定，业务员的考核以绩效结果为导向，即浮动工资仅与销售额挂钩，并设置与业绩达成率相关的奖金支付起付点、加速度及封顶数。那么，小李的销售奖金额及其在全年工资总收入金额占比，见表4-3。从表中可知，浮动工资部分是按照绩效考评结果确定的，业绩达成率越高，销售奖金金额越高，在全年工资总收入中的占比也越高。

表4-3 销售达成结果与奖金支付比例及奖金额度的计算

业绩达成率	销售奖金支付比例	浮动工资基数（万元）	销售奖金金额（万元）	基本工资（万元）	补贴工资（万元）	全年工资总收入（万元）	销售奖金占比
<70%	0	4.5	0	5	0.5	5.50	0
70%~100%	70%	4.5	3.15	5	0.5	8.65	36%
100%~130%	100%	4.5	4.50	5	0.5	10.00	45%
130%~150%	130%	4.5	5.85	5	0.5	11.35	52%
150%~200%	150%	4.5	6.75	5	0.5	12.25	55%
>200%	200%	4.5	9.00	5	0.5	14.50	62%

第二节　绩效考核在股权激励中的运用

某民营企业老板比较开明，喜欢到处学习新知识，在学习了股权激励课程后，立即跟他的管理团队沟通，想给他们一些股份，但是管理团队对股份分配根本不感兴趣，反而说："老板，如果你真想给我们分点东西，只要我们今年业绩做得好，绩效考核分数高，在年底就多给我们发点红包，多给我们发点奖金，我们就感谢你了。"这反而弄得老板很郁闷："我胸怀宽广，一片好心，想与你们分享企业成长的果实，你们居然还不想要！"在这里，老板讲的是股权激励，而他的管理团队追求的是论功行赏式奖励，这是两个不同的概念，因大家的认知不同而产生误解。

一、股权激励的额度

企业在设计股权激励方案时必须考虑股权激励额度。股权激励额度包括激励总额度和个人额度。总额度是指个人额度总和与预留部分之和，个人额度是指每位激励对象可获得的额度。

1. 总额度的规划

股权激励总额度的确定，除了考虑现有激励对象的总额度外，还要考虑为未来人才引进预留部分股权，作为后续股权激励来源储备。比如，采用岗位分红为激励模式的企业，分红基金根据企业当年经营情况，在利润中提取比例，以上一年的奖金在企业净利润中所占比例为参考，本着调剂盈亏、平衡收入的原则，制定一个合适的调整系数，通常控制在1～1.5。假设，企业在实行分红制度的上一年度的净利润为500万元，上年年终奖金总额为20万元，则

企业提取的分红基金的比例基准=（上年年终奖金总额÷上一年公司净利润）×调整系数=（20÷500）×调整系数=4%×调整系数

可以计算出：

最高线=4%×1.5=6%

中间线=4%×1.25=5%

最低线=4%×1=4%

假设该企业当年实现利润600万元，则分红基金=当年企业利润×分红基金提取比例，分别对应如下：

最高线=600×6%=36万元

中间线=600×5%=30万元

最低线=600×4%=24万元

2. 个人额度的计算

在确定完股权激励总额度之后，需要再具体到岗位额度和个人额度的确定。

（1）确定岗位层级额度。结合企业组织架构，根据岗位职级可以把激励对象划分为五个层级：高级管理层、中级管理层、核心技术员工层、核心营销员工层、基层员工，见表4-4。

表4-4 激励对象的层级划分表

级数	层级	人数	职级	权重
一级	高级管理层	5	副总裁、总经理、副总经理等	30%
二级	中级管理层	9	各部门总监、高级经理等	20%
三级	核心技术员工层	12	高级工程师、关键专业与技术人才、重要项目负责人等	20%
四级	核心营销员工层	16	核心运营、业务骨干等	20%
五级	基层员工	8	优秀员工等	10%
合计	—	50	—	100%

假设企业拿出200万股做股权激励，那么，中级管理层分配的总额度为40万股（200×20%）。

（2）确定个人额度。企业初步拟定各个层级的股权激励分配额度总量后，考虑个人绩效贡献度、岗位、任职年限（工龄）、职级、工资系数等要素，每个要素设置不同的权重，计算激励对象分配的数量。通常按以下步骤计算：

第一步，计算个人系数。

计算个人系数=绩效贡献度×权重1+任职年限系数×权重2+职级系数×权重3+岗位系数×权重4+工资系数×权重5

其中，权重1+权重2+权重3+权重4+权重5=100%。

第二步，计算个人总系数。

总系数=∑个人系数

第三步，计算个人获授权益份额。

个人获授权益份额=本岗位层级激励总量×个人分配系数÷总分配系数

事实上,每个企业都会根据实际情况设定符合管理要求的评价要素与系数。假设A企业本次股权激励的授予范围为职级数6级(含)以上,绩效考评为B(含)以上的员工。

个人分配系数=职级系数×40%+工龄系数×10%+绩效考评等级系数×50%

A企业个人系数评要素对照表,见表4-5。

表4-5 个人系数评要素对照表

职级		工龄		绩效考评等级	
职级数	职级系数	工龄	工龄系数	考评等级	等级系数
L_{13}	1.3	10(含)年以上	1.2	A+	1.5
L_{12}	1.1	5(含)~10年	1.0	A	1.2
L_{11}	0.9	3(含)~5年	0.8	A-	1.0
L_{10}	0.7	1(含)~3年	0.6	B+	0.8
L_9	0.6	1年以下	0.4	B	0.4
L_8	0.5	—	—	—	—
L_7	0.4	—	—	—	—
L_6	0.3	—	—	—	—

销售总监王某的职级为L_{11},工龄为8年,绩效考评等级系数为A,则

个人系数为=0.9×40%+1.0×10%+1.2×50%=1.06

假设中级管理层分配的总额度为40万股,总分配系数为8,则销售总监王某分配额度为5.3万股(40×1.06÷8)。

事实上,在股权激励额度分配过程中,由于企业和激励对象个性化因素多且复杂,很难以用一种方法或一次测算来保证分配的合理性,这就需要在第一次确定个人分配额度之后,由企业管理层根据激励对象的实际情况进行多次测算和调整,才能最终确定一个恰当的额度。在调整和测算的过程中需要考虑的因素有:职级高低、实际薪酬水平、工作年限、业绩表现、激励对象的心理预期、公平与效率、人才的不可替代性等因素,使得员工的权、责、利在相对较长的时间内与公司利益捆绑。

二、股权激励的考核指标

员工的股权激励常用的考核指标包括价值观、企业业绩、部门业绩、自律、品德、客户服务意识等内容，一旦出现指标不达标的情况就可能自动丧失激励资格。

有条件分红股权激励考核指标表，见表4-6。

表4-6 有条件分红股权激励考核指标表（示例）

序号	考核项目	考核标准	考核结果
1	被考核对象	—	
2	担任职位	—	
3	职级工龄	职级××，入职满足××年以上	
4	应激励额度	××股（由企业根据岗位价值评估、可分配股份资源、业绩贡献、工龄、职级等因素确定员工的应激励额度）	
5	考核日期		
6	价值观	1. 要求价值观要与企业保持一致； 2. 一票否决制	
7	企业指标	考核指标： 1. 财务指标权重50%； 2. 客户指标权重20%； 3. 运营指标权重10%； 4. 员工指标权重20% 评分标准： 1. 企业指标完成率>85%，系数为1； 2. 70%≤企业指标完成率<85%，系数为0.7； 3. 企业指标完成率<70%，系数为0	
8	部门指标	评分标准： 1. 部门指标完成率>85%，系数为1； 2. 70%≤部门指标完成率<85%，系数为0.7； 3. 部门指标完成率<70%，系数为0	
9	自律项	1. 违纪次数不超过规定次数； 2. 一票否决制	
10	品德项	1. 全员支持率不得低于85%； 2. 一票否决制	
11	内部客户申诉	1. 申诉不得超过规定次数，以败诉为准； 2. 一票否决制	

续上表

序号	考核项目	考核标准	考核结果
12	实际激励额度	在没有违反一票否决制的前提下； 实际激励额度 = 应激励额度 × 价值观系数 × 企业指标系数 × 部门指标系数 × 自律项系数 × 品德项系数 × 内部客户投诉系数	
说明：上述内容仅供参考，激励额度由各企业应根据管理需求增加或删减考核项目			

【案例分享：股权激励实现公司与员工的"双赢"】

1. 公司背景

M公司是一家知名的餐饮企业，至今已经有十多年的历史，50家门店分别由50名店长负责一线经营，五名区域主管与一名运营经理整体协调管理。公司员工1 000多人，总部管理者一共40人（包括人事、运营、采购、物流等部门），经营情况一直很好。

2. 管理现状

虽然公司经营情况良好，但老板心里还是有一些困惑：一是以老板个人的精力已经不可能管理好这么多的门店；二是如何通过合理的方式，既能留住员工，又能让员工实现自己当老板的梦想；三是传统的薪酬方式逐步转变为股权激励是必然趋势。为了解决这个问题，老板想到了身股方案。

3. 身股激励方案的设计与实施效果

2020年初，老板正式开始在自己的50家门店实施超额身股激励方案，将50家门店根据不同情况，制定了不同的利润考核目标。比如，以上年度利润为基数，超出利润目标部分根据门店的不同情况，可以获得35%～70%的分红，其中店长占团队分红的50%。虽然方案简单，但落地仅仅五个月，门店销售额同比增长18%～22%，对客户服务态度一再提高，门店业绩也不断攀升。

由于身股方案的实施效果很好，2020年9月开始，董事长在12家表现优秀的门店进一步深化身股激励方案（又称银股方案）：一是鼓励店长出资购买所在门店股权；二是区域经理可以挑选下属的任意门店进行投资；三是总部相关部门管理者可以挑选任意门店进行投资。

具体方案如下：

（1）门店店长。年度总利润和管理水平的综合考核得分在公司排名前十名者，可以购买店铺10%的股权，购买后可以参与门店银股分红，并享有相应的银股权益。银股购买价：前一年店铺总利润×1.5×10%（投资回收期1～1.5年）。比如，某门店上一年总利润30万元，则10%银股购买价格=30万元×1.5×10%=4.5万元。

（2）区域经理。根据职务与工作年限等综合评定结果，设置不同的投资上限，区域经理可以挑选自己所管辖的任意门店进行投资，但投资总额不得高于公司设定的投资上限。投资价格为门店前一年店铺总利润×1.5×10%。比如某区域经理投资上限为10万元，则可以将10万元全额投资到一家店铺，也可以按照自己比例投入所管辖的任意店铺。

（3）总部高管。公司同样设定投资上限，高管可以根据自己意愿挑选公司任意门店进行投资。

在银股方案实施之后，拥有了门店股份的12名优秀店长，不但持有门店的超额身股，同时还持有了所在门店10%的股份，成了真正的门店老板，积极性再一次被调动起来。"不用扬鞭自奋蹄"，门店销售收入同比增长25%，净利润同比增长30%，扣除对员工激励所花费的分红之外，原股东收入也大幅度增长，真正实现"双赢"的目标。

第三节　绩效考核结果在非经济性激励方面的运用

真正通过绩效考核实现预期目标的企业却不多，大多数企业的绩效考核不是流于形式，就是中途夭折。虽然绩效考核失败的原因是多方面的，但企业没有重视绩效考评结果的运用是其中主要原因之一。

一、绩效考核结果在经营管理方面运用

1. 指导决策和策略制定

通过分析和应用绩效考核结果，可以将及时调整战略方向和目标，优化资源配置，提高决策的及时性、可操作性和有效性。

2. 优化业务流程和运营管理

通过对绩效数据的分析和应用，可以采取相应的改进措施不断优化业务流程，提高运营效率和经营效益，增强公司的竞争力。

3. 激励和奖励管理

通过将绩效考核结果与奖励机制相结合，既可以激励员工积极工作不断提高绩效水平，又能够保持员工的公平感和激励动力等。

二、绩效考核结果在员工管理方面的运用

1. 绩效改进

绩效考核结果应用的主要作用之一就是绩效改进，通过引导员工工作方向，使员工的个人目标和组织目标保持方向上的一致，减少无用功。

2. 为人员需求分析提供依据

通过绩效考核可以发现现有员工的绩效与组织期望绩效值之间的差距。结合现有员工的素质能力水平分析，就能够确定未来招聘员工的素质能力要求。

3. 考察新员工的绩效、能力和态度

为了避免招聘面试环节出现的风险，对新入职员工在岗测试期间的表现同样要进行绩效考评，主要考察其绩效、能力和态度。在岗测试期结束之后，新员工的绩效考评结果既可以作为转正、定级定薪的依据，也有利于主管了解其特长或能力等信息。

4. 衡量人才甄选的有效性

人才盘点是人才梯队管理工作中的重要一环，一般采用业绩+能力、业绩+潜力、业绩+价值观、业绩+工作意愿等维度进行盘点。不管采用什么方法都离不开绩效考核，特别是业绩指标的考核。比如，企业每年会给各部门提供员工晋升名额，管理者可以用绩效分析法来衡量哪个员工晋升比较合算，假设销售部门只有张三和李四两个人，张三的工资总收入是20万元/年，一年为企业创造200万元的利润；李四的工资总收入是15万元/年，一年可以为企业创造180万元的利润。这两个人如果只能晋升一个，作为主管的你会选择谁呢？从单位工资所创造的利润来看，李四的单位工资贡献度为12（180÷15），张三的单位工资贡献度为10（200÷20），通过这两个数据对比就可以根据管理需要得出合理的结论。如果是看绝对值，那张三比李

四好，如果你要看相对值，李四就比张三好，有了绩效贡献度的比较，就可以帮你作出合理的选择。

5. 开展岗位调配和职位管理

岗位调配主要是针对绩效考评结果不良的员工而采取的补救措施。有些企业采用末位淘汰制，但是业绩不好的员工很可能不是能力不行，而是与岗位不匹配。对于绩效表现差的员工应设置缓冲期，先进行培训，再回到公司内部劳动力市场竞争上岗，调整到合适的岗位工作；如果找不到合适岗位，只能终止劳动关系，对双方都有好处。

职位管理主要是针对绩效特别好的员工而采取的激励措施。对于一些绩效考评表现优秀的员工应作为核心员工来培养，让他们承担更重大的责任，赋予他们更好的职业发展机会，包括提供培训、职位晋升、薪酬调整等。比如，华为的绩效政策与末位淘汰制直接挂钩，绩效考核结果将员工分为ABC三个档次：A档次的员工占5%，B档次的员工占45%，C档次的员工也占45%，剩下5%的员工被看作最末一档（三个档次之外）。至于连续几个月都被评为C档或最末一档的员工将面临降级或淘汰的命运。

6. 任职资格认证

任职资格标准规定了各序列职级晋升的条件。任职资格标准通常是从学历、经验、知识、技能、能力素质和绩效贡献等要素进行选择。一般而言，绩优员工可以优先获得认证。

7. 员工培训

松下幸之助曾经说过："培训很贵，但不培训更贵。"从表面上看，培训是要花了很多钱，但如果你不培训，所支付的成本可能会更大。但企业到底应该向员工提供哪些培训呢？分析员工的绩效考评结果就是一项好办法。通过绩效评价识别员工现状与期望值的差异，找到员工现有能力表现与企业所要求能力表现之间的差距，差什么补什么，知识不足的补知识，能力不足的提高能力，经验不足的去积累经验，这才是员工真正需要的培训。但好的培养资源应向绩优员工倾斜。

8. 建立和谐与稳定的员工关系

传统的考核是管理者考核员工的单向考核，管理者高高在上，给员工造成绩效考核等于变相扣工资的刻板印象，加剧了人企关系的紧张。现在的绩效考核更倾向于双向考核，通过考核让管理者和员工之间建立一种双向连带的责任关系、绩效伙伴关系。当员工的绩效与管理者的绩效存在关联时，就会反向促进管理者主动帮助员工提高专业技能和工作态度，甚至共同探讨成功的办法，共同分析在实现目标过程中存在的困难或障碍等问题，及时排除这些困难或障碍，不断提升绩效管理水平。

第四节　绩效指标赋能任职资格体系建设

一、任职资格概念

任职资格是指为了保证工作目标顺利实现，任职者必须具备的学历、专业、经验及知识、能力、素养、工作要素、工作内容及工作标准等方面的要求。完整的任职资格体系包括搭梯子（职业发展通道）、建标准（任职资格标准）、有应用（任职资格等级认证）等内容。

二、任职资格作用

任职资格作为人力资源中的一个环节，必须要与其他环节联动起来，共同促进员工职业发展，才能真正发挥作用。

1. 薪酬调整

一般情况下，企业在认证项目完成后会统一开展调薪工作。由于在职业发展通道搭建时就把职等职级与薪酬区间挂钩。用任职资格标准来规范薪酬体系，既可以保障内部薪酬的公平性，又可以保障加薪与能力成长相挂钩。

2. 提升培训效果

为了帮助员工发展，企业可以设计基于任职资格标准搭建岗位学习地图，有效规划员工学习任务，从而缩短人才培养周期。当员工知道自己与期望的职位存在哪些差距之后，就会查漏补缺，有目的地主动学习。

3. 人才梯队建设

任职资格标准能够有效将人才梯队更加具象化：一是在对外招聘上的应用，依据任职资格标准对员工能力进行考核，能够更有效筛选出企业需要的员工；二是在对内选拔上，通过任职资格认证能够清楚了解每个层级的员工人数、已有储备人才情况，有利于根据人力资源规划和人才梯队建设，有效培养人才。

随着知识经济的深入发展，知识成为创造价值的核心要素之一。为了充分激发员工内在潜能、实现人力资源价值最大化，不少企业纷纷效仿华为建立任职资格体系，轰轰烈烈开始的多，悄无声息结束的更多。任职资格作为一个较为全面的任职标准体系，由于标准所包含的内容多且繁杂，对管理者的要求也比较高，因此一直没有得到广泛普及。

在这里列举上海慧圣咨询有限责任公司给某制造型企业做的一个任职资格管理咨询项目，当时我担任项目经理，采用华为任职资格的成功经验，结合企业实际管理情况，运用化繁为简的方式，构建并推行任职资格体系。该企业由于任职资格项目的成功实施，在2019年荣获了技能人才自主评价引领企业的荣誉称号。

【案例分享：运用绩效指标法开展任职资格体系建设】

L公司是中国水泵行业上市公司，创立于1995年，拥有员工2 000多人，主营业务收入超过30亿元/年，业务覆盖100个国家及地区。推行任职资格的目的：根据公司发展需要和人才成长的内在发展规律，建立多通道的职业发展路径，提炼出不同通道、不同级别员工的任职能力和职业行为标准，并以此标准来规范和培养人才。任职资格管理咨询项目团队对L公司经过现场调研、员工访谈，调阅相关管理资料，在清楚公司的战略目标、经营目的、组织架构、部门职责、岗位职责、岗位说明书等材料的基础上，设计了L公司的任职资格管理体系。

1. 职位体系梳理

职位体系梳理是通过职族、职类划分实现人力资源分层、分类管理的基本方法。职族是指根据企业战略要求与业务系统而形成的各种相关职类的集合，同一职族的履行功能、要求任职者具备的能力种类相同或相似。职类划分是由指承担相同业务板块功能与责任的同类职位分类归并而成，它们在工作中所投入的知识、技能，以及业务活动性质与过程、产出结果均具有相似性。

通过对公司的组织架构、各岗位进行梳理、序列划分，根据各岗位的工作内容与所需能力的共同性特征进行标准提炼，制定职位体系划分表。生产中心职位体系划分表，见表4-7。

2. 任职资格标准框架设计

在借鉴相关职族、职类相对应等级的符合要求的任职者资质基础上，系统地总结出各职位的关键成功要素和员工职业化的行为规范和能力特征等内容，建立各职位的评估要素、评估指标、评分标准。L公司在岗位梳理与职位体系划分基础上，构建任职资格体系框架，主要内容包括三大要素（资历、业绩、知识/技能）、六大子因素（学历、经验、成果、绩效、知识、技能）。

3. 任职资格标准要素

任职资格评分标准第一层次由资历、业绩、知识/技能三大要素组成，三大要素下的第二层次分别细分为学历、经验、成果、绩效、知识、技能六大子因素，其中每个子因素又由多个子要素及其相关评估指标等构成。

任职资格评估要素指标表，见表4-8。

4. 评价指标与权重

（1）任职资格评分标准设定。不同职位、职级的工作职责不同，职级划分越多，越难写出各职级的区分度，需要从相关职位工作实际情况及工作重要性出发，制定各要素架构下的评估指标、评分标准、加分项标准等内容。工程师的任职资格评估指标表，见表4-9。

（2）评价指标权重。在职位标准评估建立后，由人力资源总监根据各职位的工作特点，采用专家评估法，以设定的计算口径，设计各职位评估因素、评估指标的权重。

任职资格评价指标权重表，见表4-10。

5. 任职资格评价

任职资格具有针对性、具体性、动态性的特点，针对不同职位要采用不同的评估方式，以可量化、可操作的衡量标准进行评估，以提高评价的有效性。操作步骤如下：

第一步：申请人提报任职资格相关资料。

申请人结合评估指标、评估标准等内容，填写任职资格申报材料（包括证明资质、成果、绩效、知识、技能等佐证资料），递交部门管理者。

第二步：部门管理者对申请人提报任职资格资料的真实性进行审查。

部门管理者对申请人提交的任职资格申报材料（包括证明资质、成果、绩效、知识、技能等佐证资料）的真实性进行审核，审查通过后，递交人事行政部门复审。

第三步：人事行政中心对申请人提报任职资格相关资料审查。

人事行政中心对申请人提报的任职资格申报材料的真实性进行复查。凡是不符合准入资格的申请人直接淘汰出局。

为了提高工作效率，降低评审时间成本，一般将申请人依职级分二类：一类是1~3层基层职位、另一类是4~5层（含以上）职位。1~3层基层职位的申请人资料经过审查合格后，提交给人事行政中心与该部门管理者组成的部门级评审小组进行评审；4~5层（含以上）职位的申请人审查合格后，提交给公司级任职资格评审领导小组进行评审。

第四步：评估小组对申请人评估与打分。

申请人在任职资格评审会议上，向任职资格评估小组做简要报告。任职资格评估小组通常根据这个职种的关键知识、技能，对照任职资格评分标准，结合参评者书面材料或直接主管举证描述情况，对被评估者的任职能力进行判断。各评估小组成员或专家独立评分，最后加权计算综合得分。在计算总得分时，将加分项一并纳入总分计算。会议结束后，负责分数录入人员将各参评人员的分数收集、整理汇总，提交给任职资格评审领导小组负责人审核。

根据申请人的综合评估得分的分数高低进行排序，结合升职的名额数量，原则上排名靠前的申请人纳入升等范畴，报送总经理审核准，公布任职资格定级评估结果，颁发证书。

任职资格标准体系的建立与应用是一个漫长而烦琐的过程，一般情况下，任职资格评估时间段为1年/次，当公司的管理模式或管理方法发生动态变化时，任职资格也要根据公司发展需要做适当调整。

表4-7　生产中心职位体系划分表（示例）

职族		综合管理族	运营管理族		业务支持族	专业技术族	
层次	级别	综合管理类（A）	现场管理类（B）	生产管理类（C）	专业业务支持类（D）	专业技术类（E）	操作技能类（F）
五层/级（L_5）	G_3	副总经理	—	—	高级经理	首席工程师	首席技师
	G_2						
	G_1						

续上表

职 族		综合管理族	运营管理族	业务支持族	专业技术族	
四层/级 (L₄)	G₃	资深经理	资深车间主任	经理	经理	高级工程师	高级技师
	G₂	经理				
	G₁	副经理			资深工程师	
三层/级 (L₃)	G₃	科长	车间主任	科长	科长	工程师	资深技师
	G₂		车间副主任				技师
	G₁	副科长	资深车间组长	副科长	副科长	初级工程师	高级技工
二层/级 (L₂)	G₃	专员	车间组长	组长	组长	高级技术员	中级技工
	G₂						
	G₁		车间副组长	副组长	副组长		
一层/级 (L₁)	G₃	科员	科员	科员	科员	技术员	技工
	G₂						
	G₁						

注：层次、级别的标号越大，表示职位越高

表 4-8　任职资格评估要素指标表（示例）

序号	因 素		要 素	
	因素	代码	评估指标	代码
1	学历	A	学历	A₁
2			专业	A₂
3	经验	B	工龄	B₁
4	成果	C	运营类	C₁
5			专案类	C₂

续上表

序号	因　素		要　素	
	因素	代码	评估指标	代码
6	绩效	D	绩效考核	D_1
7	知识	E	专业知识	E_1
8			业务知识	E_2
9			基础知识	E_3
10			培训知识	E_4
11	技能	F	上岗技能	F_1
12			业务技能	F_2
13			通用技能	F_3
14	素养	G	品德素质	G_1

表4-9　工程师的任职资格评估指标表（示例）

序号	六大因素		要　素		细项评估指标		
	子因素	代码	要素	代码	评估指标	代码	评估标准
1	学历	A	学历	A_1	学历	A_{11}	
2			专业	A_2	专业	A_{21}	
3	经验	B	工龄	B_1	工龄	B_{11}	
4	成果	C	运营项目	C_1	机台生产效率提升	C_{11}	
5					模具工艺标准与改善	C_{12}	
6					机台的工艺标准与改善	C_{13}	
7					产品质量管理	C_{14}	
8			专案项目	C_2	产品结构优化专案	C_{21}	
9					精益生产改进专案	C_{22}	
10					产品安全环保改进专案	C_{23}	
11	绩效	D	绩效考核	D_1	年度绩效	D_{11}	
12					获得荣誉	D_{12}	

续上表

序号	六大因素		要素		细项评估指标		
	子因素	代码	要素	代码	评估指标	代码	评估标准
13	知识	E	专业知识	E_1	专业知识	E_{11}	
14			业务知识	E_2	业务知识	E_{21}	
15					综合管理知识	E_{22}	
16			基础知识	E_3	基础知识	E_{23}	
17			培训知识	E_4	年度参加公司内外部培训	E_{41}	
18					年度对外输出培训	E_{42}	
19	技能	F	上岗技能	F_1	上岗证书	F_{11}	
20					关键事件处理能力、工作责任感	F_{12}	
21			业务技能	F_2	基本业务能力	F_{21}	
22			通用技能	F_3	通用能力	F_{31}	
23	素养	G	品德素质	G_1	以公司利益为重的品德素质	G_{11}	
24	加分项				"以客户为中心、以奋斗者为本",针对外派或现场工作环境"苦累脏差"的员工,予以加分		

表4-10 任职资格评价指标权重表（示例）

序号	六大因素			要素			细项评估指标			
	子因素	代码	子因素权重（a）	指标	代码	权重（b）	指标权重（c=a×b）	指标及评估标准	代码	权重（d）	综合权重（e=a×b×d）
1	学历	A	10%	学历	A_1	50%	5%	学历	A_{11}	100%	5%
2				专业	A_2	50%	5%	专业	A_{21}	100%	5%
3	经验	B	10%	工龄	B_1	100%	10%	工龄	B_{11}	100%	10%
4	成果	C	20%	运营类	C_1	50%	10%	机台生产效率提升	C_{11}	30%	3%
5								模具工艺标准改善	C_{12}	30%	3%

续上表

序号	六大因素 子因素	代码	子因素权重（a）	要素 指标	代码	权重（b）	指标权重（c=a×b）	细项评估指标 指标及评估标准	代码	权重（d）	综合权重（e=a×b×d）
6	成果	C	20%	运营类	C_1	50%	10%	机台工艺标准改善	C_{13}	20%	2%
7								产品质量管理	C_{14}	20%	2%
8				专案类	C_2	50%	10%	产品结构优化专案	C_{21}	40%	4%
9								精益生产改进专案	C_{22}	30%	3%
10								安全环保改进专案	C_{23}	30%	3%
11	绩效	D	10%	绩效考核	D_1	50%	5%	年度绩效	D_{11}	100%	5%
12						50%	5%	获得荣誉	D_{12}	100%	5%
13	知识	E	20%	专业知识	E_1	40%	8%	专业知识	E_{11}	100%	8%
14				业务知识	E_2	20%	4%	业务知识	E_{21}	50%	2%
15								综合管理知识	E_{22}	50%	2%
16				基础知识	E_3	20%	4%	基础知识	E_{31}	100%	4%
17				培训知识	E_4	20%	4%	年度参加培训	E_{41}	50%	2%
18								年度对外输出培训	E_{42}	50%	2%

续上表

序号	六大因素			要素			细项评估指标			
	子因素	代码	子因素权重(a)	指标	代码	权重(b)	指标权重(c=a×b)	指标及评估标准	代码	权重(d)	综合权重(e=a×b×d)
19	技能	F	20%	上岗技能	F_1	20%	4%	上岗证书	F_{11}	40%	1.6%
20								关键事件处理能力、工作责任感	F_{12}	60%	2.4%
21				业务技能	F_2	60%	12%	基本业务能力	F_{21}	100%	12%
22				通用技能	F_3	20%	4%	通用能力	F_{31}	100%	4%
23	素养	G	10%	品德素质	G_1	100%	10%	以公司利益为重的品德素质	G_{11}	100%	10%
	小计		100%				100%				100%
24	加分项	在综合考评总得分的基础上，加分的项目为外派艰苦地方的工作经历、现场"苦累脏差工作环境"、优秀的工作背景等									
	合计										

第五章
知彼知己：绩效管理的常见问题解析

【导读】"知彼知己，百战不殆。"企业在做绩效管理之前应进行调研，有利于及时发现绩效管理中存在的问题。绩效管理调研方法主要包括观察法、文献分析法、问卷调查法、访谈调研法等。①观察法一般是由绩效分析人员到工作现场通过自己的感官和辅助工具记录某一时期内工作的内容、工作环境，以及人与工作的关系等信息，并在此基础上分析与工作有关的工作要素达到工作分析目的的一种方法；②文献分析法是指绩效分析人员通过对收集到的某方面的文献资料进行研究，以探明研究对象的性质和状况，并从中引出自己观点的分析方法；③问卷调查法是指绩效分析人员通过设计调查问卷，快速有效地收集员工对绩效管理的看法和建议的方法。它可以分为封闭式问卷和开放式问卷，主要应用于定性和定量研究；④访谈调研法是指绩效分析人员通过与员工进行面对面或通过其他通信方式，比如微信、电话、视频等的访谈，深入了解受访人对绩效管理的体验和感受的方法，也是一种重要的收集基本工作信息的绩效分析方法，是目前国内企业运用最广泛、最成熟并且最有效的工作信息收集方法。通过访谈调研法收集到的工作信息不仅是工作分析的基础源泉，而且还可以为其他工作分析方法提供最初始的资料。

第一节　绩效管理认知的问题分析

一、能力越强扣分越多，"鞭打快牛"影响员工的积极性

（1）原因。有些企业能力越强的员工，由于担当的工作任务重，做的事情多，绩效扣分也比较多。而那些能力平庸的员工，承担无关紧要的任务，平时只做执行工作，却能够拿到高分。这是采用负激励考核方式造成的，即管理者重视处罚行为上的错误，而不重视鼓励行为上的贡献，使得能力强且多劳的员工，由于做得多错得多，所以评价得分低；而那些能力平庸且少劳的员工，由于做得少错得少，所以评价得分高。这既挫伤了"快牛"的积极性，又纵容了"慢牛"不思进取的惰性。

（2）改善建议。作为管理者，既要善于保持"快牛"的积极性，又要善于激发"慢牛"的主动性。我们先分析"慢牛"为什么总是那么慢，知道了慢的原因之后，多做"慢牛"的思想工作。比如，通过教育培训改变他们的工作态度，提高他们的技能；通过员工PK（player killing，单挑）竞赛调动他们的积极性；通过绩效考核约束他们的行为使"慢牛"迈开步子、抛开蹄子。此外，还要加强绩效考评、奖勤罚懒，把工资报酬和工作绩效相挂钩，让能者多劳亦多得，进而形成"九牛爬坡，个个出力"的生动局面。

值得一提的是，有些管理者存在认知误区，就是把过多的资源、时间和精力放在"慢牛"身上，试图通过不断地在"慢牛"身上做文章，使他们变得更强更快。但这种做法的效率往往不高。根据二八法则，即20%的精英创造80%的价值，其他80%的人创造20%的价值。要将资源聚焦，优先向"快牛"倾斜，比如好的培训机会、特殊的福利等，鼓励他们持续创造更多的价值。

二、管理者不支持绩效管理工作

（1）原因。有些高层管理者认为企业做绩效考核会束缚他的工作，影响了中基层管理者对绩效管理的认知，既然"高层都不关注，我们凭什么要认真做？"这是由于企业的战略目标、经营目标与绩效管理没有融合的"两张皮"现象而造成。

（2）改善建议。企业要明确未来1～3年朝哪个方向发展？在哪些方面要形成独

具特色的竞争力？今年整体经营目标与各部门经营目标分别要达成什么水平？当高层主管清楚了这些目标任务之后，就会将战略目标、年度经营目标、组织绩效目标进行认真梳理，规划企业整体绩效管理目标体系，设计各部门与各层级员工绩效考核指标与目标，通过压力逐级传递给员工的方式，大家精诚合作，为实现企业整体绩效目标而奋斗。

三、管理者不愿意做绩效面谈

（1）原因。有些管理者认为绩效面谈会耽误时间。大家平常工作中经常沟通，有些问题也都说过了，没有必要再通过绩效面谈形式再搞一次，不如拿这些时间做些自己喜欢的工作；有时为了应付检查，简单和员工沟通几句，走个形式过过场。

（2）改善建议。建立一个正式的绩效面谈沟通机制。在管理者与员工进行初次绩效面谈的时候，最好由HR参与旁听，HR除了提供绩效管理方法和工具之外，还要帮助管理者提升绩效面谈技能。使管理者认识到，通过绩效面谈有利于了解员工的优点、缺点和不足之处，对绩效改进的计划和措施达成共识等。

四、管理者不重视绩效辅导

（1）原因。有些管理者在制定考核指标与设立考核目标的时候，能够做到与员工之间的对话沟通，一旦进入到绩效实施环节，又回到了他们习惯的工作方式中，既不关注员工在开展工作时会遇到什么困难，也不关注是否需要提醒员工按时按质按量做好工作，甚至不知道如何辅导员工。

（2）改善建议。通过培训让管理者清楚绩效辅导的作用，能够前瞻性地发现问题并在问题出现之前解决。绩效辅导通常有两种方式：一是纠正员工行为，在员工需要或者出现目标偏差时，管理者要及时对其进行纠正，当被员工能自己履行职责，按计划开展工作且目标没有偏差时，管理者要放手让他们自己进行管理；二是提供人财物技术等资源支持，由于员工自身能力和权限的限制，在某些方面可能会遇到资源调度的困难，而这些资源正是其完成工作所需要的，那么管理者应向员工提供必要的资源支持，排除障碍。

五、绩效考核适用于中基层员工，高管却"逍遥法外"

（1）原因。有些初创企业的高管说自己的日常工作非常忙，没有时间做绩效管理工作，告诉HR只要落实中基层员工的绩效考核就行了，高管自己却"逍遥法外"。

（2）改善建议。绩效管理是一把手工程。只有总经理重视这项工作，才能够将企业的整体经营压力逐级传导下去：高管—中基层主管—基层员工。总经理一定要根据企业的实际经营情况和整体绩效表现，对自己的直接下级，也就是高管的绩效表现作出真实评价，推动各部门的绩效考核成绩在一定程度上和直接上级的绩效考核成绩挂钩，员工的绩效考核成绩和部门绩效考核成绩挂钩，使大家将精力聚焦在实现战略目标这个"主航道"上来。

六、额外增加工资作为绩效推行激励奖金

（1）原因。重庆有一家民营燃气公司，近几年业绩发展很快，老板请了深圳一家管理咨询公司做绩效管理方案。该管理咨询公司给出的方案是：公司在员工原有绩效奖金的基础上，再增加一倍绩效奖金基数的额度作为绩效推行激励奖金。比如，某员工的总工资8 000元/月，绩效奖金占比为30%（奖金基数为2 400元），公司再增加2 400元作为激励奖金。该方案经过六个月的试运行之后，老板发现员工的工资增长了，但公司的整体利润却没有改善，宣布取消约定的绩效推行激励奖金。导致员工抱怨四起，效率骤降。

（2）改善建议。绩效管理的目标是不断提高经营效率和经营收益，一个盈利状况良好的公司，才能够给自己的员工提供更多的奖金和更好的待遇。管理者需要不断向员工灌输"以奋斗者为本、价值创造决定价值分配"等观念，只要员工的积极性被激发出来，投入到绩效管理中的激励奖金也就能够发挥出最大的作用，公司的经营效率和经营收益想不提升都难。

七、赶潮流追时髦，不合理地使用绩效工具

（1）原因。某快速消费品公司业绩增长不错，老板喜欢赶潮流追时髦，不断尝试新的绩效管理工具。有一次，老板参加过OKR培训之后，听到华为、字节跳动、小米等知名公司都在做OKR了，要求人力资源经理及时引入OKR，鼓励各部门主管主动挑战高绩效目标。结果是把OKR当成KPI作为员工绩效考核的手段。由于缺乏管理基础和相应的激励配套措施，OKR没有给公司带来预期贡献，业绩不升反降。

（2）改善建议。不存在放之四海而皆准的管理方法，任何方法都有它的利弊和

适应场景，绩效管理方法也在不断发展和迭代创新中。一般情况下，KPI更适用于成熟、明确和稳定增长的业务，而OKR则更适合创新、无成熟路径可借鉴、需要激发创造力的业务。企业应根据实际情况引进OKR，并做好组织保障、制度保障、工具支撑等工作，使之成为推动绩效发展的动力，而不是阻力。

八、依葫芦画瓢直接套用其他企业的 BSC 模板

（1）原因。一些管理者对BSC的内涵理解不到位，没有意识到BSC的实施与推进需要战略、流程、组织、经营计划、人力资源管理等系统支持，直接套用其他企业的BSC模板，依葫芦画瓢地开展BSC工作，导致失败或草草收场的情况比较多。

（2）改善建议。BSC强调从财务、客户、流程和学习成长等维度去衡量企业的绩效，从而达到一种战略的平衡，促进企业全面健康发展。企业要根据实际情况引进平衡计分卡，建立企业战略地图，落实部门战略地图，构建部门BSC，设计部门的KPI与评价标准；为了完成预定的指标，将采取哪些行动计划？定期落实行动计划项目的进度跟踪与实施成效检查；加强各部门之间的纵向管理与横向协调等工作，这是推行BSC的成功关键之一。

第二节 绩效指标设置的问题分析

一、依靠个人经验或拍脑袋决定员工的绩效考核指标

（1）原因。管理者缺乏绩效管理专业知识，对绩效管理给企业带来贡献度的认知不够，只能依靠个人经验或拍脑袋决定员工的绩效考核指标。

（2）改善建议。通过培训提升大家对绩效管理给企业带来的贡献度认知，不同层级的员工承担的职责不同，其考核指标和指标权重也不同。比如，高层员工的考核强调战略规划、决策能力等结果指标，中层员工的考核强调工作效率、团队协作等能力指标，基层员工的考核强调直接关联到任务完成情况、业务成果、态度指标等内容。当企业战略目标、年度经营计划发生调整时，考核指标需要及时进行调整或优化。

二、什么工作都作为考核指标，让员工抓不准工作方向与工作重点

（1）原因。有些管理者认为绩效考核就是发放绩效奖金，为了考核员工是否能够胜任工作，把工作职责与工作任务，甚至日常工作都作为考核指标，"眉毛胡子一把抓"。

（2）改善建议。通过绩效培训提升管理者的绩效管理理念，结合年度经营目标与考核指标的重要性、关联度来设计KPI：一是关键业绩指标，即承接上级部门KPI分解；二是岗位职责指标，即本岗位职责提炼而成的指标；三是工作态度指标，考评重点是责任心、工作热情、奉献精神、执行力等。一般考核指标数量在3~8个，使员工把精力聚焦在工作重点上。

三、有的考核指标没有落实到具体员工身上

（1）原因。由于组织架构中的岗位设置不清晰、岗位职责不明确或疏漏。管理者在制定考核指标的时候，发现有的工作没有人做或几个人一起做，因主次责任不分，相互推诿，导致一些指标无法落实到具体员工身上，成了空白区。

（2）改善建议。重新梳理并优化组织结构、部门职责、岗位设置和岗位职责。让员工搞清楚直接领导是谁，直接汇报对象是谁，各部门与各岗位的职责是什么，考核人与被直接考核人和间接考核人之间的工作关系，有利于考核指标的设定与分解、权重分配、责任承担等。

四、绩效考核指标过于追求量化

（1）原因。管理者缺乏绩效管理专业知识，设定指标的主观性较强。

（2）改善建议。绩效考核指标的设定要有数量、成本、质量、时限等要素，符合SMART等原则。管理者应根据管理需要平衡量化指标和非量化指标的比例，通过定期审查，不断调整和优化指标体系，避免过分依赖量化指标而忽视了对员工行为、态度等软性素质的评价。

五、一个绩效考核指标需要两个部门（或个人）共同去承担时，相互推诿

（1）原因。问题源自部门（或个人）之间的本位主义思想严重，认知偏误等因素。

（2）改善建议。加大绩效文化的培训与宣传力度，鼓励大家摒弃本位主义思

想，做到"守职而不废"。可以通过设计责任矩阵把绩效考核指标传递到相关部门（或个人）身上，包括对应到哪个岗位？岗位主责的是什么？相互之间应该如何配合？如果一个指标需要两个部门（或个人）共同去承担的话，各自承担的比例是多少？根据价值创造大小来分配激励奖金的多少，以减少或杜绝推诿现象。

第三节　绩效考核目标设定的问题分析

一、设立不合理的绩效考核目标

（1）原因。有些领导对上一个考核周期内绩效指标（收入、利润、销量、产量等）没有达成目标的部门管理者，在新的考核周期就将上一轮目标缺口放在这一个考核周期内；或者发现竞争对手成长速度快，没有经过市场调研，就直接给部门管理者下达高挑战目标，这种好高骛远的"事前拍脑袋做决策"的做法，使部门管理者的压力陡然增大，只好采用"事中拍胸脯保证、事后拍屁股走人"的应付方法。

（2）改善建议。管理者应认识到绩效考核目标设立是一个科学决策的过程，企业在制定阶段性经营管理目标之前，可以先采用SWOT分析法等工具对行业外部竞争形势、内部资源和能力等要素，包括市场布局、市场容量、容量测算、业务规划、团队构建、资金预算、流程管控等方面进行全面系统地分析。以此为依据，设定阶段性经营目标，并将目标逐级分解至各部门、各岗位，再结合各部门职责、岗位职责、重要工作任务等要素，设各级部门的、员工的绩效考核指标。采用这种循序渐进、有据可查的方式，能够避免管理者盲目地设定经营目标，制定符合员工能力要求的绩效考核目标。

二、重短期轻长期的绩效考核目标

（1）原因。某企业营销总经理为了提高销售业绩，规定每季度对各部门进行一次考核，考核结果表现优秀部门的员工都能够获得额外的绩效奖金，部门经理级（含）以下的业务类员工在业绩表现好的情况下，有机会每季度晋升一次。一些业务主管和员工平时工作懒散，一旦面临季度考核时，就疯狂压货、凑业绩，使得业绩比预定目标高出许多，员工也获得了晋升和加薪。一旦考核结束，这些拿了奖金或得到晋升的"优秀"员工在新的岗位上照样懒散，期待下次考核期来临之前再"爆发"一次。

（2）改善建议。企业为了提高经营绩效，分阶段激励员工是可行的，但一定要从长计议，尽量避免短期"一锤子买卖"。既要考量员工业绩，又要对员工的行为、能力、态度、价值观等直接做出评价，通过工作过程与结果指标的有机结合，客观、公正地反映员工绩效水平。让那些疯狂压货、凑业绩的投机分子知道业绩是重点，利润、回款、客情关系等要素也是重点。尽量避免员工昙花一现的工作热情，这对企业长期发展没有什么好处，反而浪费了大量资源。

三、部门达成目标但公司整体目标却没有达成

（1）原因。有些企业实施绩效管理，出现各部门绩效目标都完成了，但企业整体的绩效目标却没有实现。可能有两方面原因：一是绩效指标分解的问题，在绩效指标的分解过程中没有充分按照企业整体目标自上而下地进行纵向分解，而是采用了自下而上的目标累加方式；二是公司绩效考核以"负激励"的扣分方式为主，过分重视管控而不是激发员工的积极性，员工站在自身的角度思考如何达标，只要不被扣分就行。

（2）改善建议。绩效管理一定要以战略导向为主，在绩效目标分解方面：一是基于企业战略目标落实绩效考核指标的自上而下地分解；二是在指标分解完毕之后，可以模拟一下绩效结果的评价过程，如果各部门的绩效都达标了，但企业整体绩效目标却没有达成，说明指标分解有问题，需要重新调整或优化绩效指标和目标。同时，管理者要想办法解决"负激励"问题，比如设计一套合理的绩效管理机制，给员工一个看得见、摸得到、能感受的回报，包括近期跟工资挂钩，中期跟年度奖金挂钩，长期跟特殊待遇或分红期权等挂钩，引导员工主动朝实现战略目标的方向而努力。

第四节 绩效考核结果运用的问题分析

一、绩效考核结果仅用于核算绩效工资或者滥用

（1）原因。有些企业把绩效考核的结果应用仅仅用于核算绩效工资，但绩效工资对于人才的激励效果微乎其微，导致员工对绩效考核反应冷淡，使考核成为书

面化的"走过场"。有些管理者滥用绩效考核的结果,将员工的所有工作目标、工作任务、日常工作等事项全部纳入考核体系中,只要一项不达标就要被扣分数扣奖金,使员工对考核产生恐惧或因刺激产生逆反心理。

(2)改善建议。绩效考核结果的应用应兼顾企业和员工的共同利益与发展要求。根据员工的个性特征设计合理的激励方式和应用模型,使每次考核结果能够真正让员工认识到自己的优势、劣势和不足之处,针对差距采取措施加以改进,针对自身的优势要加以保持。

二、绩效考核结果用于员工之间的比较和竞争

(1)原因。有些企业的绩效考核制度采用强制分布法,要求每个部门的员工考评比例必须凑出一个正态分布来,使绩效考核转变为员工之间的竞争。管理者迫不得已或其他缘由,采用轮替的方式,挫伤了一些骨干员工的积极性。

(2)改善建议。绩效考评应该更多地关注员工个体的成长和发展,将员工之间进行直接的比较和排名是有问题的。绩效考评是把员工已经取得的成果和事先设定的目标进行比较后进行的分档,该在什么档位就在什么档位,该是什么比例分布就是什么比例分布,而不是硬性输出一个正态分布来。如果人为地扭曲员工的贡献,对表现好的员工是不公平的。

三、绩效考核结果应用的平均主义

(1)原因。有些企业采用扁平化管理模式,一个部门是由一个经理带领2~5个下属,个别部门甚至是一个经理带着一个兵,管理者与员工之间的关系密切,不好意思拉下脸对下属评低分,老好人思想带来的后果就是平均主义现象,即个人利益大于集体利益,平均主义害了集体主义。

(2)改善建议。绩效考核之目的就是将员工的工作表现通过指标客观、量化直观地表达出来,根据员工贡献度的大小,按照事先约定好的方案进行激励。同时,员工的绩效考核成绩和部门绩效考核成绩按一定的比例挂钩,在部门表现好的情况下,获得高分的员工较多;在部门表现不好的情况下,获得高分的员工就少。

四、绩效考核结果应用于员工个人因素的"人情评价"

(1)原因。有些企业的管理者把绩效考核的结果用于员工个人因素的"人情评价",而不是对事的评价。比如,一个员工平时表现很好,但由于性格率直,平时

不愿意讨好领导，偶尔还会顶撞领导，导致人际关系不协调；管理者在年底对该员工进行绩效考核时，就给了他评了一个令人失望的"差"，很容易打击员工的积极性。

（2）改善建议。加强绩效培训提升管理者的职业素养：一是让大家清楚绩效考核评价，主要是对"事"的考核评价，而不是对"人"的考核评价；二是身为管理者应该随时检讨自己是否尽到了对员工的绩效培训和绩效辅导责任；三是考核要公平、公正和公开，对员工要起到正激励作用，激发员工的工作热情。可以引进360°全方位考核方法来考核管理者，通过全方位评价使管理者了解自己，知晓各方面的意见或建议，取长补短，达到提高自己之目的。

五、绩效考核结果应用只关注短期行为

（1）原因。有些企业业务员的工资结构采用基本底薪+销售提成+年终奖。比如，一些业务员为了拿到高薪，在和经销商签订合同时，主动把新产品返利点数提高两倍，骗取了经销商的信任并达成交易，从而获得了较高的销售提成和奖金。这是员工为了短期利益而牺牲公司长远利益的普遍现象。

（2）改善建议。如果企业片面关注内部业绩增长，而不重视与外部利益相关者的关系，或对外部利益相关者考虑极少，很容易铸成大错，甚至掏空公司。IBM公司总经理郭士纳说："企业考核什么，员工就关注什么；如果部门不考核，即使员工看到许多对企业有利的事，也会视而不思、思而不动、动而无劲。"因此，绩效考核结果应用应把员工的长远利益和企业的长远利益结合起来，不是单纯发奖金或利益分配，而是促进企业与员工共同成长。

六、绩效考核结果的应用由最高领导者确定

（1）原因。在员工绩效考核结果的应用方面，比如晋升或涨工资等，直接主管和间接主管都有参与考评的权力，由于所持立场不同可能会产生意见分歧。如果遇到这样的问题，往往由更高层级的管理者拍板定调，使考评结果出现偏差，导致员工的直接主管会因自己没有实权而产生挫败感，挫伤了基层管理者的工作积极性和权威性。

（2）改善建议。"没有绩效考核就等于没有管理"，要加强内部管控机制建设，不断健全各司其职的绩效考评机制，明确各层级管理者的责权利。同时，也要做好各层级管理者的领导力培训，使大家明白放权的重要性。绩效考核的最终目的是通过大家共同努力不断创造价值，共享成果。

第六章
激水漂石：绩效改进

【导读】"激水之疾，至于漂石者，势也；鸷鸟之疾，至于毁折者，节也。"2018年2月22日，张瑞敏在海尔集团中高层干部会上提出一个很像脑筋急转弯的问题："大家想想如何让石头在水面上漂起来？"有人抢答："把石头掏空！"张瑞敏摇了摇头。"把石头放在木板上！"张瑞敏说："没有木板！""做一块假石头！"大家哄堂大笑。张瑞敏说："石头是真的。"此时，副总裁喻子达顿悟："是水的速度！"张瑞敏高兴地说："正确！"他接着说："激水之疾，至于漂石者，势也；鸷鸟之疾，至于毁折者，节也。是故善战者，其势险，其节短。势如弩，节如发机。"所以说善于用兵打仗的人，空间上有险峻优势，时间上有短促优势。作为管理者应讲求绩效改进方法论：一是从宏观方面思考：我们在做绩效管理，竞争对手也在做绩效管理，如何做才能够实现通过绩效目标引导员工采取企业所希望的行动，提高员工满意度和工作成就感，促成企业长期目标的实现，最终达到企业成长和个人发展的"双赢"；二是从微观方面反思，既要认识到日常工作中存在的绩效改进误区，又要借助奖金池这个"势"推动绩效改进工作，合理运用绩效改进理论方法，引导员工主动把精力聚焦于绩效改善，做到"龙马素有千里志，不待扬鞭自奋蹄"。只要大家力出一孔，把工作聚焦在主航道上，绩效改进就会水到渠成，从目前水平提升到期望水平。

第一节　绩效改进的奖金池设置

建立员工绩效改进的激励奖金池机制有利于促进员工在企业战略目标的指引下，提高工作的积极性、主动性和创造性，增强员工归属感和责任感，形成良好的企业文化，确保员工与企业共同发展的良性循环。

一、奖金池概述

1. 奖金池的概念

绩效工资是根据员工的工作业绩和能力，按照一定的比例或标准确定其基本工资的一部分或全部。绩效工资是员工的固定收入，一般每月发放，与员工的职务、岗位、职级等有关。目的是保证员工的基本生活水平，稳定员工的心态，增强员工的归属感和忠诚度，形成稳定的核心团队。

绩效奖金是根据员工的工作业绩和贡献，按照一定的比例或标准，给予其额外的奖励。绩效奖金是员工的非固定收入，一般按季度或年度发放，与员工的绩效考核、业绩目标、利润分配等有关。目的是调动员工的积极性和主动性，激励员工提高员工的工作效率和工作质量；在超额完成工作的情况下，奖励做出突出贡献的员工；通过培养员工的创新精神和协作能力，持续提升企业的绩效和竞争力。

绩效奖金池是根据企业的利润情况，设定一个奖金总额，按照员工的工作业绩和贡献，分配给各员工的奖金。企业在设置奖金池之前，要对员工薪酬构成做一番调研。比如优秀人才的月薪、年度奖金、未来（干股分红、入股分红、贡献奖金、期权股权激励等）如何规划？奖金从哪里来？奖金如何分配到个人等。这有利于设置合适的年度奖金池规模，明确奖金分配比例和分配机制，实现预期激励效果。

2. 奖金池的作用

（1）利用人性的"利己"特点，促进生产、销售、利润等业绩提升。"香饵之下，必有悬鱼"，只要员工知道企业设立了激励奖金，就会主动关注自己个人的业绩提升以获取奖金，进而促进整体业绩提升。

（2）众人拾柴火焰高。奖金分配激励倾向贡献更大的员工，这有利于不断激发员工的潜能，让团队中的每个人持续保持积极的心态，提高团队整体的作战能力。

（3）落实优胜劣汰机制。淘汰做事不积极或能力差的员工，留住那些做事积极主动和贡献大的优秀员工，让优秀成为常态。比如对于营销团队而言，如果销售不能带来盈利，企业就无法生存；如果没有人把产品卖出去，就没有现金流，员工就得不到奖金。这就需要管理者根据外部环境的变化和客户要求快速做出适应性调整，不断激发团队销售潜能，让优秀成为常态，不断实现业绩突破。

3. 奖金池的设置原则

奖金池的设置应该建立在明确战略目标的基础上，围绕战略目标和年度经营计划，结合公司现有的资源条件和能力分析，确定奖金池的预算额度。

通常情况下，企业在年初设置奖金池，但发放奖金的具体时间应根据管理需要实施或调整。奖金调整主要考虑以下因素：

（1）企业整体业绩水平。年度奖金池的总额要与公司整体业绩水平相匹配，不能让奖金池数额太小，否则员工就没有积极性，也不能让奖金池数额太大，否则企业支付成本太高，难以承受。

（2）员工的工作业绩。员工的工作业绩直接决定了奖金的发放数额，如果员工在平时的工作中表现良好，为企业创造了超过目标的价值，那么激励奖金应适当提高。

【知识拓展：双因素激励理论】

20世纪50年代末期，赫茨伯格在美国匹兹堡地区对二百多名工程师、会计师进行了调查访问。访问主要围绕两个问题：一是在工作中，哪些事项是让他们感到满意的，并估计这种积极情绪能够维持多长时间；二是哪些事项是让他们感到不满意的，并估计这种消极情绪持续多长时间。经过调研发现，使它们感到满意的都是属于工作本身或工作内容方面的因素；使它们感到不满的，都是属于工作环境或工作关系方面的因素，前者被称为激励因素，后者被称为保健因素。

（1）激励因素。它包括工作中的成就、对工作成绩的认可和赞赏、工作本身的魅力、工作的责任感、因工作取得的进步等。激励因素是与工作相联系的内在因素，比如出色地完成工作任务而获得的成就感与激励奖金，较好的职业发展机会等。

（2）保健因素。它包括企业政策与管理方式、上司的监督、工资、人际关系、工作条件等。这些因素是外在的，而外在因素主要取决于正式组织，比如工资待遇、企业政策和制度等。双因素激励理论中提到工资是保健因素，而运用保健因素是很难达到绩效持续改进效果的。

"军无财，士不来；军无赏，士不往。"企业要做到整体绩效持续改善，需要从激励因素角度思考发，规划年度奖金池，设计更多的激励机制，驱动员工主动去挑战高绩效目标，完成高绩效目标，为企业做出更大的贡献。

二、奖金池的资金来源

不同规模、不同发展阶段的企业，奖金池的资金来源也各有不同。

（1）从增量利润中提取。比如，年度预算的净利润同比增长额为1亿元，提取增量利润的10%作为预算奖金，则奖金池的增量奖金为1 000万元。

（2）从销售额中预提一定比例。从每笔销售中预提一笔钱放到奖池里面。比如，销售收入完成进取目标按1%计提，挑战目标就按2%计提，滚动累积预留。至于抽多少比率合适呢？应量体裁衣。

（3）从成本节约或费用降低的撙节空间中提取。比如，生产成本降低、销售费用下降、管理费用下降、采购成本降低、工期缩短、利息节降等中提取5%。

（4）绩效考核过程中的"负激励"奖金回归。比如，考核目标设计得过高，导致员工的平均综合绩效考核得分在90分（百分制，即被扣了10分）而被扣了的一部分奖金，形成"负激励"模式。假设该企业有1万人，员工平均工资为1万元/人，其中20%为绩效奖金（即奖金基数为2 000元/人），每月被扣10分（或10%），每年因"负激励"而被扣的奖金为：1万人×（2 000元/人×10%）×12个月=2 400万元。

（5）惩罚留存。出现部门或员工违反企业相关规定而被罚扣的钱，纳入奖金池里面。

（6）从历年结存的利润、上级单位直接发给企业，或者某些职工的奖金中提取一定比例等。

奖金池总负责人要配合企业年度财务预算，规划出年度奖金池总额预算，包括各月度、季度、年度等不同时段需要的资金预算，确保资金配置能够及时到位。

三、奖金池运用的二维绩效激励模型

1. 二维绩效激励模型的设计

为了让员工加深对绩效改进理念的认知，我们把常规的绩效考核奖金与奖金池激励员工突破高挑战目标的奖金分开操作，设立二维绩效模型，如图6-1所示。

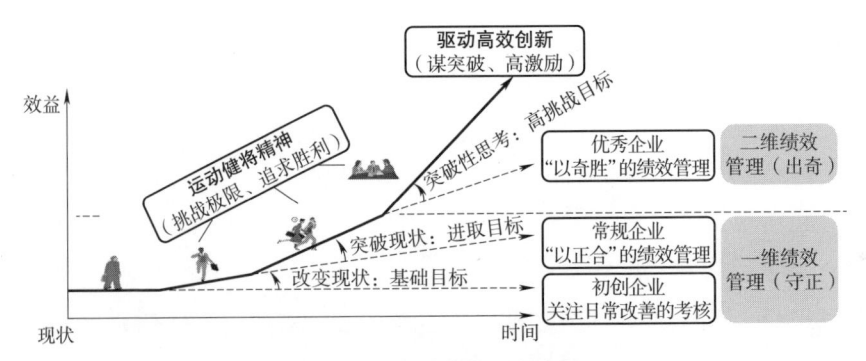

图6-1 二维绩效模型示意图

员工参加月度、季度、年度的绩效考核，完成基础目标或进取目标，获得的常规绩效奖金，称之为一维绩效奖金；为了鼓励员工运用突破性思考，挑战高绩效目标，经过努力获得成功，且创造了高效益、高贡献而获得的额外激励奖金，称之为二维绩效奖金。

二维绩效奖金设计需要凸显出绩效改进与业绩增量的理念。业绩增量主要由"抬高天花板、压低地板"两大模块组成：抬高天花板主要表现为利润、收入、投资回报率、新产品或新品类业绩增长等；压低地板主要表现为成本费用率降低、客户投诉损失率降低等。基于增量绩效的奖金设置，可以做到在业绩上升期有效保障员工的激励奖金；当业绩受到外部环境影响难以增长时，可以引导员工从节省的成本费用中提取一定返点作为奖金等。管理者要积极引导员工，让员工知道企业鼓励大家去追求哪些目标才能获得奖金分配的资格，实现"蛋糕做得越大，奖金分得更多"之目的。

2. 奖金如何分到个人

企业本质上是一个商业组织，为了持续发展，奖金激励制度的核心是绩效贡献。员工只要持续产出高水平的绩效，就有机会获得奖金。比如，苏州某快速消费品公司针对不同岗位规划了不同的激励方案，见表6-1。

表6-1 员工奖金激励方案

序号	奖金项目	适用岗位	方法说明
1	"火车头"奖励	管理者	通过岗位责任分析，确定目标奖金基线、组织绩效、运作效率和个人绩效结果，从而确定奖金修正系数

续上表

序号	奖金项目	适用岗位	方法说明
2	军令状法	管理者	基于组织业绩、利润贡献等指标达成分享奖金，与结果强挂钩
3	同比增长法	生产、业务类岗位	基于实际贡献、参考业绩增幅和个人绩效结果，分享奖金
4	业绩分享法	生产、业务类岗位	牵引目标达成，与结果强挂钩；根据产品、客户、行业、盈利情况调整
5	贡献权重法	业务类岗位	基于岗位性质、个人贡献等系数修正奖金基线来分享奖金
6	PK竞赛法	管理者、基层员	基于团队或员工之间的竞赛排名，分享奖金
7	工资倍数法	基层员工	基于工资倍数计算奖金
8	职级当量法	专业类员工	基于员工个人职级、投入资源、绩效表现等情况分享奖金

比如，无锡分公司销售经理刘某代表其销售团队10个人与营销总部签订了军令状：设立利润目标为1 000万元/年，在目标达成的情况下，超额部分按10%作为激励奖金。经过大家共同努力，经会计核算本年度实际达成利润1 500万元/年，应核发奖金为50万元。这些奖金怎么分？有些人想到平均各分5万元，但这10个人的能力大小、贡献有多有少，平均分钱肯定不合适。这时候就可以用职级当量法，再通过个人分配系数进行调整。计算方法：员工奖金=团队总奖金包×个人奖金分配系数；个人奖金分配系数=个人薪酬×个人绩效系数×其他影响项。

【案例分享：奖金池的资金来源与分配】

某快速消费品公司为了提高经营效益，以利润作为考核指标；从超额利润中提取一定比例作为"奋斗者"激励金额纳入奖金池。根据超额利润率的大小，分区间设置奖金的提取比例分别为10%、20%、30%。提取年度"奋斗者"创值奖励的奖金由公司总部与下属单位共同分享：

（1）公司总部奖金=提取创值奖励×30%；

（2）下属单位奖金=提取创值奖励×70%。

超额利润的奖金提取比例表，见表6-2。

公司在年初设定：计划实现净利润为1亿元，经过大家一年的努力工作，当年实际实现净利润为1.3亿元。

超额利润=1.3亿元-1亿元=3 000万元

超额利润率=3 000÷10 000=30%。

根据超额利润的奖金提取比例计算表，可以计算创值奖励，见表6-3。

公司本部奖金池=提取创值奖励×30%=600×30%=180（万元）

下属单位奖金池=提取创值奖励×70%=600×70%=420（万元）

表6-2 超额利润的奖金提取比例表

超额利润目标达成率	0~10%（含）	10%~20%（含）	20%以上
区间奖金率	10%	20%	30%

表6-3 超额利润的奖金计算表

超额利润目标达成率	0~10%（含）	10%~20%（含）	20%以上
区间奖金率	10%	20%	30%
创值利润的分区间额度	1 000万元	1 000万元	1 000万元
分区间奖金额	100万元	200万元	300万元
奖金额总计	\multicolumn{3}{c}{600万元}		

可见，公司要做好员工激励，一定要把奖金池建好，时刻规划奖金池资金的使用与预留。只要大家通过努力获得奖金，一定会提升员工士气，重燃组织激情。

第二节　绩效诊断

某快速消费品公司的湖南销售部在第二季度销售收入目标为3 000万元，实际销售收入为2 700万元，销售目标达成率为90%，在全公司23个销售部排名竞赛中，名列倒数第5位。在第三季度营销启动大会上，湖南销售部肖经理主动承诺将三季度销售收入目标调整为3 300万元（原目标为3 000万元，补上季度的目标缺口300万元），营销总经理刘总不但没有批评他，反而非常高兴，当众承诺：只要达到3 300万元，在下次营销大会上，无条件奖励湖南销售部奖金3.3万元。在第三季度结束时，湖南销售部实际销售收入为3 600万元，但财务在核算其利润时发现，由于第三季度是销售淡季，促销力度过大，市场开拓成本过高，广告费用超标严重，经销商返利也超标，虽然销售目标达成了，但利润却没有了。营销总经理刘总为了兑现承诺将奖金发给了湖南销售部，但受到了公司总经理的严厉批评。这是绩效改进的过程中，管理者过于关注结果而忽视过程，存在监控缺失而导致的后果。

一、绩效诊断概述

绩效诊断是指通过各种方法查找、分析和发现引起各类绩效问题的原因的过程，通过绩效诊断，管理者能够快速聚焦问题的源头，形成有针对性行动方案，进而精准、快速地提升绩效水平。绩效诊断既是上一绩效周期循环的结束，也是下一绩效周期循环的开始，连接着整个绩效管理循环。

绩效诊断包括直接绩效诊断与间接绩效诊断。直接绩效诊断是指对绩效管理活动中的各个环节，以及相关因素进行全面分析判断的过程；间接绩效诊断是指在绩效诊断活动中，找出绩效管理存在问题的同时，及时发现组织上存在的各式问题。绩效诊断主要是通过访谈法、问卷调查法等方式来进行。绩效诊断表，见表6-4。

表6-4　绩效诊断表

类型	内容	说　　明
绩效直接诊断	绩效管理制度	（1）现行的绩效管理制度在执行的过程中，哪些条款得到了落实，哪些条款遇到了障碍，哪些条款难以贯彻； （2）绩效管理制度存在哪些明显不合理的地方需要修改调整
	绩效管理体系	绩效管理体系在运行中存在着哪些问题，各个子系统之间健全完善的程度如何，各个子系统相互配合协调的情况如何，目前亟待解决的问题是什么
	绩效考评指标和标准	绩效考评指标与评价标准体系是否全面完整、切实合理；哪些指标和标准需要优化或调整
	考评者调研	在实施考评过程中，有哪些成功的经验可以共享，有哪些问题需要解决；考评者自身的职业素养或专业技能存在哪些不足而需要改善
	被考评者调研	员工对绩效管理活动持有什么态度；通过参与绩效管理活动，有何转变，取得何种成果，职业素养或专业技能有哪些提高
	运行效率	什么原因导致组织体运行效率没有达到预期，哪些方面需要改进

续上表

类型	内容	说　　明
绩效间接诊断	战略管理	各管理层级之间对战略方向和战略目标是否形成统一共识、基层员工是否知道公司的战略目标，是否有详细的目标分解和相应的行动计划，等等
绩效间接诊断	企业文化	（1）企业价值观。直接体现企业生存和发展的意义； （2）面对失败的态度。不仅决定绩效管理变革的成败也决定企业的成败； （3）行为自发性。比如果员工对本职工作能欣然接受，主动帮助同事完成工作的周边绩效等； （4）信息沟通。对绩效管理效率与实施会产生很大的影响； （5）员工忠诚度； （6）自我价值实现。员工是否能把自己的荣辱兴衰同企业的荣辱兴衰紧密结合起来
	组织架构	对组织结构和管理岗位的组成、功能和运行状况的分析，能够考察组织结构和管理岗位的结构、功能是否完整与合理；管理工作流程是否合理或顺畅等
	权责体系	分析纵向责权结构（根据组织结构的不同层次承担不同的职能而形成的）和横向责权结构（根据统一管理层次不同的职权配置及相互关系而形成的），判断权责体系中的决策、执行、监督和协调等机制对绩效管理的影响
	岗位薪酬体系	分析岗位职级与薪酬挂钩方面存在的问题和产生问题的原因，提出切实可行的方案，实现绩效管理的牵引作用，将企业目标与个人目标，企业利益与个人利益挂钩
	预算体系	分析绩效考核的结果，能否做到对公司预算管理水平的真实反映等

二、绩效诊断方法

管理者经常会面临各种不同的绩效问题，有时依赖个人的直观观察和感受进行分析与决策，有时运用结构化思维从多个角度审视和分析绩效问题，都是为了有效地识别问题产生的根源，制定出针对性的改进措施。其中，简单实用的结构化思维方法是吉尔伯特行为工程模型。

1. 吉尔伯特行为工程模型

行为学家吉尔伯特为了研究影响企业绩效水平的因素，在调研了300多家企业以后，提出了非常有价值的行为工程模型。通过这个模型，管理者可以更有针对性地进行绩效诊断，设置行动计划和每项任务的优先级。

第六章 激水漂石：绩效改进

吉尔伯特行为工程模型通常把绩效问题原因分为两大类：第一类属于环境因素，包括信息、资源和激励；第二类属于个体因素，包括知识技能、能力和动机。当组织发生绩效问题时，可以从这两大类六个维度去分析。

吉尔伯特行为工程模型中影响绩效的因素与占比表，见表6-5。

表6-5 吉尔伯特行为工程模型中影响绩效的因素与占比表

	分类	信息	资源	激励/后续结果
环境因素（75%）	影响占比	35%	26%	14%
	说明	（1）对工作的确切且清晰的期望和标准；（2）参照工作的明确、及时性绩效反馈；（3）能获取所需数据、信息的畅通渠道	（1）工具、系统、流程；（2）充足的时间；（3）专家或专家体系；（4）充足的、安全的附属设施	（1）分现金或非现金类、有形或无形的奖励、认可、晋升及处罚；（2）不是针对某一个人，而是针对工作环境下的所有人
	分类	知识/技能	素质	动机
个体因素（25%）	影响占比	11%	8%	6%
	说明	通过更多更好的培训、发展机会、任务指派、参与研讨和会议，获取知识和技能	个人特点，性格特质，倾向性，心理和情绪局限	（1）对工作和工作某个方面的价值认知；（2）把工作做好的态度、信心、意愿

经调研发现，当发生绩效不佳时，75%的绩效问题是因为环境因素造成的，只有25%的绩效问题属于个体因素造成的。这与我们平常的想象很不一样。比如企业发现某个员工绩效不好，第一反应就是这名员工能力有问题，要么把他换掉，换一个更强的员工，要么就把他送去培训，提高他的专业技能等。而基于吉尔伯特行为工程模型，凡遇到绩效问题应优先思考是否给了这名员工足够的信息支持、资源支持和激励措施，包括是否讲清楚了工作的标准和期望，是否及时提供了资源与技术支持，工作做好做坏有无明确的奖惩措施等，然后再分析员工的个体因素。

2. 明确改善需求的GAPS模型

GAPS分别是goal、analyze、probe、solution的缩写，这是由四个阶段"目标是什么、现状是什么、为什么、怎么做"组成。当管理者去分析绩效问题的时候，可以将GAPS思维框架和吉尔伯特行为工程模型相结合，去分析组织绩效在哪里出了问题，有利于采取有针对性的措施去解决问题。

GAPS思维框架和吉尔伯特行为工程模型的整合与运用表，见表6-6。

表 6-6　GAPS 思维框架和吉尔伯特行为工程模型的整合与运用表

项目	目标是什么	现状是什么	为什么	怎么做
内涵	确定目标是什么，理想的状况是什么	对当前现状进行分析，澄清现状问题是什么	从吉尔伯特模型的六个角度去界定和分析理想和现状的差距及问题出在哪里 环境因素：信息、资源和激励 个体因素：知识技能、能力和动机	当业务与绩效差距的具体原因清晰后，就可以选择相应的方法去解决差距
做法	（1）确认业务目标是什么； （2）研究员工群体的需求，如果要达到理想状况，员工需要表现出什么样的行为？优秀的员工的表现什么样？与一般的员工或者比较差的员工相比，有哪些不一样的地方	（1）研究业务现状如何，分析当前的业绩现状和目标差距到底有多大； （2）结合现在的员工的绩效表现进行分析：哪些行为好，哪些行为不好	探讨是什么原因造成了业绩现状和目标差距： （1）信息：是否了解对工作的期望、信息是否通畅； （2）资源：是否有相应的工具、系统、流程支持； （3）激励：是否有相应配套的物质或非物质激励； （4）技能：是否掌握了相应的知识和技能； （5）能力：个人的性格、特质、情绪等特点怎么样； （6）动机：对工作的认同感和个人的自驱力如何	（1）个体因素：当产生差距的原因来自员工个人能力时，可以通过学习的解决方案，作为改变员工的知识、技能与态度来改进绩效； （2）环境因素：当差距原因来自组织内部因素（工作环境需求）时，可以通过优化业务流程、改变环境政策等非学习的解决方案，作为改善解决业务与绩效差距的主要手段等

【案例分享：绩效诊断的 GAPS 模型】

东莞的一家新能源设备制造公司，因外部市场环境不好，近期出现业绩下滑，利润下降等问题，希望采取措施，在较快时间内实现扭亏为盈。

（1）在应该是什么方面。面对当前业绩下滑，利润下降等问题，公司希望在较快时间内扭亏为盈；对员工的期望是不断提升专业技能和职业素养，能够快速应对企业面临的内外部市场变化，提高公司的整体竞争能力。

（2）在是什么方面。外部市场环境不好，产品问题和客户抱怨较多，增加了销量和盈利的压力，需要想办法扭亏为盈。面对问题，各个部门之间相互推诿；在员工层面，一些员工缺乏责任心，关键岗位人才断层比较大，当前的薪资水平和地理位置很难吸引到最好的人才，士气比较低落。

（3）在为什么方面。在环境因素方面，比如，在信息上，部门和部门之间的信息不共享，存在信息"隔离墙"，很多员工对公司的经营目标和运营情况等信息主要来自管理者的沟通，不清楚做这事对其他部门的影响；在激励上，公司采取平均主义，奖惩比较随意，认为做好做坏一个样。在个体因素方面，比如，学历较高的人比较多，但团队协同和项目管理能力不足，出了问题就互相推诿或指责；在动机上，员工的比较懒散，效率较低。

（4）在怎么做方面。面对绩效问题，可以从基于从吉尔伯特模型和GAPS思维框架分析，找到一些解决方案来改变现状。

（5）在组织方面。首先，要重新建立一套绩效考核机制，让每个员工的收入与绩效结果相挂钩，做得不好将会被淘汰，激发员工的活力。其次，要把组织目标自上而下逐级分解至各部门与各岗位，实现目标的上下拉通、左右对齐，确保信息互通。使每个管理者都清楚自己KPI目标的同时，也要清楚关联单位的KPI目标，在工作中做到"劲朝一处使"。比如，生产部门要清楚营销部门的销售计划，有利于提前安排生产，减少库存压力，降低生产成本。

（6）在员工方面。通过人才盘点识别出关键岗位的关键员工，做好关键员工的培养和职业发展规划，通过关键岗位的优秀员工以身作则地影响和促进其他员工成长，建立起"以客户为中心，以奋斗者为本"的高绩效文化。通过绩效考核、奖勤罚懒、奖优汰劣的机制，引领员工将工作重点聚焦于价值创造。

经过绩效诊断的分析和解决方案的思考，可以全面审视组织绩效存在的各种问题，不但能够从宏观上把握组织面临的挑战，而且还能够深入细致地分析问题，直至找到每个环节的症结所在。结合企业的实际情况，制定出既有针对性又高效的解决方案，为企业的持续发展奠定坚实基础。

第三节　绩效改进的理论模型

企业一直追求高绩效，但员工的工作产出未必符合企业期望的结果，绩效改进便应势而生。为了提高绩效水平，在实际工作中有很多绩效改进的方法，比较常用的方法有ATD（association of talent development，绩效改进模型）和BEM（behavioral engineering model，行为工程模型）。

一、绩效改进模型

绩效改进模型，如图6-2所示，它是指一种以结果为导向的系统性流程，通过对企业进行商业分析以识别组织目标，并以此作为驱动力来进一步评估绩效差距，分析问题产生的根本原因，选择与设计干预措施，改进测量结果并持续改进绩效。

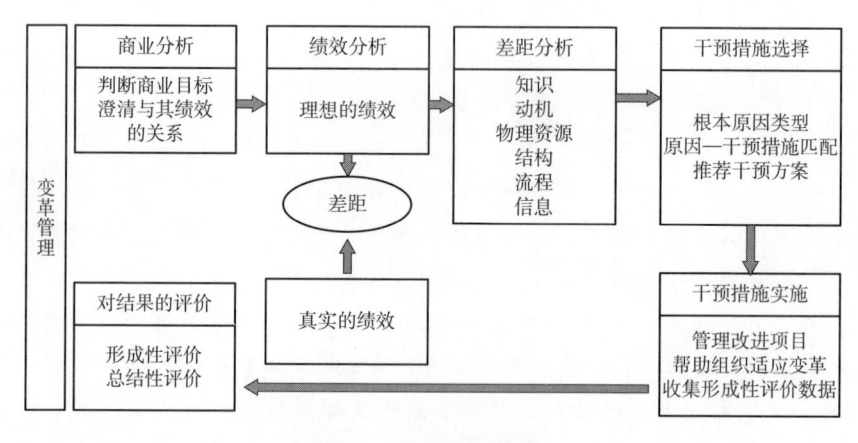

图6-2 绩效改进模型图

绩效改进模型是一个系统性的、用来发现和分析绩效差距，规划未来绩效改进目标，设计、开发和实施高性价比的措施来消除绩效差距，从财务上及非财务上评估收益的过程。这个过程包含定义绩效差距、设立绩效改进目标、实施绩效改进方案、评价绩效改进效果。

如何理解这句话呢？高管在思考问题时，通常是以企业战略目标，或者是组织业务目标为出发点进行思考，然后倒推过来思考我到底应该怎么做，这是"以终为始"倒推式绩效改进的思维模式。在这个倒推式绩效改进的思维模式中，首先是做商业分析，包括组织战略目标分析、业务分析或业务目标分析；其次是基于这个分析，找到关联绩效是什么，推演出来的绩效考核指标是什么，可以用量化指标，也可以用过程或产出对象作为改进指标；最后是要制订解决问题的行动工作计划与落地实施方案，推动业绩评估和绩效改进，不断缩小与理想绩效之间的差距。

二、行为工程模型

托马斯·吉尔伯特认为:"绩效=有价值的结果÷行为的代价"。管理者在进行绩效改进时,首先是有价值的结果,投入产出比是否合理;其次是采取更好的方法、更低的成本使组织在绩效成果或流程效率上达到更佳,这是帮助企业以小的代价持续获取胜利的高效绩效改进方法。吉尔伯特通过对职场绩效问题的相关研究,以此为基础,提出影响职场绩效改进的行为工程模型(BEM)。BEM主要内容包括以下两大因素:

(1)环境因素(75%)。信息(35%)、资源(26%)、奖励/后续结果(14%)。

(2)个体因素(25%)。知识/技能(11%)、素质(8%)、动机(6%)。

行为工程模型认为,绩效目标没有实现的主要原因是环境因素,而不是我们认为的个人因素。绩效改进是有优先级的,可以先做技控(干预环境因素信息、资源、激励等),再做人控(知识、技能、动机等),通过技控改善不断影响人的动机,在这个知行合一的过程中,实现环境因素与个人因素的有机融合,如图6-3所示。

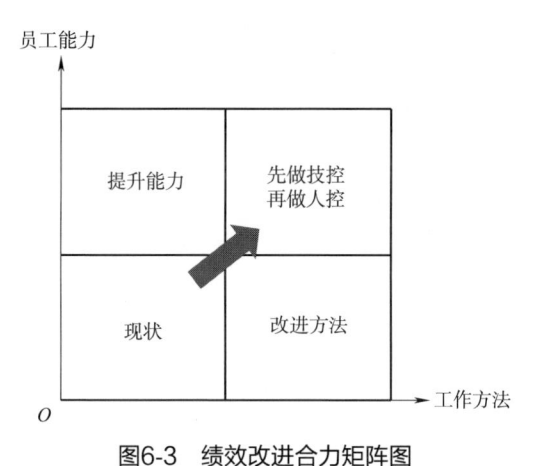

图6-3 绩效改进合力矩阵图

三、绩效改进的常规操作思路

1. 背景分析

(1)内部视角。当企业出现没有达到预期的经营目标或出现业绩下滑的情况时,要分析问题出在哪儿?是员工缺乏胜任的知识、技巧和能力,还是管理者的领导力不足？是组织的流程设计不合理，还是没有创造出良好的工作氛围？

（2）外部视角。当新的经济政策出台、市场环境或竞争形势发生变化时，企业该如何进行变革以适应外部形势变化并抓住新的机遇？面对新环境，企业需要做出哪些调整？面对新任务，员工能否适应新的岗位要求？

企业在绩效不好或面临新机遇的时候，需要通过系统的方法分析绩效目标与现状的差距及其原因，并提出切实可行的解决方案。

2. 明确改进方向

绩效改进方向是一个找到问题，确定改进方向的过程。本质上是管理者结合企业的经营管理现状和现有资源与能力来确定绩效改进方向的过程。比如，一家初创企业的绩效改进方向可以是"提高产品质量，快速占领市场"，也可以是"控制成本，形成独特的竞争优势"。在筛选和确定改进方向的时候，需要从重要性、可控性和挑战性方面进行思考：

（1）重要性。重要性是指与企业战略目标、年度经营目标的吻合程度高，高层的重视程度高的项目。如果项目受到高层重视的程度越高，企业提供的支持就越多，取得成果后更容易复制，推广力度也将更大。

（2）可控性。可控性是指项目达成的可控程度和组织的支持程度。如果选择的改进项目是在员工职权范围内可以完成的，动用的组织资源也完全可控，那么目标就会更容易达成。

（3）挑战性。挑战性是指项目完成的难易程度，完成后要超过现有水准甚至预定目标值等。

3. 确定目标

绩效目标是各层级组织为了承接企业战略而设定的任务标准，也是衡量当前业绩状况是否需要改进的标杆。企业设定绩效改进目标的时候，可以从战略目标、流程目标和行动计划三方面进行思考：

（1）战略目标。战略目标是指基于企业使命、愿景和战略而形成的结果性目标。比如，主营业务收入、净利润等经营指标；市场占有率、品牌形象、利益相关方满意度等非量化指标。

（2）流程目标。流程目标是指基于战略目标和业务流程拆解的过程性目标。比如，产品合格率、客户流失率、到货及时率、技术转化率等。

（3）行动计划。行动计划是指基于流程目标和差距原因分析而形成的动作性目标，通常是指项目的问题解决方案。

为了提高经营效率，企业的战略目标、流程目标和行动计划需要"对齐"，保持整体性和一致性的"一盘棋"操作。

4. 分析关键差距

分析现状与期望目标之间的关键差距方法有：一是通过现场调研、现场访谈、小组座谈、问卷调查等方法搜集相关数据，以定量分析的方法理清现状与目标之间的逻辑关系，找到撬动绩效提升的杠杆点；二是对已识别出的关键差距定性描述，目的是再一次对关键差距分析的结果进行描述和解释，使员工对改进项目的重要性和紧迫性达成共识。

5. 分析原因

一般情况下，绩效改进方案需要组织层面和个人层面的原因分析，见表6-7，才能够做到结合关键差距"对症下药"。

表 6-7　组织层面和个人层面的原因分析

管理层面	内容分析
组织层面	1. 企业战略是否描述清晰并传递给员工 2. 组织架构的设计是否能有效地支持企业战略 3. 关键流程的目标是否与组织需求保持一致 4. 企业能否及时给予员工所需的信息和反馈 5. 完成任务的员工是否能够及时得到对应的激励等
员工层面	1. 员工是否具备工作所需知识和技能 2. 员工是否有好的工作态度和产出 3. 员工的价值观是否符合企业文化等

管理者在分析原因时，要有"守职而不废、责任在我"等周边绩效理念，才能够避免基本归因错误，找到产生问题的真正原因。

6. 确定解决方案与改进措施

确定解决方案环节需要基于当前的主要矛盾，或者从诸多方案中进行评价和筛选，从中选择出最优的方案，制订具体的改进措施或行动计划。

7. 推动任务

利用WBS（work breakdown structure，工作分解结构法）对分解后的任务进行归纳，推进任务需要有明确的5W2H（即what何事、why何因、who何人、when何时、where何地、how怎么做、how much多少）法则进行管控，以保障其能够有效地落地。

绩效改进计划表，见表6-8。

表6-8 绩效改进计划表（示例）

部门			时间		年 月 日
被考核人	姓名：		职位：		
直接上级	姓名：		职位：		

不良绩效描述（含业绩、行为表现和能力目标，请用数量、质量、时间、成本费用、顾客满意度等标准进行描述）：

原因分析：

绩效改进措施/计划：
直接上级：　　　　被考核人：　　　　　　　　　年 月 日

改进措施/计划实施记录：
直接上级：　　　　被考核人：　　　　　　　　　年 月 日

期末评价： □优秀：出色完成改进计划 □符合要求：完成改进计划 □尚待改进：与计划目标相比有差距 评价说明：
直接上级：　　　　被考核人：　　　　　　　　　年 月 日

【知识拓展：工作分解结构法】

当领导把任务交给你的时候，你要按照一定的逻辑方法进行分解（即任务→执行工作→日常活动）：一是能够帮助任务负责人澄清目标与活动之间的关系，防止工作、活动、执行单元的遗漏；二是管理者可能根据工作量、工作计划和员工擅长来合理安排执行单元，及时识别风险。

1. 任务分解的逻辑方法

（1）任务目标可以逐层进行分解，最后一层必须能够分配到某个人可执行的单元。

（2）一个执行单元应由一个人来负责，并设立有完成任务的截止时间。

（3）当有执行单元与其他执行单元交错时，需要进一步细分，直到不能分解为止。

（4）要让团队中尽可能多的人参与任务分解，使任务分解更加透明和简单合理。

2. 使用场景

（1）在任务层面，项目负责人可以使用工作分解结构法来有效规划任务。

（2）工作分解结构法可以直观展示各层级、工作、活动、执行单元之间的关系，方便管理。

（3）工作分解结构法跟金字塔汇报原理相似，都可以清晰说明目标执行进度和执行单元与目标之间的关系，简单高效。

【案例分享：印度孟买饭盒快递员的BEM绩效改进逻辑】

印度孟买有一群送餐快递人（饭盒快递员），他们的工作是中午将刚做好的午餐饭盒从上班族的家中（孟买北部郊区）运往他们工作地点（南部商业中心），下午又将空饭盒带回到客户家中。饭盒快递员有5 000多人，饭盒快递员群体每天配送大约20万份午餐，年收益高达1.8亿卢比，投递错误率仅为八百万分之一，创造了全球最佳时间管理的吉尼斯世界纪录。

一定有不少人会对这个高效的物流系统感到好奇吧。让我们梳理这个高绩效商业系统运作模式。

1. 商业模式背景

印度各种族间饮食习惯相差甚远，再加上商业区的食物比较贵，上班族习惯于在公司吃家里做的饭。印度人的食物一般在吃之前不会混合，需要4~5层的饭盒分层装。比如分层装咖喱、蔬菜、扁豆菜、小面包干。对于孟买的上班族带着很大的饭盒穿梭于几十千米的城郊和市中心就比较麻烦，而每月只需支付低廉的服务费（150~300卢比）给饭盒快递员，每天就可以吃到自己的妻子或妈妈现做的午餐。

2. 环境因素

（1）数据信息和反馈。简明统一且人人共识的总目标：饭盒快递员每天从20万客户家里将午餐盒在12：30前准时送到客户工作的地点。

（2）资源方面。①便捷的轨道交通，孟买城郊铁路系统全长303千米把孟买的主要地区全部串连起来，使饭盒快递员能够以各个火车站为餐盒集散地，对地区形成辐射；②数量大且优质的客户资源，孟买拥有1 500万人口是上班族最集中的地方，由于市区房价居高不下，即便是中产阶级也大多住在市郊，中午无法回家吃饭；③严格要求订餐者守信用，在收取餐盒时造成连续三次等待会被列入黑名单，从源头消除低效因素。

（3）流程方面。①三层扁平化管理结构：委员会成员、小组长和饭盒快递员；②自带步骤目标的编码系统，在餐盒上手写带颜色的字母和数字，编码包含了每个步骤对应的地点、小组和饭盒快递员的信息，以图6-4左边第一个圆中的编码为例，E代表收取餐盒的街区，同时对应了负责收取餐盒的饭盒快递员编号，VP代表送餐出发的火车站，中间的3代表目的地火车站，9代表最后一步运送的饭盒快递员，AI代表目的地建筑物，12代表楼层，两种颜色代表出发地和目的地不同的小组。这种独一无二的编码系统，实现了每个步骤的"人单地三合一"。③流程设计统一清晰，整个过程就是70千米路程中收集、分拣重组和交付的流程，每25~30个人编成一组，每个餐盒会有五名饭盒快递员经手，如图6-5所示。

第六章 激水漂石：绩效改进 149

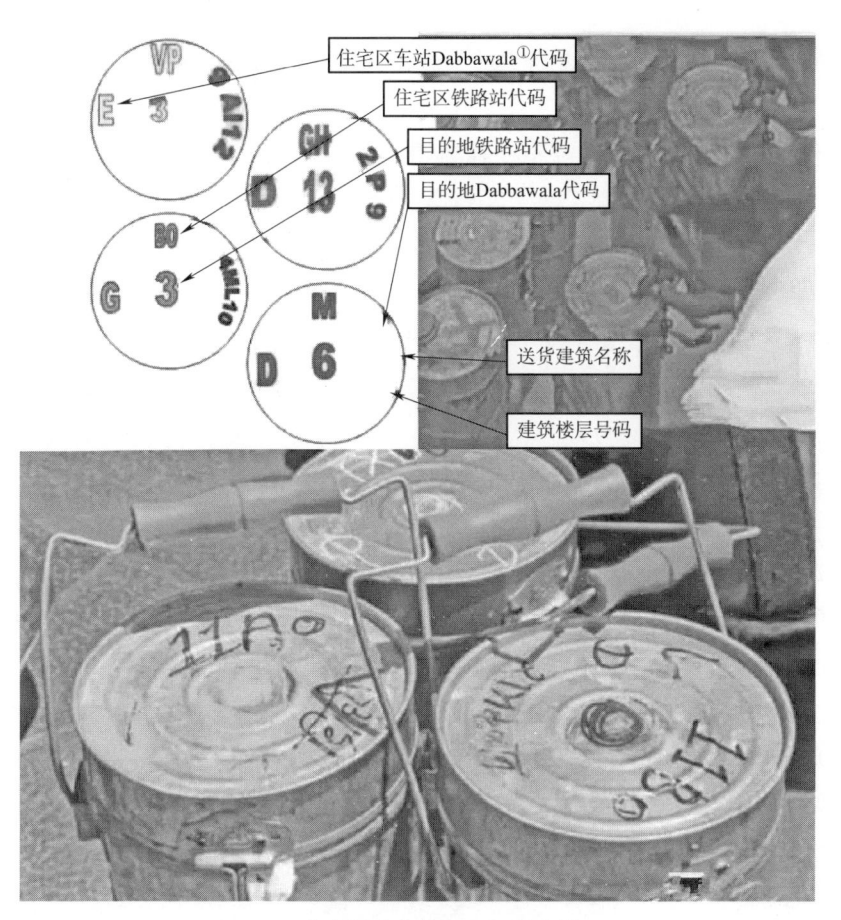

住宅区车站Dabbawala①代码
住宅区铁路站代码
目的地铁路站代码
目的地Dabbawala代码
送货建筑名称
建筑楼层号码

图6-4 印度饭盒上的字母和数字编码

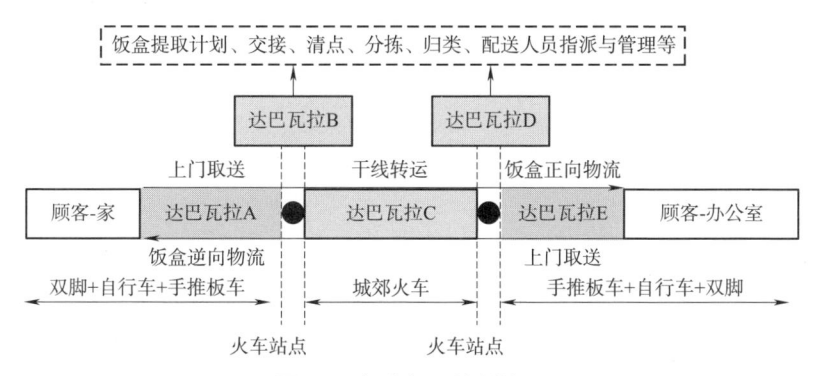

饭盒提取计划、交接、清点、分拣、归类、配送人员指派与管理等

达巴瓦拉B　　达巴瓦拉D

　　　上门取送　　　干线转运　　　饭盒正向物流
顾客-家　达巴瓦拉A●达巴瓦拉C●达巴瓦拉E　顾客-办公室
　　　饭盒逆向物流　　　　　　　　上门取送
双脚+自行车+手推板车　城郊火车　手推板车+自行车+双脚
　　　　　　　火车站点　　火车站点

图6-5 饭盒提取计划流程

① 印度的一种送餐服务名称。

虽然每个饭盒快递员参与整个过程，但每个饭盒快递员在每个子过程中的任务固定、路线固定，使得每个饭盒快递员对所负责的小区域和交通非常熟悉，并且在每个环节中，每个小组都有后备人员，应付偶尔的延误或差错的发生。

（4）工具方面。使用便捷廉价的运输工具，除轨道交通外，饭盒快递员可以骑自行车、推手推板车穿梭于住宅区收取餐盒，在商业中心，可以使用头顶木条箱运输重达60千克的餐盒穿梭于拥挤的街道，木条箱是一个两米长、半米宽的木板架，板架边缘套着一圈"铁栅栏"。

3. 后果、激励和奖励

（1）每个饭盒快递员都是股东，享有分红的权利。饭盒快递员在加入协会时交纳一定的资本金，最低投资要求是辆自行车、一个木条箱、一套白色传统服装和一顶标志性的帽子，这几项约合5 000卢比（500多元人民币）。每个小组成员按月平均分配收入，月收入约12 000卢比，收入是普通农民的3倍。员工在生病时，组织会伸出援手；如果出现财务危机，也可以跟组织借钱。

（2）受到尊重和信任。饭盒快递员的好名声会带来一些社会福利。比如，孩子可以获得一定的奖学金等。

（3）要求严格遵守纪律。组织对每个饭盒快递员都有严格的纪律要求。比如，上班时间喝酒会被罚款，无故旷工会被罚款，迟到、行为举止不友善会被罚款，忘记戴帽子也会被罚款。

4. 个体因素

（1）知识技能。①每个饭盒快递员都需要牢记"通信协议"；②熟悉负责小区域的交通，熟悉区域内多条线路，能应对各种突如其来的交通拥堵问题。

（2）天赋潜能。①饭盒快递员的教育程度很低，即使给他们配备联网智能手机也不会用，只需要认识最基本数字和字母就可以了；②身体健康，行动敏捷是基本素质要求。

（3）态度动机。饭盒快递员基本上来自孟买附近普纳地区的同一种姓，他们有一致文化背景和信仰，属于同一个种姓阶层，坚信给人送食物会带来好报。

随着网络订餐的流行，饭盒快递员开始与孟买市内餐厅和订餐网站展开合作，化身"外卖骑士"上门送餐。

第四节　OKR 促进绩效改进

苏州有一家发展迅速的快速消费品公司，总经理王某到上海参加了OKR敏捷绩效管理培训，回到公司就立即组织会议向各部门管理者宣讲做OKR对绩效改进的好处，并宣布即日起公司将全面开展OKR，试行期为半年。如果效果良好，将用OKR替代KPI对组织和员工进行绩效考核。人力资源部经理刘某承诺将全力推动OKR，积极辅导各部门管理者制订各类工作计划，落实OKR晨会、周会、月会、季会、复盘会、评估会等工作。但试行期半年已过，业绩没有提升多少，反而是管理者和员工之间相互掣肘的较多。大家认为做OKR除了增加大家的工作量，没有起到多大作用，还是KPI绩效考核机制简单有效，这也是许多企业在推行OKR过程中所遇到的问题与困惑。后来，刘经理找到我说，当前推行OKR面临巨大压力，应如何做才能成功？经过沟通后发现，该公司在引进OKR时生搬硬套，犯了教条主义的错误。

本土企业要成功推行OKR，需要结合企业文化和实际经营管理情况来做，初期可以采用KPI与OKR并行操作模式：一是继续维持现有的员工KPI绩效考核方案，让大家获得基本奖金；二是推出员工实现高挑战目标且产生贡献时就能够获得高收益的OKR考评方案，引导大家都有做OKR的意愿，才会成功。

一、OKR 的概念

OKR是指通过明确企业和团队的目标，以及明确每个目标达成可衡量的关键结果，使企业更好地聚焦战略目标、集中配置资源的管理方法。

二、OKR 的设定

1. 目标的设定

OKR中的O表示目标，KR表示关键结果。目标回答要做什么或不做什么的问题，有挑战的战略目标能激发团队的斗志，明确的关键结果让大家觉得这不是空谈。制定目标的关键因素包括：

（1）目标的优先级。如果所有事情都同等重要，就意味着它们也同等不重要。

在判断重要目标时，可以借助二八法则，即80%的价值是由20%的要素创造的。比如，一个组织中有约20%的人创造了约80%的价值，另外约80%的人创造了约20%的价值。只要识别出这类重要目标，就相当于抓住了问题的关键与核心，聚焦了工作的价值，事半功倍。

（2）目标的类别。OKR发扬"我承诺、我做到"的精神，鼓励团队与个人发挥主观能动性去实现挑战型目标。一般来说，挑战型目标都是有难度的。起初可以给OKR设定一个5/10的信心指数，这表示有50%的把握达成目标；1/10表示这个目标一点希望都没有；10/10表示这个目标百分之百能搞定，意味着这个目标设定得太低了。

（3）目标设定的原则。制定目标时要遵循SMART原则，要设立有野心的、有挑战的和让员工有压力的目标，通过沟通让大家都能够准确理解目标，把资源和时间聚焦在重要事情上。

（4）企业级目标的设定。企业级目标是决策层向员工宣讲即将要做的重要事情，比如开拓新业务领域还是深耕现有领土，可以采取群策群力的目标分解研讨会方式，在目标分解会议中，一定要引导各部门职能对这些源头目标的驱动力进行对接，不要把一些与部门职能毫不相关的，无任何驱动力的目标对接到该部门去。

（5）部门（或团队）目标的设定。从企业与上级的角度来看，部门运作的最终目的就是为了确保企业目标的实现。部门负责人需要思考为了实现企业的目标我要做什么？紧急而重要的事情是什么？如何做才能实现企业目标的纵向分解与横向协同？横向协同分析是指从其他部门对该部门的期望来设置目标。比如生产部门、研发部门、财务部门对营销部门的期望是：生产部门期望营销部门的销售预测更加准确；研发部门期望营销部门的有效信息反馈更加准确与及时；财务部门可能关注应收账款的周转速度，关注赊销账款的安全性等。

（6）员工目标的设定。在部门目标设定之后，需要将部门目标进行分解到各岗位，各岗位员工根据部门目标设定自己的目标，并思考要改变什么？挑战什么？为什么要这样做？建议员工与部门主管进行沟通后设定目标。

2. 关键结果的设定

关键结果可以理解为要达到目标的实现路径是什么？如何进行衡量？为了完成这个目标我们必须做什么？关键结果的设定要基于价值而不是基于任务或方法，要时刻牢记"我的工作能给团队、企业带来什么价值，做出什么贡献"。关键结果的设定需要具备以下特点：

（1）必须是能直接实现目标的。

（2）必须具有进取心、敢创新的，可以不是常规的。

（3）必须是以产出或者结果为基础的、可衡量的，设定评分标准。

（4）必须是和时间相联系的。

（5）数量不能太多，一般OKR不超过5个，每个O对应的KR应是2~5个。

不可被衡量或不可验证的OKR会失去价值和意义，关键结果设定也必须是上级领导与员工直接充分沟通后的共识。通常情况下，目标不能调整，但方法可以不断完善。

3. 明确目标与关键成果的对应关系的5W1H

企业要落实目标（O）对应的关键成果（KRS），可以采用5W1H（即what何事、why何因、where何地、when何时、who何人、how怎么做）法思考。

What：这是什么目标？达到这个目标需要完成什么样的工作？这些工作的重要性如何？优先顺序是什么？需要做到什么程度才符合标准？

Why：为什么要实现这个目标？为什么想到这个目标可以对应这些关键成果？为什么完成这些关键成果能够实现目标？

Where：对应的这些关键成果可以从哪些方面支持目标？准备从哪些方面开展工作实施这些关键成果？如何有效实施这些关键成果？

When：准备什么时候开始采取行动？什么时间完成这些关键成果？完成这些关键成果需要多久？

Who：由谁来负责实施这些关键成果？由谁对这些关键成果承担主要责任？如果最终这些关键成果不能完成，应该追究哪些人的责任？

How：这些关键成果应当如何实施？哪些方法有助于这些关键成果有效实施？采取什么行动能够对完成这些关键成果起到事半功倍的效果？

经过5W1H法分析之后的OKR，目标与对应的关键成果会更加清晰明了，容易实现管理目的。

下面举例说明OKR的分解与设定，某公司在全国开设店铺超过100家，设定两个目标：店铺数量增加20%，盈利增加10%，见表6-9。

表 6-9　OKR 分解设定表

项目	内容	权重	完成标准	完成期限
公司 OKR	O1：将店铺数量增加 20%			
	KR1：在 3 月之前选择 40 个新的候选加盟商			
	KR2：在 6 月之前完成其中 30 场培训			
	KR3：在 9 月之前与其中的 25 个客户签订合同			
	KR4：在 12 月之前开设 20 家店铺			
人力资源团队 OKR	O1：在 3 月之前选择 40 个新的候选加盟商			
	KR1：1 月之前收到 500 份简历			
	KR2：2 月选择 60 名面试候选人			
	KR3：3 月前选择 40 名候选者			
培训团队 OKR	O1：在 6 月之前完成其中 30 场培训			
	KR1：3 月之前开发新教材和演示文档			
	KR2：5 月之前进行为期一个月的培训课程			
	KR3：6 月之前完成课程的至少有 30 人			
法务团队 OKR	O1：在 9 月之前与其中的 25 个客户签订合同			
	KR1：7 月收集文件、登记信息			
	KR2：8 月草拟合同			
	KR3：9 月签订至少 25 份合同			
运营团队 OKR	O1：在 12 月之前开设 20 家店铺			
	KR1：协助 25 个加盟商在 9 月之前选择业务点			
	KR2：10 月购买材料并开始翻新			
	KR3：在 12 月之前（圣诞节前）开设至少 20 家新店			
公司 OKR	O2：盈利增加 10%			
	KR1：实施供应商招标系统，采购成本降低 10%			
	KR2：将配送车队外包给店铺，物流成本降低 25%			
	KR3：按计划开展季节性促销活动，收入同比增长 50%			

续上表

项　目	内　容	权重	完成标准	完成期限
信息技术团队 OKR	O1：实施供应商注册招标系统，采购成本降低10%			
	KR1：3月前制定新制度			
	KR2：4月进行测试和集成			
	KR3：6月底前推出新的招标系统			
物流团队 OKR	O1：将配送车队外包给商店并降低成本25%			
	KR1：2月之前出售现有的车队			
	KR2：3月寻找供应商和报价			
	KR3：3月份实施外包			
营销团队 OKR	O1：按计划开展季节性促销活动，收入同比增长50%			
	KR1：1月前制定方案并提交			
	KR2：3月前完成方案分析			
	KR3：在上述节日开展活动			

从表6-9中我们可以了解到OKR是如何从公司层级分解到部门级，公司的KR可能成为部门的O，部门的KR可以成为岗位的O；所有层级的目标应保持一致与对齐，这是OKR最为关键的一个要素。

4. OKR实施周期

企业可根据实际情况设立OKR敏捷绩效管理的实施周期。比如，字节跳动以双月设立OKR敏捷绩效管理的实施周期；华为、英特尔、谷歌等则以季度设立OKR敏捷绩效管理的实施周期。在季度周期中，企业和团队会设定每个季度的目标，并制定关键结果来衡量目标的实现情况，在每一个季度末，会进行评估和回顾，然后制定下一个季度的OKR。也有个别企业关注稳定性，以半年为周期做OKR。

三、OKR 的操作流程

一个完整的OKR周期包含OKR的制定、跟进、复盘与打分三个阶段。

1. OKR的制定

在华为等知名企业中，OKR的体系中通常分为四个模块：企业、团队、部门、个人。主要内容包括：企业OKR是指企业核心发展战略目标及关键结果；团队OKR是指企业各服务/产品线目标及关键结果；部门OKR是指企业各部门目标及关键结果；个人OKR是指企业员工目标及关键结果。为了保证团队目标一致，经过大家在OKR共识会上的充分讨论，保证所有成员向着同一个目标前进，所有层级的目标应保持一致与对齐至关重要。

【案例分享：OKR评价强调目标一定要有挑战性】

OKR评价强调目标一定要有挑战性，将评分范围控制在0～1分，分为四个档级，分别是：

（1）1.0分。百分之百完成目标，取得了极其卓越，几乎不可能实现的成果。

（2）0.7分。虽然没有完成目标，但是付出了极大的努力，取得了关键成果，理想的OKR得分为0.6～0.7。

（3）0.3分。没有完成目标，取得了通过常规努力就能够实现的成果。

（4）0.0分。没有完成目标，也没有取得任何成果。

如果多数OKR得分在0.9以上，很可能说明目标设置得过于简单；如果多数得分在0.4以下，则说明目标设置得过高，或者目标定位错误，将本不属于重要和核心的领域当作工作重点；得分在0.6～0.7是比较理想的，这说明在正确的方向上取得了不错的结果，这说明以100%的努力达成很难实现的目标，是最理想的OKR。

2. OKR的跟进

持续的追踪反馈对OKR的成功实施至关重要，在企业的内外部环境发生变化时，团队要定期检查目标的完成进度，及时沟通并调整方向。

3. OKR的复盘与打分

在每个OKR周期将要结束时，团队和个人需要对OKR的完成情况进行复盘并打分。打分时通常要参照三个标准，即目标完成程度、目标挑战性和个人努力程度。

四、OKR 的成果考评

管理奉行七个凡是："凡是工作，必有目标；凡是目标，必有计划；凡是计划，必有执行；凡是执行，必有检查；凡是检查，必有结果；凡是结果，必有责任；凡是责任，必有奖惩"的原则，对OKR实施的阶段性成果进行考评是应该的。谷歌的方法是OKR+peer reviews（同伴评审）模式，类似于360°评估反馈的概念，对员工表现出的任务绩效与周边绩效进行评价和反馈。谷歌绩效评价步骤如下：

（1）员工自评。要求员工填写一个绩效周期内的主要工作内容、承担的角色、工作成果、能力提升情况、待改进事项等。

（2）同伴评审。员工邀请上下级单位同事、合作伙伴或其他协作团队成员对工作重要性、表现与成果、待改进事项等方面提出反馈建议。

（3）上级领导初评。上级领导根据该员工在本期的绩效表现，结合员工自评与同伴评审意见及客观环境等因素，对员工进行评分。

（4）绩效校准。参与初评打分的管理者组成校准委员会，向彼此阐明自己的打分理由，通过此种方式消除偏见，确保评分的公正性。

（5）绩效面谈。管理者将绩效评价结果向员工进行反馈，同时提供必要的辅导，帮助员工不断改进绩效表现。

许多企业在推行OKR的过程中，套用谷歌评价方式，采用员工述职与360°反馈评估等方式。为了做好OKR需要提前准备大量的资料，从而导致工作量非常大，甚至影响了正常工作，产生了抵触情绪，这是导致OKR失败的主要原因之一。

五、基于绩效改进的高难度挑战与高收益的 OKR

1. OKR 的推行思路

公司在OKR推展的初期，为了确保OKR实施成功，既要守正（KPI基础目标），也要出奇（OKR高难度挑战目标），鼓励员工挑战基于绩效改进的高难度挑战目标。当员工完成高难度挑战目标且产生高收益时，应给予员工高额奖励，通过利益互绑，实现上下同欲，这是推行OKR成功的关键。为了方便大家理解，我创新性地设计了KPI与OKR的相互兼容操作示意图，如图6-6所示。

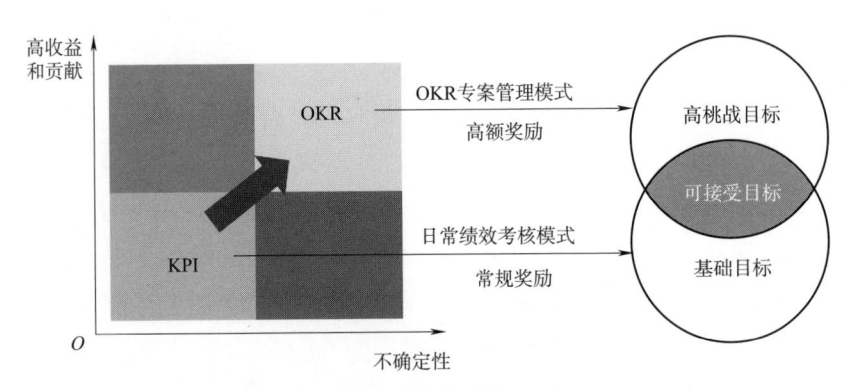

图6-6　KPI与OKR的相互兼容性操作意图

说明如下：

（1）常规或可接受的KPI目标，纳入组织或员工的月度、季度或年度绩效考核范围。

（2）高挑战目标需要挑出来，纳入OKR专案管理，鼓励各部门负责人将精力聚焦在业绩突破、技术创新、市场机会把握等方面，当实现目标产生高收益或高贡献时，要给予高奖励，鼓励大家多创造价值多做贡献，让要大家有推行OKR的意愿。

（3）绩效改善通常以差距分析开始，又以弥补差距结束，差距改善包括业务差距与机会差距两种。业务差距是指业绩现状与高挑战目标之间差距。对于量化的业绩差距改善指标或项目，通常采用比学赶帮超的"赛马不相马"指标竞赛机制，简单高效。机会差距是指现有经营结果和新业务设计所能带来的经营结果之间差距。这是指过去错失的机会差距，体现的是能够获得好处或利益的多少或概率。可以成立跨部门项目改善小组，运用脑力激荡法等突破性思维，从价值链上的各环节找到解决问题的办法，比如，从技术创新、产品创新、商业模式创新等角度寻找解决方案，合力攻关。

2. OKR推行的成功案例

某公司是一家发展迅速的民营企业，老板指派人力资源部的刘经理全面负责公司OKR工作。刘经理根据公司的年度经营计划书，结合财务预算，明确了公司级、部门级的关键绩效指标KPI。经过总经理办公会审议，选取提高公司营业利润作为绩效改进指标，纳入本阶段OKR运作。项目操作步骤如下：

第一步，制定目标（O）与关键成果（KR）。

OKR目标分解表，见表6-10。

表 6-10 OKR 目标分解表（示例）

层级	目标（O）	关键成果（KR）	责任单位
公司	目标一（O1）	提高公司营业利润	公司
	关键成果（KR1）	销售额提高 50%	—
	关键成果（KR2）	促销费用率降 2%	—
	关键成果（KR3）	运费降低 1%	—
	关键成果（KR4）	职能部门降低管理费用 3%	—
江苏分公司	目标一（O1）	提高分公司营业利润	—
	关键成果（KR1）	销售额提高 ××%	销售部
	关键成果（KR2）	促销费用率降 ××%	市场部
	关键成果（KR3）	运费降低 ××%	物流部
	关键成果（KR4）	职能部门降低管理费用 ××%	人力资源部、相关部门
浙江分公司	目标一（O1）	提高分公司营业利润	—
	关键成果（KR1）	销售额提高 ××%	销售部
	关键成果（KR2）	促销费用率降 ××%	市场部
	关键成果（KR3）	运费降低 ××%	物流部
	关键成果（KR4）	职能部门降低管理费用 ××%	人力资源部、相关部门
其他	目标一（O1）	提高分公司营业利润	—
	关键成果（KR1）	销售额提高 ××%	销售部
	关键成果（KR2）	促销费用率降 ××%	市场部
	关键成果（KR3）	运费降低 ××%	物流部
	关键成果（KR4）	职能部门降低管理费用 ××%	人力资源部、相关部门

第二步，测算目标达成后的经济效益增量。

业绩现状：营业收入10亿元；营业利润率15%。

挑战目标：营业收入15亿元；营业利润率18%。

实现挑战目标之后带来的效益贡献：15亿元×18%-10亿元×15%=1.2亿元。

第三步，测算经济效益增量带来的总奖金。

假设团队实现挑战目标之后带来的效益贡献提取5%作为增量贡献奖金，即600万元（1.2亿元×5%）。

一般情况下，公司可以根据挑战目标的完成情况，设立不同的奖金率等级。

【知识拓展：双赢博弈】

为了让大家解放思想，了解做好OKR对企业与自己的贡献，在这里运用简易的博弈论解释一下做OKR对这家公司双方的好处。

（1）公司做OKR，未来效益贡献1.2亿元，促成整体业绩高增长。

（2）团队做OKR，未来额外奖金600万元，且绩效奖金高增长。

（3）公司不做OKR，未来效益贡献低于1.2亿元，业绩常规增长。

（4）团队不做OKR，未来额外奖金0万元，只有基本绩效奖金。

经过量化分析，公司和员工做OKR能够获得的收益最大，也是双方的最佳选择。

第四步，团队贡献奖金的初步分配方案。

由财务管理部核算业务部门、各职能服务部门对该OKR的贡献度，拟定团队贡献奖金的初步分配方案，见表6-11。

第五步，OKR实施过程中的赛马制。

公司设立的各项竞赛排名，既涉及管理者的"面子"，又涉及员工的"银子"。因此，大家都非常重视。

表6-11　OKR团队贡献奖金的初步分配表（示例）

部　　门	提高公司营业利润	奖金率	备　　注
销售部	销售额提高50%	50%	1. 奖金率的多少应根据贡献度、员工数量等因素设立。 2. 相关OKR负责人可以上交一定比率的承诺金，在该OKR结束后，返还比率根据业绩表现处理，有利于牵引OKR达标
市场部	促销费用率降低5%	10%	
物流部	运费降低2%	5%	
人力资源部	降低管理费用1%	2%	
其他职能服务部门	降低管理费用3%	8%	
预留奖金率	—	25%	1. 在项目结束后，成果维持则核发，绩效倒退则取消预留奖金； 2. 对该OKR有贡献者，可得部分奖项等
合　　计	—	100%	—

各一级负责人了解OKR奖金分配方案之后，在部门内部制定赛马制指标竞赛方案，以月度、季度或半年度为单位举办"赛马大会"，通过团队竞赛把大家的目标成果和贡献放在一起晒晒，让大家一看就清楚你所在的位置。

根据参赛者的综合考评得分来确定排名顺序，发放奖金：

一等奖×××元、二等奖×××元、三等奖×××元、参与奖×××元，以及荣誉证书。

员工不但要努力完成目标，还要比别人做得更好，才有资格获得更多的奖金和更高的荣誉。当大家都清楚了做OKR有奖金、有荣誉等好处，才会自愿推动OKR。

通过赛马制能够解决OKR推行过程中的员工认为开会多、资料多等问题，实现员工完成高挑战目标就能够获得高收益的"双赢博弈"格局，对于选拔人才，提升企业竞争力起到了巨大的促进作用。

第六步，阶段性OKR成功经验总结。

（1）回顾目标。当初的目的或期望是什么。

（2）评估结果。和原定目标相比有哪些亮点和不足。

（3）分析过程找原因。事情成功和失败的根本原因，包括主观和客观两个方面原因。

（4）总结经验。输出可复制的方案或改革措施，对各举措进行创新、继续或叫停。

（5）资料备案。每个阶段的OKR成功经验总结资料需要经过负责人签字确认后，递交人力资源部门备案。

OKR成功经验总结是一种非常重要的团队学习机制，通过深度剖析，让团队成员能够从不同的项目复盘中相互学习经验知识，激发集体智慧，提高整体的技能与效率。

第五节　积分制推动绩效改进

柳州有一家制造型企业采用计件方式计算员工的工资。只要发生产品质量欠佳的问题，管理者喜欢用批评的方式教育员工。虽然这种方式在很多时候是管用的，但有时候会出现一些员工在接受批评之后，容易产生紧张感、焦虑感、挫折感，甚至产生逆反心理而消极怠工的情况。为了改善这种情况，企业每月采用相互认可的全方位绩效改进的积分制，即"计件制+积分制"循环考评模式，鼓励员工在生产的同时也要加强产品质量意识。这是在计件考核的基础上，对产品质量的合格率按等级奖励积分：产品质量被评为A级奖励积分1分/件；产品被评为B级奖励0.5分/件；产品被评为C级没有奖励积分。在每月结束后，企业拿出当期净利润的2%作为质量改善积分奖，80%奖励给员工个人，20%奖励给上级管理者，按考核周期循环进行。通过大家的共同努力，既提高了产品质量，又降低了产品成本，团队氛围也得到不断改善。

随着"90后""00后"员工开始登上组织舞台，逐步成为职场的主力军，很多传统的管理模式，尤其是那种生硬、刻板的管理方式难以激励员工，脱颖而出的是"有趣、有益、公正、透明、关注日常过程"的管理方式，从过去管控式转向相互理解与认可、赏识型绩效管理方式转变。在此背景下，具有娱乐性、便捷性、易操作性、通用性的积分制管理模式，越来越被管理者推崇。

一、积分制的概念

积分制管理是指把积分制度用于对员工的管理，以积分来衡量员工的自我价值，反映和考核员工的综合表现，然后再把各种福利待遇与积分挂钩，并向高分员工倾斜，从而达到全方位激励员工的积极性之目的。

二、员工获得积分的来源

员工通过努力获得积分的项目，包括经济贡献、能力提升、人才培养、业绩奖励、遵章守纪等内容。

1. 经济贡献加分

（1）在财务、采购、物流、成本管理控制、缴纳税金、税收优惠政策、项目资金的争取等方面为企业直接超额创造额外的经济效益的，按创造效益总额进行奖励。创造效益以1万元为单位，每万元奖分；非本职岗位的干部或员工的奖励加倍。

（2）员工为企业"开源节流"提出合理化建议并被企业采纳。比如，房租、水电气的节约；物品采购、设施设备的使用、维修、更新公车的保养使用；电话通信费用节省等。对于不可量化但直接产生的经济效益，一经采纳，奖分。

（3）非从事营销工作的员工积极利用自己的社会关系资源和渠道为企业拿到合同或订单的，在享受企业的奖励政策的同时，创造效益以一万元为单位，每万元奖分。

（4）员工提出合理化或金点子建议，为企业节约人财物、管理费用效益明显的，不可量化的一次奖励分，可量化的按创造效益以一万元为单位，每万元奖分，累计计算。

（5）其他经济贡献或成果，酌情奖励。

2. 能力水平提升加分

（1）在企业内部组织各种比赛中获得表彰的，奖分；参加政府及社会各界组织的各种比赛中获得表彰的，奖分。

（2）接受企业领导交办的突发性工作，属于非职责范围内的奖分，重大事情另议重奖。

（3）取得企业认可的国内外专业技术职称各级证书，一次性奖励分；专业技术职称证书和企业的工作有关联的一次性奖分。

（4）学历水平提升方面，高升专一次性奖分；专升本一次性奖分；本升硕一次性奖分；硕升博一次性奖分。

（5）其他应奖项目，酌情奖励。

3. 人才培养加分

（1）员工为企业推荐人才，被推荐人被企业录取工作时间满一年以后的当月，根据被推荐人定级，按以下规定加分：普通员工奖分，基层主管奖分，经理级奖分，总监级奖分，副总经理级奖分，总经理奖分。

（2）相关主管的直接下属得到晋升，按以下规定加分：员工晋升为主管其直接上级加分；主管为晋升经理其直接上级加分；经理晋升为总监其直接上级加分；总监晋升为副总其直接上级加分；副总晋升为总经理其直接上级加分。

（3）员工推荐培训资源的，经企业采纳奖分。推荐免费培训资源，经企业采纳奖分。

（4）其他有关应奖项目，酌情奖励。

4. 业绩奖励加分

（1）嘉奖：员工有下列事件之一者给予嘉奖并通报，每次奖分。①对顾客服务热情，服务品质高，被客户书面表扬的；②创造出优异成绩者；③团队合作意识强，帮助其他部门完成工作，得到其他部门的称许；④其他各单位主要领导认为足以奖励的。

（2）员工有下列事件之一者予以通报表扬，每次奖分。①检举揭发侵害企业利益的行为，为企业挽回形象和损失者；②维护企业安全，积极采取措施排除险情，确有实效者；③在企业的重大活动过程中表现突出者；④获评年度优秀员工。

（3）员工有下列事件之一者予以记功一次，每次奖分。①遇有灾变或意外事故，奋不顾身，不避危难，极力抢救并减少企业损失者；②创建特殊功绩，在社会上产生良好影响的。

（4）员工有下列事件之一者予以记大功，每次奖分。①承担巨大风险，挽救公司财产，表现更为突出者；②因见义勇为或其他原因受到外部机构或个人电话、电邮、书面、锦旗表扬；③对扩大公司荣誉、塑造企业形象方面有重大贡献的；④合理化建议在应用中取得重大效果者。

（5）其他应奖项目，酌情奖励。

5.遵章守纪加分

（1）员工推陈出新提出关于岗位职责、激励政策、工作流程、工作纪律规定等合理化建议，行之有效的，对现行制度或政策每修改一条奖分；每出台一项新制度或政策奖分。

（2）下级举报非直接上级的违规违纪行为被查实后，每次奖分；除此以外，公司另对违规违纪者的处罚分数奖励给举报者。

（3）其他应奖项目，酌情奖励。

三、积分信息化管理

在每个月都要定期计算与及时公布所有员工的积分，这说起来容易，做起来烦杂，需要借助信息化平台来解决这类问题。可以采用两种方式：一是直接在外部引进商业智能软件，比如微认可、群艺积分、点赞积分、天天云积分、掌上e积分、花蜜积分等；二是在公司内部由积分负责人与信息技术部门合作自行开发积分信息化平台，替代Excel手工操作。由人力资源部负责企业所有员工的积分账号管理，员工可以根据管理权限，登录积分信息化平台，查看和领取奖励。

四、积分制奖金预算与运用

1. 积分制奖金预算

积分奖金总额预算：一是奖金池总额预算中预留一定比例的奖金；二是本年度净利润同比增长额中提取一定比例的奖金。比如本年度公司净利润比去年增长了1亿元，提取5%作为积分制奖金，即总奖金预算为500万元。

在本年度净利润高于预期的情况下，可以调高奖金总额或向有积分的员工提供团队活动基金等。

2. 积分制奖金分配

如果本年度所有员工的总积分为100万分，积分制预算总奖金预算为500万元，则每个积分基准点数就是5元/分（500万元÷100万分积分），某员工总积分为200分，得到的积分奖金为1 000元（200分×5元/分）。

3. 积分制在其他方面的运用

积分制在其他方面的运用包括带薪旅游、参与分红、兑换办公用品、日常用品等。

【案例分享：激励员工持续取得高绩效的积分制】

G公司是一家快速消费品制造型企业，奉行"胸怀凌云志、力创高绩效"运动健将精神。为了鼓励员工发扬积极向上、敢于拼搏的运动员精神，公司把积分制作为激励员工持续取得高绩效的一种重要手段，鼓励大家在工作中不断取得优秀成绩、获取更多积分、得到更多奖励，走向更高更广的职业发展平台。

1. 积分奖励项目的设置

公司从绩效考核、指标竞赛、经验交流、荣誉嘉奖、专案改善等方面设立了员工的积分奖励项目，见表6-12。

2. 积分奖励的时间段

公司每半年实施一次员工积分奖励，由人力资源部的积分管理员统计本阶段所有员工的总积分数，上报总经理办公会审核，经总经理审批后，公布每个员工的积分数，举办员工积分表彰大会予以奖励，总积分排名在10%以内的副经理级（含）以下的基层管理者与员工薪资直接上浮一级。

3. 积分奖金的计算

公司上半年所有员工的总积分为20万分；奖金预算总额为200万元，则单位积分的基准奖金额为10元/分（200万元÷20万分）。员工张某在上半年的总积分为200分，则积分总奖金为2 000元（200分×10元/分）。

积分制管理是回归人性化管理的一种手段，能够帮助企业完善激励制度，提升员工的绩效水平，提高整体核心竞争力。

表6-12 员工的积分奖励项目表（示例）

序号	项目		积分奖励				备注
			第一名	第二名	第三名	其他	
1	绩效考核	月度绩效考核	3	2	1.5	1	1. 获得积分人数：员工排名为前30%； 2. 员工的积分提报：由部门最高负责人确定员工的排名，签字确认后提报； 3. 同一时间段考核，积分不重复计算，但积分从高办理；
2		季度考核	3.5	3	2.5	2	
3		半年度考核	4.5	—	3.5	3	
4		年度考核	6	5.5	5	4.5	
5	指标竞赛	季度竞赛	4	3	2	—	参加公司级竞赛排名者，均可以获得积分
6		半年度竞赛	5	4	3	—	
7		年度竞赛	6	5	4	3	

续上表

序号	项目		积分奖励				备注
			第一名	第二名	第三名	其他	
8	经验交流	教授方组织者	3	2	1.5	—	组织经验交流与员工帮扶活动，采用问卷调查法进行评价，分梯次计算
9		教授方参与者	2.5	1.5	1	0.5	
10		学习方组织者	3	2	1.5	1	
11		参与学习者	2.5	1.5	1	0.5	得分在95分以上，参考第一名办理；90~95分，参考第二名办理；85~90分，参考第三名办理
12	人事评估	年度综合考评	10	5	3	1	根据规章制度办理
13	人事奖励	公司特别嘉奖	10	5	3	1	大功—10分；小功—5分；嘉奖—3分
14	荣誉嘉奖	外部奖励或荣誉	30	20	10	5	国家级奖项—30分；省级奖项—20分；市级项—10分；其他—5分，相关奖项根据规章制度办理
15	提案奖励	依贡献度计算	财务效益每10万元积分				非量化贡献，按根据公司相关管理制度执行
16	专案改善	依贡献度计算	财务效益每10万元积分				
17	创新积分	依贡献度计算	财务效益每10万元积分				

第六节　EVA推动资本保值增值

自2010年起，国务院国有资产监督管理委员会（以下简称国资委）全面推行EVA（eco-nomic value added，经济增加值）考核以来，处于充分竞争行业和领域的商业类国有企业负责人为了实现做强做优做大的目标，把工作重点放在增强经济活力、放大资本功能、实现国有资本保值增值上；把绩效考核重点放在增加经济效益、提高资本运营效率和提升价值创造能力上。为了适应形势要求，"八仙过海、各显神通"，不同企业采用了不同的财务方法来衡量其经营绩效，包括ROE（return on equity，净资产收益率）、EVA、CFROI（cash flow return on investment，现值现金流量投资报酬率）等。其中，EVA的影响最深远。

一、EVA 的概念

EVA是指一定时期的企业税后营业净利润与投入资本的资金成本的差额。
EVA＝税后净营业利润-资金成本
　　　＝税后净营业利润-投入资本×加权平均资本成本
式中，
税后净营业利润＝营业利润+财务费用+投资收益-EVA税收调整
税后净营业利润＝销售额-运营费用-税收或税后净营业利润＝运营收入×（1-所得税率）
加权平均资本成本＝债务资本成本率×（债务资本市值÷总市值）×（1-税率）+股本资本成本率×（股本资本市值÷总市值）

EVA是全面评价管理者有效使用资本和为企业创造价值的重要指标，只有超过加权资本平均成本的那一部分价值才算绩效增值：经济增加值为正，表明管理者在为企业创造价值；经济增加值为负，表明管理者在损毁企业价值。换言之，人力资本必须创造超过资本平均成本的价值，才算经营绩效。

二、EVA 激励机制

有些企业对管理者的激励不够重视，无论奖金额度是高还是低，都是通过讨价还价的预算来确定。在这种情况下，管理者最强的动机就是制定一个容易完成的预算目标，由于预算奖金额度是有上限的，他们不会超出预算太多，否则会使来年的期望值太高，压力增大。

EVA使管理者从股东角度长远地看待问题，并得到像企业所有者一样的报偿。在EVA奖励制度之下，管理者为自身谋取更多利益的唯一途径就是为股东创造更大的财富。基于EVA的薪酬方案，如图6-7所示。

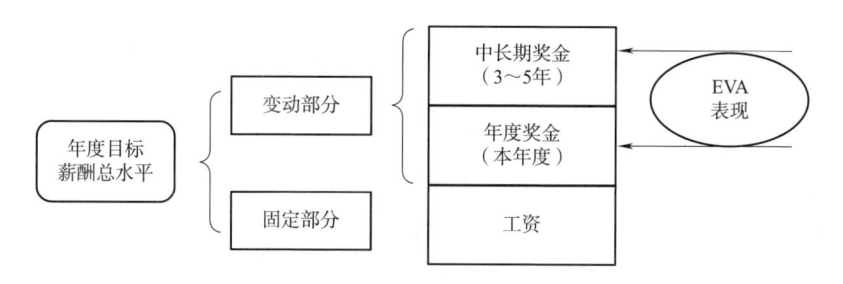

图6-7　基于EVA的薪酬方案示意图

在图6-5中，固定部分（工资）反映了人才市场的竞争性薪酬水平应与在该员工所适用的人才市场上具有类似的学历、经验、知识、技能，以及从事类似职业的人群的大致平均薪资水平；本年度奖金和中长期奖金共同组成EVA资金激励体系的目标资金部分，这两块变动部分薪酬直接与EVA的结果有关。

EVA奖励计划的原理是：按照EVA增加值的一个固定比例来计算管理者的货币奖金，即把EVA增加值的一部分回报给管理者，而且奖金上不封顶，能够产生持续的激励。在EVA奖励制度下，管理者为自身谋取更多利益的唯一途径就是为股东创造更多的财富。这种奖励没有上限，管理者创造的EVA越多，得到的奖励越多，股东所得到的财富也越多，激励制度的基础不是EVA的绝对值，而是EVA的改善值，即只有在EVA持续增长的情况下才能够获得奖金，以促进管理者在进行投资时会考虑到长远利益。

【案例分享：基于财务贡献持续增长的 EVA 考核】

某地级市国资委制定的监管企业负责人经营业绩考核办法中规定，对于主业处于充分竞争行业和领域的商业类企业，以增强国有经济活力、放大国有资本功能、实现国有资本保值增值为重点，年度主要考核企业经济效益、资本运营效率和价值创造能力，设置了人均利润率、归属于母公司所有者的净利润（简称归母净利润）、经济增加值等考核指标。

1. 年度经营业绩考核综合得分

年度经营业绩考核综合得分＝∑考核指标评价得分+奖励加分-考核扣分

式中，人均利润率50分，归母净利润20分，经济增加值20分，其他10分（针对企业功能定位、管理"短板"提升等内容）；涉及奖励加分（荣获科技创新成果奖、完成重大专项任务等）；考核扣分（发生安全与质量责任事故、环境污染责任事故等），根据经营业绩考核办法规定的有关条款操作。

（1）人均利润率。人均利润率是指利润总额与本年平均从业人员人数的比率。计算公式为：

人均利润率＝利润总额÷本年平均从业人员人数

①利润总额的核定：一是企业利润表中的"研发费用"，可予以加回；二是企业为应对重大公共卫生事件、重大自然灾害事件等履行社会责任的费用支出，经国资委核定后，可予以加回。

②人均利润率考核目标值的确定采取分级确定、逐级合并汇总的办法：一是确定监管企业本部和二级子企业人均利润率目标值；二是根据监管企业本部和二级子企业人均利润率目标值，合并计算监管企业利润总额目标值，汇总计算监管企业本年平均从业人员人数；三是根据人均利润率计算公式，确定监管企业人均利润率考核指标目标值。

（2）归母净利润。归母净利润是指经核定的不含少数股东损益的企业合并报表净利润，即：

归母净利润＝利润总额-所得税费用-少数股东损益

（3）经济增加值的定义与计算公式。经济增加值是指经核定的企业税后净营业利润减去资本成本后的余额，即：

经济增加值＝税后净营业利润-资本成本＝税后净营业利润-调整后资本×平均资本成本率

式中，

①税后净营业利润＝净利润+（利息支出+研究开发费用调整项）×（1-____%）

其中，企业通过变卖主业优质资产等取得的非经常性收益在税后净营业利润中全额扣除。

②调整后资本＝平均所有者权益+平均有息负债-平均在建工程

③平均资本成本率＝债权资本成本率×平均有息负债÷（平均有息负债+平均所有者权益）×（1-____%）+股权资本成本率×平均所有者权益÷（平均有息负债+平均所有者权益）

> 注：
>
> 债权资本成本率＝利息支出总额÷平均有息负债
>
> 股权资本成本率原则上定为____%；金融市场环境发生重大变化的情况下，国资委可根据实际情况予以调整；资产负债率在80%以上的企业，平均资本成本率上浮0.5个百分点；资产负债率在15%以下的企业，平均资本成本率下浮0.5个百分点。
>
> 2. 相关会计科目说明（略）
>
> 3. 其他重大调整事项
>
> 对企业经济增加值考核产生重大影响的，酌情予以调整：重大政策变化；严重自然灾害等不可抗力因素；企业重组、上市及会计准则调整等不可比因素；国资委认可的企业结构调整等其他事项。

有些企业在实际工作中，发现EVA系统对非财务信息重视不够。比如不能提供产品、员工、客户以及创新等内部运营方面的非财务信息，为了弥补这块缺点，将EVA指标与BSC相融合创立一种新型的EVA综合计分卡。通过对EVA指标的分解和敏感性分析，找出对EVA影响较大的指标，将其他关键的财务指标和非财务指标与EVA这一企业价值的衡量标准紧密地联系在一起，形成一条贯穿企业经营各层面的因果价值链。此时，EVA就像指南针，其他经营指标应围绕其运行。

第七章
文令齐武：绩效风险管控

【导读】"令之以文，齐之以武，是谓必取。"这是一个深刻变革的时代，如果用一个词来定义当下的时代，这就是所谓的乌卡时代（VUCA），指的是易变、不稳定性、不确定性、复杂性、模糊的共存状态，一切处于实时的未知中，使得企业的生存环境变得更加复杂。在高度不确定的内外部环境中，企业的经营管理计划与实践经常发生背离，从而形成企业管理风险，绩效管理也是如此。"令之以文，齐之以武，是谓必取。"现了文武兼施、德威并重的治军思想，也是企业要做好绩效风险管控的值得借鉴的地方。企业为了有效规避或防范绩效管理风险，应该清楚地认识到风险的来源，建立有效的绩效管理制度、培训机制、信息化建设等配套方案，以规避风险、管控风险，使企业健康成长、行稳致远。

第一节　绩效管理过程中出现的问题点或风险点

绩效管理风险是指在绩效考核实施过程中，由于没有能够正确处理考核体系中各个部分之间的关系，导致考核结果与目标有偏差，给企业管控带来损失的可能性。

一、绩效管理的问题点或风险点梳理

一些企业不重视绩效管理，导致诸多问题和损失发生。"君子不迁怒，不贰过。"在这里梳理了绩效管理过程中可能出现的问题点或风险点及其改善建议，供大家了解，避免重复犯错。

绩效管理过程中出现的问题点或风险点与改善建议表，见表7-1。

表7-1　绩效管理过程中出现的问题点或风险点与改善建议表

序号	项目	问题点或风险点	改善建议
1	战略牵引	各部门管理者根据自己工作任务是自下而上地申报，而不是根据战略自上而下地分解目标，存在绩效目标与企业战略相脱节的风险	通过绩效管理作将公司的战略目标自上而下，层层分解到每个岗位的员工身上，把企业承担的压力转化为各级管理者及普通员工都承担的压力，将组织变成一个有机的整体
2	管理制度	有些管理制度没有经过论证就仓促出台，经常性地朝令夕改，让员工无所适从	1.选择负面典型，抓住问题的实质，引起大家的警觉； 2.树立正面的典型，通过成功范例告诉员工企业的意图，大力鼓励表彰先进，以期改变执行者的意识
3		规章制度本身不合理，缺少针对性和可行性，或过于烦琐不利于执行。比如需要填写的报表过多，影响工作	在设计相关的规章制度时，要思考制度的实用性与有针对性。制定规章制度是为了帮助员工更好更方便地工作，而不是为了约束员工，更不是一种负担
4	管理流程	执行流程烦琐，管理者处理一个文件只需要几分钟，但有的文件需要几个部门审批，耽搁在中间环节的时间却多达几天，影响了工作效率	进行流程再造，缩短非必要部门的中间审批环节，提高作业效率

续上表

序号	项目	问题点或风险点	改善建议
5	角色定位	人力资源管理部门的工作定位比较低，以事务性工作为主，被动地执行工作，对于各岗位需要什么人才也不清楚	根据各岗位类型和级别的不同，分别从关键信息、胜任能力、性格特征、个人喜好、价值观等要素进行分析，设计各岗位的人才画像，规划并储备企业需要的人才。进行人才盘点，落实人才梯队建设
6	部门职责	绩效管理是人力资源部门的事情，这种观念导致了绩效管理的失败或效果不佳	人力资源部门是绩效管理的发起者和执行者，应加强绩效管理培训与辅导，通过高层管理者制定明确的目标和策略，各级管理者的深度参与和配合，使每个员工清楚自己的角色和职责，清楚目标和期望，并为之奋斗
7		岗位职责不明确，导致无人监督或监督方式不对，出现管理真空或重叠等问题，员工做得好与坏没人管	明确部门职责和岗位职责，持续优化工作流程；针对工作任务，设立明确的工作目标和时间节点，定期检查、定期评估，落实奖惩
8	绩效认知	绩效管理等同于绩效考核，只是为了核算和兑现绩效奖金	加强培训辅导，消除对绩效考核存在的观念滞后与本位意识，让员工清楚绩效管理不仅应用于奖金计算、评先选优，还应用于管理沟通、工作指导、培训发展、岗位调整、人岗匹配等方面
9	绩效监督	对绩效管理工作不能始终如一地坚持，虎头蛇尾	绩效管理方案出台时都要加强宣传，引起管理者的高度重视。凡是牵扯到管理者的工作内容，一定要让管理者率先示范，做出表率。各部门管理者是绩效管理实践的主力，一定要带头做好：绩效目标制定和行动方案设计，绩效监控与辅导；搜集数据开展绩效评价的工作；落实绩效面谈与绩效改进等工作
10	绩效指标	缺乏科学的绩效指标体系，绩效指标要么过粗且泛化；要么过细且过多，或盲目追求量化	从战略目标、部门职责、岗位职责、重要工作任务等维度全面衡量确定绩效指标的取舍，同时注意定量指标和定性指标之间的平衡，争取做到能量化的尽量量化，不能量化的尽量细化。比如，管理服务类岗位因工作不便于量化，定性指标的设置也是非常重要的。对于业务类岗位不要单纯地设置量化指标，也可以设立过程类指标
11		认为所有工作任务的考核指标都要量化，给依靠知识、经验和技能等从事职能服务或创造性工作的指标设计带来困难	先对从事职能服务等岗位的工作分析：该岗位属于哪个部门？该岗位主要的工作内容是什么？胜任该岗位需要具备哪些知识和能力？再以分析资料为基础，采用二八法则，根据目标分解法结合实际工作制定该岗位的绩效目标

续上表

序号	项目	问题点或风险点	改善建议
12	绩效指标	设置考核指标时，只考虑本部门的情况，而忽视了与其他部门的横向联系，割裂了部门之间的工作协同	提高管理者的沟通意识，设立目标时应加强部门与部门之间的横向联系，部门内部管理者与员工之间的纵向沟通。相互之间跟进目标达成进度，不再走形式、走过场
13	考核主体	绩效考核主体不明确，有的企业出现老板对公司所有员工，部门经理对部门内部所有员工进行考核，而员工的直接主管只有分配工作任务权而没有考核权	修订绩效管理制度，明确员工的直接主管与间接主管的职责与权限，调整绩效考核权重，原则上直接主管的考核权重要大于间接主管的考核权重，比如60∶40。让管理者有能力有动力对员工的工作进行客观公正的评价
14		过于强调个人考核而忽视团队绩效，容易导致员工之间的竞争或内耗	在进行绩效管理时，注重团队整体绩效的提升，鼓励员工之间的合作与交流，共同实现企业目标
15	绩效工具	盲目追求新潮的绩效管理工具，不断试用KPI、BSC、OKR等，使绩效管理流于形式化，变成了发放绩效奖金的程序而已	任何绩效管理工具都有优缺点，选择使用什么样的绩效管理工具得取决于企业的发展阶段、企业规模以及管理现状和行业特点特性来做，千万不要闭门造车。管理者可以去一些类似企业了解用什么绩效管理工具更有效，合适的才是最好的
16	考核周期	绩效考核频率过高，周期过短，增加了管理者和员工的工作负担，考核敷衍了事	管理需要成本，管理者设定绩效考核周期时要思考员工的工作需要多长时间才能见到效果，通常以月度、季度、年度为一个考核周期。企业初次实行绩效考核时，考核间隔时间可以适当短一些
17	考核周期	绩效考核周期过长，无法及时识别和解决问题	建立合理的绩效评估周期，根据不同岗位和业务需求进行灵活调整，确保员工能够及时了解自己的工作表现，获得必要的反馈和指导
18	绩效反馈	重考核轻反馈，员工不清楚自己工作中的缺点或努力方向	加强沟通技巧培训，使管理者认识到绩效反馈重要性： （1）绩效目标与计划制订阶段，管理者与员工双方沟通并达成共识，这承担着管理者对员工的绩效期望与员工对主管的绩效承诺； （2）绩效实施的阶段，管理者随时与员工保持互动，及时为员工提供完成工作所需的资源与业务支持，排除障碍或阻力； （3）绩效评估阶段，管理者与员工沟通，就员工本阶段业绩目标完成情况达成共识；

续上表

序号	项目	问题点或风险点	改善建议
18	绩效反馈	重考核轻反馈,员工不清楚自己工作中的缺点或努力方向	(4)绩效反馈阶段,双方对本阶段绩效完成情况的理解与看法达成一致。强调如何改进不足并制订提升绩效的计划,对下一个绩效考核周期的目标达成初步共识等。 管理者与员工随时保持沟通和反馈,让员工了解考核的目标、执行状况、考核结果等,既可以激发员工的信心和斗志,又可以使员工的个人绩效与部门绩效相一致,大家共同努力去实现目标
19	绩效评估	绩效评估过于主观	(1)制定明确的绩效指标评估标准,确保评估过程的客观性和公正性; (2)培养评估者的评估技能和意识,避免过于主观的偏见和影响
20	考核结果	注重考核结果而忽视过程管理,员工为了完成任务而采取如作弊、造假等手段	管理者要注重过程管理,对员工的工作过程进行监督和指导,及时发现和解决问题。严惩作弊者与造假者
21	考核结果	担心公开考核结果会给管理带来麻烦	凡事都有利弊。绩效结果是否公开、如何公开,需要因地制宜、因时制宜。但绩效考核结果对员工本人的公开是最基础的要求。这是管理者与员工进行绩效沟通与绩效改进,也是制订下阶段绩效计划的前提和依据
22	考核奖惩	重物质奖励,轻精神激励,忽略员工个性化需求	物质奖励和精神激励同步发展。在物质奖励体现公平性的同时,强化精神激励机制,针对员工的个性化需求设计具有针对性的精神激励
23	考核奖惩	绩效考核结果只用于发工资,挫伤了员工对考核的积极性	绩效考核结果要和薪酬、晋升、培训、奖惩等挂钩,才能发挥实效
24	考核奖惩	高挑战绩效目标与低激励不匹配	优化绩效激励制度使激励力度和绩效目标实现的难度和价值贡献大小相匹配,促进员工有努力创造价值的期望
25	企业文化	企业文化没有得到大家的认同,口号多形式多,主题精神少,没有形成凝聚力	企业文化内容要通俗易懂,让员工容易理解;管理者要组织各种培训活动向员工传达企业的使命、愿景和价值观,辅之以相应的管理制度,督促员工的学习与践行
26	培训管理	缺乏系统的培训体系	落实培训考核机制,以参培率、培训成绩等作为考核指标,对培训质量进行综合评价,将有潜力的员工纳入人才池,为其提供更广阔的职业发展空间

二、绩效管理的风险防范

在绩效管理过程中，风险存在于各个环节之中，但在绩效考核方面的风险主要包括考什么、怎么考、用什么指标考、谁来考、为什么考、绩效考评偏差纠正几个方面。

1. 考什么

考什么是指绩效考评指标如何确定，要制定合理的考评指标，需要了解制定指标需要收集哪些重要信息，包括工作目标或工作任务完成信息；良好的行为表现或不良的行为表现；来自客户反馈的积极的或消极信息等。

年度绩效考核指标应该包括：决策层指定的与战略目标或年度经营计划挂钩的重要指标，管理层认为能够区分绩效优劣的指标，员工认为可以体现自己工作价值的指标才是有效指标。

2. 怎么考

怎么考是指运用怎样的考评方法才能使考核变得既简单又有效，天下没有万能的考评方法，只有最适合的方法。公司需要根据实际情况选择合理的考评方法，使考评者能够鉴别员工行为差异的优劣，以客观的意见做出评价。

如果使用了不适合的方法，则容易导致考评失效。在这个绩效考评过程中，发现问题要做到及时纠偏或纠正差错。

3. 用什么指标考

绩效考核指标通常分两类：一是定量指标，定量的指标来源比较明晰，基本上可以从财务管理部门或有关部门获得；二是定性指标，定性指标通常是由上级管理者或考评者根据自己的主观想法来打分。

为了提高考评结果的准确性、可行性，通常需要对考评者进行绩效管理的培训。为了提高工作效率，可以建立绩效管理信息化系统。

4. 谁来考

绩效考核一般由人力资源部门负责组织，根据企业制定的考核评价标准，对被考核者进行绩效评估。各级管理者应当承担起绩效管理的职责，切实承担起绩效考核责任，让绩效考核结果令人信服的办法就是考评者与被考评者达成共识，消除员工的个人偏见。比如定性指标是由考评者进行主观评分，而被考评者对绩效考核的结果往往会有一定的认识偏差，如果不消除这些偏差，将给绩效管理的实施带来隐患或消极影响。

5. 为什么考

为什么考是指完成绩效考评后，如何运用绩效考评结果。绩效考评的目的在于提高组织和个人绩效。要从价值创造的角度评价各单位、各位员工的工作表现，并将绩效考评结果运用到员工的薪酬分配与薪酬调整、职位升降等管理事项中，实现多劳多得、能者多得的内部公平，改变"吃大锅饭"等现象。

6. 绩效考评偏差纠正

绩效考评周期是一个相对较长的过程，很容易导致绩效考评结果出现偏差等问题，需要采取有效的措施减小误差：

（1）考评重点放在被考评者的工作表现上，而不是其他方面。

（2）对工作中的每一个模块进行具体评价，而不是模糊评价。

（3）不要使用定义不清的措辞，以免造成考评者的理解差异。

（4）不要一次考评过多的员工，以免考评过程前紧后松、有失公允。

（5）企业对考评者和被考评者都要落实必要的绩效管理培训。

（6）对个员工的考评可以增加一次自评，将自评和主管评定分开进行，并将两组数据进行对比，对偏差超过正常值的人员可以进行重新考评，减少误差。

（7）建立绩效申诉系统，如果被考评者对考评结果不满或认为考评不公正，可以进行申诉。人力资源部在处理申诉时要尊重员工，认真分析问题，找出原因。如果是员工的问题，应说服和帮助员工；如果是考评者的问题，必须改正。

在实际工作中，管理者对绩效管理的重要性认知不足是造成绩效管理推行效果不佳的最大风险点，也是最难突破的障碍或阻力。在推行绩效管理的时候，要找到与企业战略、决策者管理风格相匹配的绩效管理模式，加强绩效管理知识培训，提高大家对绩效管理的重要性认知，防范绩效管理风险。

第二节　绩效管理配套措施

绩效管理系统不是一个孤立的管理模块，需要企业管理多方面的配套措施积极配合才能有效运行，才能降低绩效管理的风险。绩效管理系统的配套措施包括使命愿景价值观、战略、组织、薪酬激励、员工培训与职业发展等。关于使命愿景价值观、战略、员工职业发展在有关章节里有阐述，不再赘述。在这里补充讲解组织架构、绩效培训、薪酬激励、认可激励等内容。

一、组织架构与部门职责

有些企业在推行绩效管理的时候遇到的障碍或阻力比较大。究其原因，主要是企业在绩效管理推行之前，没有统一大家的思想，没有对组织结构、部门职责、岗位设置和岗位职责进行梳理，出现职责重叠或职责空白、管理汇报关系混乱、多头领导、岗位设置不清晰、岗位职责不明确等现象，这自然就会产生因为权责利不清晰而不愿意承担责任，工作效率低下等问题。

1. 组织架构

组织架构是指一个组织整体的结构，通过界定组织的资源和信息流动的程序，明确组织内部成员个人相互之间关系的性质，使每个成员在这个组织中，具有什么地位、拥有什么权力、承担什么责任、发挥什么作用，提供的一个共同约定的框架。组织架构是公司的骨骼，是支撑公司运营的平台。

企业在实施绩效管理方案之前，要先对组织结构进行梳理，认真评价自身的组织体系状况。只有在组织结构清晰、分工职责明确的前提下，考核指标才能够落实下去，绩效考核方案才能提高组织的整体绩效水平。如果组织体系还处于比较混乱的状态，职责存在不够明确的状况，贸然实施绩效管理会存在较大风险，因为实施绩效管理很难改变组织体系中的一些不规范状况，最终因组织体系不健全而导致绩效管理失败。比如，一家初创型企业采用职能制组织结构体系，组织结构图绘制齐全，但部门职责和岗位职责一直都没有界定清楚，在具体业务运作中，经常出现市场反应迟缓，各部门互相推诿责任等问题，尤其是在部门与部门之间业务衔接的模糊之处更是如此，没人愿意负责，考核谁都觉得委屈，这就是因为职责不清而产生的问题。可见，明确界定各部门职责、各岗位职责是有效开展绩效管理工作的前提。

2. 部门职责

职责是职位和责任的复合体。职位是主体也是责任的载体，责任是对职位的约束也是应该完成的工作，以及承担完成工作的后果。部门职责是指该部门需要承担的工作范围、工作任务、工作职责等。部门职责要实现闭环式循环运行，可以采用PDCA（即plan计划、do实施、check检查、action行动的首字母组合）循环的方式来梳理，使每一项工作能够有始有终。不要出现一项工作只有开始而不知道何时结束，以及如何结束的情况发生；也不要一项工作只有执行而没有监督检查的情况，尽量避免部门职责的缺失和重合，或一项工作由多个部门共同负责，以致无人负责等风险。

部门职责作为企业和员工之间绩效管理承上启下的关键层面，也是部门绩效指标设计的基础。绩效管理既要考核部门对业绩的实现程度，也要考核与其他部门之间的相互协作，以及自身的业务管理、团队建设和员工素质提升等。将部门职责划分清楚有利于保障公司的运作顺畅、运行高效。

3. 岗位职责

岗位职责是指一个岗位所需要去完成的工作内容及应当承担的责任范围。管理者有效做事的方法是在梳理流程的基础上，明确每个岗位在流程中的主要任务，通过流程和岗位职责并行，让员工知道怎么做事，清楚自身在岗位上应承担什么工作内容、执行什么工作任务。做到分工明确，职责到人，为岗位绩效考核标准的制定提供了依据。一旦建立了绩效考核标准，就可以制定如何评价员工的工作绩效，如何改善员工的工作绩效，如何提升员工的技能，绩效表现好坏给员工带来什么样的奖惩结果等方案。

【知识拓展：员工晋级与能力之间的关系】

在员工的岗位绩效考核指标中，工作结果指标是考核权重最大的要素之一。良好的绩效意味着好工作质量、高工作效率、低的工作差错率等。企业可以将绩效考评结果作为员工晋级的先决条件，以鼓励员工创造出高绩效。为了避免出现员工被选拔到自己不称职、不胜任岗位上的风险，将能力考评的结果作为员工选拔的制约性要素，在各岗位上设置能级对应条件，即每个员工所具有的能级水平与其所处的层级和岗位的能级要求相对应，既可以全面反映员工显在和潜在的能力，又能够做到人尽其才、才尽其用。

员工晋级与能力之间的关系，如图7-1所示。

二、绩效管理者角色

在企业经营管理过程中，为了降低绩效管理推行效果不佳的风险，需要理清绩效管理参与者的角色，根据工作需要开展绩效管理方面的专业培训，提高大家对绩效管理的认知，使绩效管理体系在运行过程中得到企业各层级管理者与员工的支持，达到预期效果。

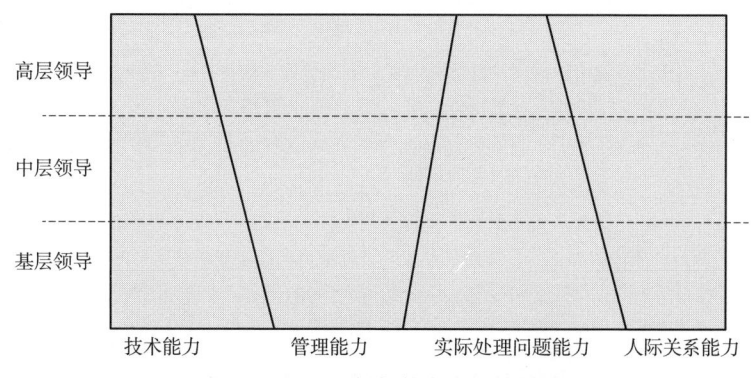

图7-1　员工晋级与能力之间的关系

1. 总经理：绩效管理的推动者

绩效管理作为"一把手工程"，总经理要站到前台并参与其中，在绩效管理方面总经理的主要职责：确立体现企业价值观的绩效管理体系，监督与协调各项绩效管理工作，包括绩效计划制订、绩效实施辅导、绩效管理评价，以及绩效管理结果使用等各个环节的工作。

为了实现企业绩效管理体系运行"一盘棋"，总经理要向人力资源部门提供绩效管理的方向指导与资源支持，鼓励各级管理者和员工积极行动起来做好绩效管理工作。总经理担任的角色：一是在态度上支持人力资源部门负责人，明确绩效管理不是人力资源部一个部门的工作，绩效考核的实施不全部是人力资源部门的责任，各部门负责人都要积极行动起来并配合人力资源部门的工作；二是关注整个绩效管理体系运行的始终，促进其深入、全面、公正、高效地发展。

2. 人力资源部门负责人：绩效管理专家

人力资源部门要成功制定适合企业发展的绩效管理政策和方案，需要对企业的战略目标、年度经营计划、组织架构、部门职责、岗位职责等内容进行深入的研究，确保绩效管理政策和方案的合理性和可操作性，根据企业的发展方向不断迭代和优化。这就要求人力资源部门负责人不要把重要的时间忙于设计各种报表和报告格式，担任处理现场各种矛盾的"救火队长"，而是要担任绩效管理专家等角色。

人力资源部门负责人在绩效管理方面的角色，见表7-2。

表 7-2　人力资源部门负责人在绩效管理方面的角色

序号	角色	职责
1	绩效管理专家	1.根据企业实际情况设计适合企业发展的绩效考核方案； 2.独立主持绩效管理工作，对相关部门负责人提供咨询服务； 3.掌握各种绩效考核理论、方法、技巧及成功经验和案例，能够向管理者讲清楚说明白； 4.独立组织并落实绩效管理培训
2	业务流程熟练掌握者	1.熟练掌握各项重要的业务流程及其内容，作出的绩效考核举措才能够被各层级管理者和员工所理解和接受，绩效管理才会真正成为实现企业战略目标的助手； 2.要想成为业务流程的熟练掌握者，需要采用"走动式管理"到各部门中间去，以谦虚的学习态度去了解、熟悉、掌握有关部门的业务运作流程
3	部门管理者合作伙伴	1.寻找机会和有关部门管理者沟通，帮助大家理解和接受绩效管理理念，消除有关部门管理者对绩效管理的误解； 2.通过沟通增强相互之间的了解，让管理者意识到，绩效管理是惠及各个部门事情，不是人力资源部一个部门的事情
4	总经理联络员	根据企业发展的需要，不断迭代和优化绩效管理"产品"，成功地"推销"给总经理，双方在思想上达成共识，在行动计划和具体操作方面达成一致的理解，提高绩效管理效能
5	绩效管理宣传员	1.积极向各级管理者和员工宣贯绩效管理思想，让大家都知道绩效管理到底是什么，能够给大家带来什么好处。只要大家意识到绩效管理的本质与效用之后，就会积极配合绩效管理政策及实施，减少绩效管理推行过程中的障碍和阻力； 2.定期组织绩效管理培训，使大家掌握各种新的绩效管理理念或解决问题的技巧
6	绩效运行跟踪员	1.当绩效管理在各个部门实施期间，绩效负责人要走出去，跟踪各部门绩效目标的阶段性达成情况，确保工作在预定轨道上运行； 2.以合作伙伴的身份向管理者提供绩效管理方面的咨询服务等

3.部门管理者：直接责任人

部门管理者在绩效管理中担任承上启下的作用，向上对企业绩效管理政策负责，向下对员工的绩效发展负责。部门管理者扮演的角色：员工的合作伙伴、员工的教练员、员工的绩效记录员、绩效公证员、绩效诊断专家、员工的职业发展咨询顾问等。这就要求部门管理者与员工之间建立协作关系，共同设立合理的目标，开展绩效检查，实施绩效评价，将薪酬激励与绩效挂钩，规划员工职业发展通道等。

4.员工：拥有发言权的重要参与者

员工为了实现自己的绩效目标，在绩效管理过程中不是被动者，而是拥有发言权的重要参与者。员工在工作中发现问题时要主动与管理者沟通，寻求支援和帮助，不断锻炼提高自己的专业技术水平。员工扮演的角色包括：积极和管理者共同设立绩效目标和开发评价标准，准确地理解绩效目标和评价标准，参与自我评价或其他员工（直接主管、同事等）的考评，接受绩效反馈，诊断自己的绩效未达成的原因，提供绩效改善的意见或建议等。

三、绩效培训

日本管理专家做过调研后发现，受过良好教育和训练的管理者，因创造和运用现代管理技术，有可能降低30%的成本费用。从某种程度上来讲，员工培训是企业对员工进行的一种人力资本投资，为了提高人力资本投资的回报率、降低投资风险，必须保证人力资源开发与培训决策的有效性。绩效考评作为评价员工知识技能、能力态度、绩效表现等各方面的评定，通过绩效考评的结果，能够有效地了解员工存在的薄弱环节，这就为人力资源开发与培训提供了决策依据。

1. 培训需求分析

一般来说，绩效培训需求分析涉及组织层面、工作层面和员工层面。

（1）组织层面的培训需求分析是指分析管理中存在的问题，找出产生问题的根源，确定绩效培训是否能解决这类问题，再落实到对组织层面的哪些人员培训哪些内容。组织层面的培训需求分析包括公司经营目标、部门目标与绩效目标的检验、内部资源和能力的评估、外部环境影响作用的分析等。

（2）工作层面分析主要针对管理者的岗位职责和要求进行分析。不同岗位的管理者所承担的责任和权限不同，要求的胜任能力和任职资格也不同。可以通过查阅岗位说明书或分析完成某一项工作所需要的专业技能，了解有效完成该项工作所具备的条件，找出差距，确定培训需求；对于一些非管理工作岗位的工作层面分析不能只局限于本岗位职责分析，而是要扩展到其所在的部门进行工作要求的分析等。

（3）员工层面的绩效培训需求分析主要是从受训者的角度分析培训需求。不同岗位承担的职责不同，通过分析可以确定哪些员工需要何种培训。通常分为两种：一是对管理者的分析，通过对照工作绩效标准分析管理者目前的管理绩效水平及工作胜任情况，找出管理者的现状与标准之间的差距，以确定受训人员及其培训内容和培训后应该达到的效果；二是对一般员工的分析，通过分析被评估者能力，找出被评估者的现状与标准之间的差距，确定需要培训的内容。

2. 培训内容

一般情况下，绩效管理的培训课程包括：课程内容介绍、绩效管理过程中的工作责任、关键绩效指标的设定、解决的问题技能、评价工具的使用、工作现场的管理、绩效反馈面谈的准备与实施等内容，见表7-3。

表 7-3　绩效管理的培训内容

序号	模块	培训目标	培训内容介绍
1	课程内容介绍	让受训者了解、接纳绩效管理的理念和目的	（1）本课程向员工解释企业为什么要使用绩效管理系统，目的是什么，有什么用途，以及现在要使用的是一套怎样的绩效管理系统等； （2）本课程概要性地讲解关于绩效管理整个过程中的知识。授课老师通过讲解、举一些例子让学员了解绩效管理的理念、目的和操作过程，消除受训者由于不了解绩效管理而带来的紧张和焦虑
2	工作责任	使评估者了解自己在绩效管理工作过程中的影响，以便更好地开展绩效管理	（1）授课老师与学员共同讨论和分享目前绩效评估中存在的问题或影响准确性的因素，包括绩效评价方法的选择、工作描述的准确性和绩效指标或评价标准设定中的问题等； （2）通过实际操作性的活动使学员学会如何做好工作描述。使用角色扮演、案例分析、视频等手段使学员认识到首因效应、光环效应、趋中误差、对比效应等评估误差和避免误差的方法
3	关键绩效指标设定	让学员理解关键绩效指标的内容，学会如何设定关键绩效指标	了解目前绩效指标设定中的问题，通过实际操作性活动使学员理解并学会如何运用关键绩效指标的SMART原则，设定合理的关键绩效指标和评价标准
4	解决问题	了解员工绩效管理中出现的问题，并学会解决问题的技能	对于一名合格评估者来说，向员工提供教导和咨询是必备的技能。授课老师帮助学员了解下属在绩效方面存在的问题以及问题产生的可能原因，如何给下属提供指导和帮助，以及解决问题的技能等
5	使用绩效评估工具	使评估者了解常用的评价工具，能够正确使用它	通过课程的讲解和练习，使评估者正确掌握评价工具的使用，并了解评估者对评估结果的影响
6	工作现场管理	使评估者了解如何识别和记录实际工作现场中的行为	通过课程的讲解和练习，使评估者正确掌握如何在工作现场记录员工的工作表现，分析员工的表现等
7	绩效反馈面谈准备	使评估者了解如何有效地准备绩效反馈面谈	通过课程的讲解和练习，使评估者正确掌握如何准备绩效反馈面谈，分析在面谈中可能出现的问题，以及如何提前安排时间，采取的应对措施等
8	绩效反馈面谈实施	使评估者了解如何有效实施绩效反馈面谈、提高面谈技巧	通过课程的讲解和练习，使评估者正确掌握如何实施绩效反馈面谈；掌握面谈中的各种技巧。比如，如何建立良好的沟通关系、如何利用非语言交流、如何控制谈话的方向等

3. 绩效培训的实施

（1）做好培训准备。可以制订一张培训计划表，每做完一项划掉一项，防止遗漏。

（2）合理安排各培训项目的时间进程。

（3）发放培训通知。让学员清楚培训的时间、地点、课程内容。

（4）组织培训。在计划好的时间、地点落实培训，监控培训过程，做好培训记录与培训后的相关评价等。

（5）培训反馈和调整。根据学员对培训的反馈意见，不断调整或优化培训内容。

4. 绩效培训的评估

（1）设计培训评估的具体指标。根据绩效培训目标要求和受评对象的实际情况设计培训评估的具体指标，指标应概念清楚、言简意明、便于理解和操作。

（2）构建指标体系。将绩效评估内容、具体指标等内容整合成一个指标体系。在操作评估时，要对绩效评估指标体系进行必要的分解，以便达到可以检测的要求，但分解不要过多过细，以免烦琐庞杂，抓不到评估重点，影响评估结果。

（3）确定各指标的权重系数。指标的权重系数能够区分各指标在评估体系中的重要性与主次差别。对于权重大的重要指标在培训时要多花时间讲清楚说明白，使大家清楚如何操作。

（4）设立指标等级。指标等级是对评估对象进行评估的衡量尺度。指标等级通常采用五级制（优、良、中、合格、不合格）。在运用指标等级时，既要严格掌握标准，又要从实际出发，如果要求太高会挫伤评估对象的积极性，而降低标准会使评估流于形式。

（5）开展试行评估。在指标体系、权重系数、指标等级确定之后，为了慎重起见，可以先在小范围内开展试行评估。这样做是为了检验指标体系是否准确、可靠，操作是否方便、易行，结果是否符合实际。一旦发现不合理之处就要立即进行调整或优化。

（6）实施培训评估方案。采用合理的培训评估方法（比较评估法、问卷法、集体讨论法、动态评估法等）和合适的评估者群体（上级、下级、员工本人等）进行全面的绩效管理培训评价。评价的结果既可以应用于将来培训计划的改进，又可以帮助公司制订员工的职业发展规划，不断完善人才梯队建设。

四、薪酬管理

如果员工的绩效考核不与薪酬紧密挂钩，大家都吃"大锅饭"。优秀员工的良好工作表现，或者给企业创造的价值贡献就容易被管理者忽略，导致员工心理产生不公平的感觉，降低了员工的工作积极性；企业也失去识别和奖励优秀员工的机会，既不利于人才成长，也不利于公司发展。

通过绩效考核，对员工的绩效表现及时给予员工不同薪酬奖励，能够合理地引导员工的工作行为，确保组织目标与员工目标的一致性。在提高员工积极性的同时，降低员工流失率。为了解决绩效与薪酬不挂钩的问题，通常的做法如下：

（1）建立公平公正的绩效评估机制，使绩效评估结果与员工的实际表现相符。

（2）建立有效的薪酬管理机制，确保员工的薪酬与其表现相符。

（3）提供多种形式的激励，包括晋升、培训和特殊福利等。

基于绩效的薪酬体系设计，主要包括支付形式、配置比例、绩效等级、绩效分布和分配方式等内容。

五、认可激励

认可激励是指对员工的价值贡献及工作努力及时给予关注、认可或奖赏，从而激励员工开发潜能，创造高绩效，提升员工满意度、敬业度。只要员工做出有利于企业、有利于客户、有利于自我成长的事，就要对其给予肯定或奖励。企业可以根据实际情况编制自己的"激励菜谱"。在这里介绍华为的员工激励菜谱，供参考用。

表7-4 员工激励菜谱（示例）

序号	项目	主要内容	优点	缺点
1	设计未来奖励发放	在战略引领下，由全体员工共同设计企业的未来，设计奖励发放，全体员工都属于奖励的对象，整体奖励计划由员工来推进；不仅每个人都有资格获奖，而且每个员工都有资格参与选拔得奖人 方法：自由提名，分级筛选，员工投票 类似的奖励：品质类、卓越类	提高员工的参与感，提醒员工关注企业未来，通过对共同未来的认可，增强归属感和凝聚力；花费不多	可能会占用较多时间
2	百分俱乐部	全勤20分，完全遵守规则20分，客户无申诉20分，节省成本20分（可根据部门近阶段工作的重点安排），合理化奖励20分 类似的奖励：最高得分奖、最低得分奖	使员工为荣誉而努力，使员工了解和明白可以改进的方向，操作简单方便	处于得分中间的员工可能失去前进动力

续上表

序号	项目	主要内容	优 点	缺 点
3	排行榜	设立全部门的绩效排行榜，每月（季）将员工的业绩进行排序，同时举行打榜比赛，获胜者有奖。可以设置"英雄奖"，对连续三个月名列第一者发奖。 类似的奖励：销售额比赛、利润比赛、质量比赛等	竞赛活动在活跃气氛的同时提高效率，对绩效不好者有压力，简单方便 注意事项：了解员工最关注的是什么，奖励要有诱惑性，奖励及时	—
4	旅游	让员工携同伴出去旅游或团体旅游。 类似的奖励：考察、参观、听音乐会、做专项研究、露天联欢会、看足球比赛等	较高层次的奖赏，大多数员工希望带着自己的同伴去想去的地方	费用贵，离开工作岗位，耗费体力，可能影响工作
5	职业发展	依据员工各自的业务送他们去外面参加会议、讲习班或研修班；让员工在职攻读更高的学位或学历，比如MBA；举办内部培训；为员工制订专项职业发展计划；公布明确的职业发展路径等	大多数员工相信，给予员工特殊的在职培训是一种积极的激励；如果公司出钱让员工读MBA，对员工是一个很好的激励	费用昂贵；可能影响工作，如脱产
6	晋升/荣誉	升职或升级；主持一个项目；做顾问；给予充满荣誉的职务；给予特别任务	激励效果明显	职位有限，难以多次重复使用
7	企业股份	将公司的若干股份作为奖励，给员工以期权等形式，或直接奖励给员工；员工持股计划；每名员工都有分红权利等	使公司成为员工自己的企业，为自己的事业而工作	股价变更敏感，有时代价很高，难以操作
8	加薪	提高基本工资标准；增加津贴额；增加其他取得更多收入的机会	对于追切希望挣很多钱的员工来说，加薪是一件令员工高兴的事	成本较高
9	特殊成就奖	表扬员工在职责之外的特殊表现；奖励员工的重大成就；改善服务奖；明星计划；革新奖；内部发明奖等	有弹性、易操作；让优秀员工获得成就感 注意事项：需要明确什么是特殊成就，不可滥用	—
10	福利	美味的工作餐、社会保障、额外商业保险、为员工提供饮料或食品、报销子女的部分学费或学费、交通补贴、住房补贴、班车、住宅电话、健康保险储蓄、购买健身卡、送健身器械、节日礼金等	培养员工的归属感；感受企业对员工的关怀；与其他企业相比有优越感；稳定大多数员工	费用比较高；如果企业没有良好的竞争机制，福利项目很容易养出惰性
11	业绩奖	业绩提成、季度奖、年终奖、先进业绩奖等	促进员工完成利润；奖励业绩良好的员工 注意事项：奖励与业绩之间要有关系，员工心服口服	—
12	其他	……	……	……

任正非说："对于人才，要给予认可激励，认可激励要有仪式感，要让人记得住，不能把奖牌悄悄一塞就走了，要让员工拿奖的时候有一种荣誉感。"比如师傅带徒弟，徒弟表现好应给予奖励，同时也要肯定师傅在传帮带方面所做的贡献，这有利于牵引员工自觉追求高质量发展，激励员工主动创造高绩效的文化氛围。

第三节　数字化时代的绩效管理

随着信息技术的迅猛发展，数字化不断给企业管理赋能。在此背景下的企业绩效管理正在逐步向数字化转变，以适应快速变化的市场环境和复杂多变的组织需求。合理有效地将数字化运用于绩效管理会有助于做好绩效风险管控，提升企业的核心竞争力。

一、绩效管理数字化

在第二章中我们讲述了绩效管理的概念和方法，由于传统的绩效管理依赖于手工记录、纸质文档和人工评估，所以效率低下、容易出现主观偏差，更难以实现实时监控和数据分析。而绩效管理数字化是利用信息技术和数据分析工具，将绩效管理的各个环节数字化，实现数据的实时记录、分析和反馈，从而提高管理效率、降低成本，并更好地服务于组织的战略目标。

二、数字化时代绩效管理的趋势

1. 以数据为基础的绩效管理快速发展

在数字化时代，各种数据呈现爆发式增长。只要收集市场反馈、客户满意度、内部评价等多元数据就可以建立数据模型，根据管理需要进行分析，使绩效管理从过去基于主观判断的方法迭代升级为基于数据分析的数据驱动管理方式，提升了绩效评价的客观性和合理性。

2. 绩效评价结果反馈时效显著提升

传统的绩效管理通常采用月度、季度、半年度或年度考核，绩效反馈信息存在延迟和滞后情形。数字化绩效管理可以实现数据的实时记录和监控，管理者可以随时了解员工的工作进展和绩效表现，及时调整管理策略。

3. 为员工的个性化服务，精准牵引员工价值提升

在数字化时代，企业可以利用数字技术为员工提供量身定制绩效提升方案，增强了管理的针对性和有效性。比如基于员工的个人特征、工作表现和职业需求，在工作方式、任务匹配、绩效评价、学习和发展等方面提供个性化服务，精准牵引员工价值提升。谷歌公司就是将员工分为不同"族"，每个"族"配备专业导师，通过预测员工未来绩效和职业发展潜力，为员工量身打造培训和职业发展计划。

4. 绩效评价方法呈现多元化，满足不同企业需求

在数字化时代，数据采集、资料分析和问题处理会更加方便、快捷，促进了多元化绩效评估方法的快速发展应用。比如，在传统的德能勤绩廉、KPI、BSC等绩效评价方法基础上，利用数字化技术，可以结合OKR、360°全方位评估等方法，为全面评估员工的绩效表现提供了有力支撑。

随着数字化技术的快速发展，企业在推进数字化绩效管理的过程中，仍然面临一些问题和挑战：一是业务流程复杂度提升，数据收集和处理难度增加；二是大量数据采集、传输、存储和处理，存在着信息安全和隐私泄露的风险；三是在推进数字化绩效管理的过程中，涉及组织架构的重组或改变、部门职责与工作流程调整、人才短缺等问题，都需要在实践中不断探索和克服。

三、绩效管理的数字化建设

绩效管理的数字化建设是利用先进技术来提升管理效率、优化工作流程和增强决策能力的过程。

1. 制定绩效目标和考核指标

管理者通过技术手段可以快速且精准地收集和分析员工的绩效数据，利用数据分析工具对员工的工作绩效进行量化分析，能够清晰地了解员工的工作表现，有利于制定更合理的工作目标和绩效指标。主要做法包括：

（1）明确绩效目标。通过数据收集和分析，可以更好地了解历史经营状况，结合企业战略和业务需求设立合理的绩效目标，然后，将这些绩效目标分解到各部门及员工身上，确保大家都清楚自己的目标。

（2）确定绩效指标。根据员工的工作职责和绩效目标，选择并确定合理的绩效指标进行考核。绩效指标既要能够量化员工的工作成果，又要易于收集和分析。比

如，对于业务人员应选择销售收入、销售回款等作为绩效指标是合理的。在设定员工的绩效考核指标时，既考虑数据的来源、收集方式和处理方法以确保数据的准确性和可靠性，又要注意多个指标之间的平衡性和综合性。

（3）优化和调整指标。当外部市场环境发生变化，导致企业战略或经营计划发生调整时，绩效指标也要随之优化和调整。

2. 导入绩效管理系统

导入合适的绩效管理系统能够提高绩效管理的运行效率，增强透明度和公正性。主要做法包括：

（1）选择合适的绩效管理系统。根据行业特点、业务需求、企业规模、员工的工作属性等特点，选择合适的绩效管理系统。在选择系统时应考虑系统的功能覆盖、易用性、可扩展性，和其他企业系统的兼容性。

（2）数据整合与标准化。绩效管理系统资料是由不同部门和业务单元提供的，需要进行梳理和整合形成全面且准确的绩效资料，并在企业内部建立统一的数据标准库，确保数据来源与计算口径相一致。

（3）信息自动化。各部门和业务单元将相关资料导入绩效管理系统后，使用者就可以进行绩效目标设定、数据收集、资料分析以及报告生成等多项信息自动化功能，减少人工操作，提高工作效率。通过信息流程化的监控和自动预警功能，帮助管理者及时发现问题并解决问题。

（4）系统优化。企业要根据客户需求、市场变化、技术升级、内部管理等要求，对系统进行优化与升级，包括开发或引进新系统，确保系统高效运行。

企业在导入一套新的绩效管理系统时，既要进行严格测试，确保系统的可靠性和有效性，又要对使用者培训，使大家了解系统的功能和使用方法。

3. 应用数智能化绩效管理系统

企业利用自动化与智能化技术可以构建一个集数据收集、处理、分析、预测和评估于一体的智能化的绩效管理系统，可以带来以下好处：

（1）减少人工操作，提高处理速度，还能减少人为错误，提高数据准确性。

（2）实时监控员工的绩效表现，为管理者提供全面、准确的信息支持。

（3）向员工提供更直观、易懂的绩效反馈，帮助员工更好地了解自己的绩效状况。

（4）管理者能够快速地获取和分析绩效数据，迅速地做出决策，有利于及时应对市场变化等。比如，某个重要产品的销售额在某一时间段低于特定数值，该条数据会以不同颜色标记，自动向总经理、营销总监、供应链总监等人推送信息，以便管理层迅速响应并采取措施。

企业应用数智能化绩效管理系统时，需要设置一个有效的反馈机制，以便管理者和员工能够对系统的运行提出问题和改善建议，不断优化和完善系统。

4. 加强沟通与反馈

根据企业设定的管理权限，管理者和员工可以通过在线平台或移动应用随时查看系统中的绩效数据，通过视频会议、微信、钉钉、电话等方式交流工作进展和反馈意见。这有助于及时发现问题、解决问题或调整策略，提升工作效率。

5. 实施绩效评估

数字化绩效管理系统可以直接调用相关系统中的数据，列出整个绩效评估周期中员工的绩效目标和达成情况、自我评估、复盘总结、周报月报等绩效相关材料，帮助管理者回顾员工之前的工作内容和工作绩效。管理者也可以看到其他同事对该员工的评价，从而获得更全面客观的信息，提高了工作效率和评估结果的准确性。

6. 分析绩效结果

基于数字化绩效管理系统中的绩效评价数据而自动生成评估矩阵，支持管理者按岗位、职级、工龄、序列等不同维度进行组合筛选，方便查看下属绩效及评价等信息。比如，某销售分公司的业务员完成绩效评价后就会自动分布到一张横向为绩效评级、纵向为职级序列的矩阵表中。管理者若想查看具体信息，可直接点击员工姓名以查看评价背景信息等。此外，管理者还可以对数据进行深入研讨或分析，发现绩效异常情况，提升决策质量或帮助员工改进绩效。

7. 绩效改进

数字化绩效管理能够帮助企业不断改进和完善其绩效管理体系。比如，在提升企业竞争力方面，通过不断收集、分析和反馈数据，发现企业在经营管理过程中存在的漏洞和问题，及时采取措施改进，不断提升企业的绩效水平和整体竞争力；在员工职业发展方面，管理者使用数字化绩效管理工具能够统计员工在特定工作任务方面的表现，通过了解员工的工作强项和弱点，识别出哪些员工需要培训，需要什么培训课程，从而制订个性化改进计划。

8. 关注数据安全和隐私保护

在绩效管理数字化的实施过程中，需要高度重视数据安全和隐私保护。确保收集、存储和使用绩效数据时遵守相关法律法规。采取必要的安全措施，防止数据泄露和滥用，避免经营风险。

绩效管理的数字化运用是提高效率和提升效益的有效途径，企业要定期评估和优化绩效管理系统，在有条件的情况下可以加大对数字化绩效管理建设的投入，实现企业可持续性发展。为了说清楚绩效管理数字化建设的历程，在这里列举一家公立医院的绩效管理数字化建设项目的案例。

【案例分享：某公立医院的绩效管理数字化建设】

医院绩效考核是公立医院绩效管理中非常重要的一项工作。通过科学合理的绩效考核，能够有效地促进医院内部管理的提升，提高医疗服务水平，增强医院的竞争力。

1. 优化公立医院绩效考核背景

自医疗体制改革实施以来，国家陆续出台了一系列指导性、政策性文件，其中《国务院办公厅关于加强三级公立医院绩效考核工作的意见》明确提出了公立医院绩效考核的目标，要求公立医院以精细化管理理念为指导思想，将绩效管理目标落实到岗位及个人，提质增效。

一般情况下，公立医院绩效考核指标体系由医疗质量、运营效率、持续发展、满意度评价等指标构成。同时要关注以下几点：

（1）自我发展。医院在发展的过程中，员工不仅需要将自身的公益性展现出来，同时还需要具有极强的适应能力，从而使自身得到有效发展。

（2）问题追踪。强化绩效考核管理工作，针对医院在发展过程中产生的问题，实施针对性的处理，为医院发展打下良好的基础。

（3）上级考核。全面推行上级管理部门对医院的绩效评价，不断完善医院内部的绩效考核体系。

（4）促进效益。帮助提升内部员工的工作积极性，兼顾医院自身的公益性质，促进医院的效益得到较为高效的提升。

（5）提升管理。绩效考核体系科学有效地建设，使管理者的管理方式更加科学化、信息化，持续促进医院管理质量提升。

2. 工作中的痛点

（1）手工统计流程烦琐。手工统计方法需要各指标项负责人首先找到信息中心人员统计数据，再分别上报质管办，最后由质管办整理上报。流程烦琐且效率低下且数据准确性差，如果遇到需求变更，无法快速响应。

（2）异常情况无法及时追踪。手工统计方法缺少指标项说明、指标明细数据，导致指标值异常时无法及时追踪定位。

（3）规范不统一，数据难利用。数据孤岛导致数据利用的割裂，无法形成统一有效的标准数据库，重复地编造数据资料。

（4）缺乏合理的展现形式。缺乏多维度，自由组合的可视化分析模式，难以满足各层级人员对于数据的精细化分析诉求。

（5）考核指标缺失且分散。各部门自我分析，缺乏相应的资料归集整理，不利于数据库的管理和长期规划。

3. 解决方案

医疗行业绩效管理信息化系统，如图7-2所示。在医疗行业常用的业务系统数据对接和处理基础上，从医疗质量、运营效率、持续发展、满意度、新增指标等五个维度直观展示医疗行业绩效考核的指标，帮助从业人员和管理部门洞察医院的医疗水平。同时，医院为了更加贴合实际应用，针对每年的数据形成固定的Word报告，可以直接获取最新的数据形成文件，也可以直接导出打印进行存档管理。提升了医疗绩效考核综合管理水平，提高医院管理质量提升。

（1）三级公立医院考核平台。三级公立医院绩效管理信息化系统，如图7-3所示。

三级公立医院绩效考核包括以下内容：

①医疗质量分析。它包括医疗质量看板和功能定位指标看板。医疗质量看板通过功能定位、质量安全、合理用药、服务流程四个指标的值，同时计算对应的同期比，反映了相对于同期的变化趋势；功能定位指标看板：通过指标一览表可下钻至功能定位指标详情页，在看板中直观展示医院的手术台数、患者人数及各种手术的占比，帮助阅读者快速分析医院的医疗情况。

②运行效率分析。运行效率看板：从资源效率、收支结构、费用控制、经济管理四个角度分析医院不同科室的运行效率，帮助阅读者快速找出异常问题。

③持续发展分析。持续发展看板：从人员结构、人才培养、学科建设、信用

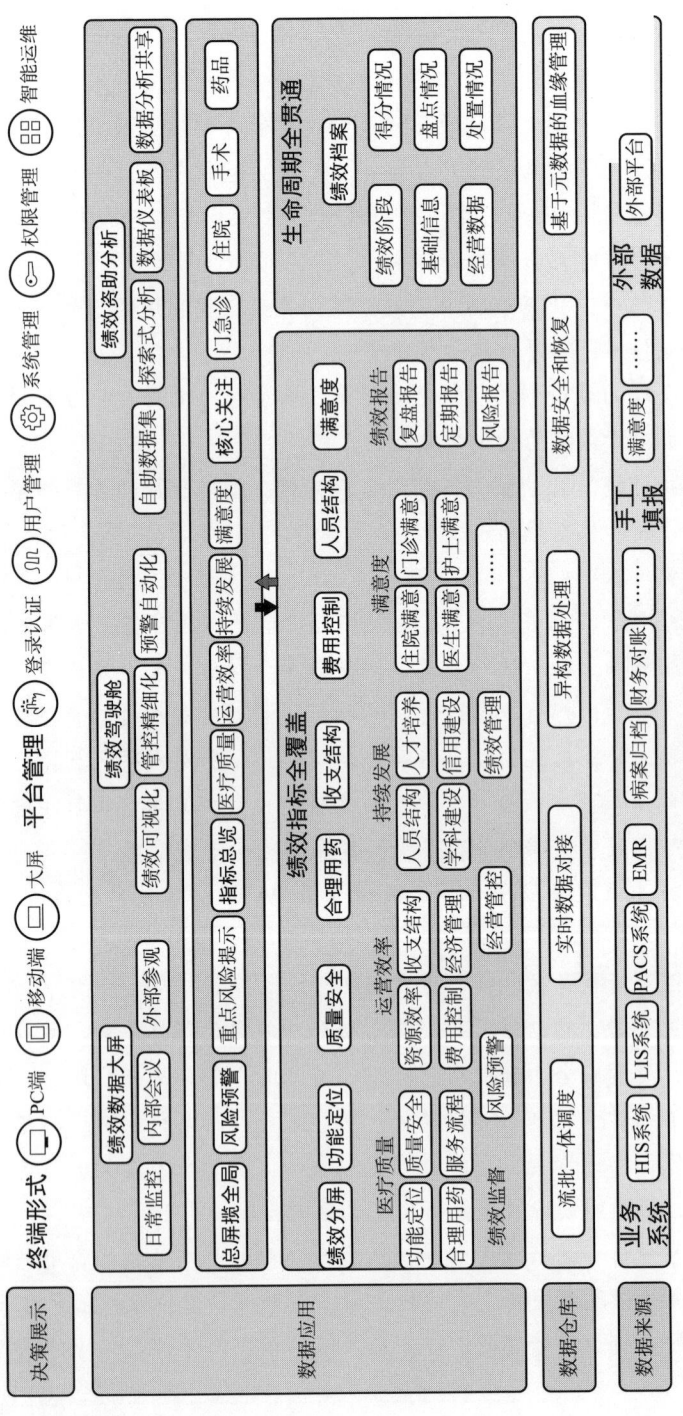

图7-2 医疗行业绩效管理信息化系统（示例）

建设四个方面分析不同科室的持续发展情况，帮助管理者快速分析不同科室的持续发展现状。

④满意度分析。满意度分析看板：从患者满意度和服务人员满意度两个方面分析医院各科室的满意度，帮助管理者集中找到满意度较差的科室。同时针对满意度考核创建数据预警任务，每月月中时若住院患者满意度指标值低于80分时触发预警，及时通知责任人关注住院部的情况，并根据情况进行调整。

⑤新增指标分析。新增指标分析看板：管理者可以根据医院的实际情况定义新增的数据指标，并计算该指标的数值和同期比，对指标进行重点观察。

（2）医院绩效考核工作报告。结合医疗绩效考核工作数据，可自动形成固定样式Word报告：①动态查询数据（根据年份动态查询：可以实现根据年份自动获取对应的关键数据形成报告，管理者可轻松导出纸质报告进行工作通报和管理）；②图表展示数据波动（图表展示数据波动：数据自动形成图表，展示关键数据随时间变化的趋势，直接展示工作成效）；③自动形成数据附表（自动形成数据附表：数据形成附表，展示数据明显，便于管理者进行审核）。

4. 方案效果

帮助医疗行业实现快速分析绩效，并有效提升绩效管理水平。

（1）自动化流程。可直接收集指标值，负责人也可实时查看相应的指标值，大大提高了医务人员的工作效率，减轻了医务人员的工作强度。

（2）数据集中管理。平台建立报表管理门户，将分散在不同业务系统的各类指标数据集中管理，并用统一的标准进行约束，清晰地展现各指标的统计方法、数据来源、统计口径等信息。

（3）数据规范共享。利用平台普及医院绩效考核标准，规范指标定义，统一指标口径，便于后续指标共享和应用。

（4）指标可视化灵活。随时查看指标数据，了解指标趋势，可多种维度对指标进行分析，全方位满足医院精细化管理需求。

（5）数据指标安全稳定。指标由平台进行统一管理，支持增删查改和各级权限管控、层层审核，确保数据安全性。

5. 案例体验

打开demo（演示）体验登录后，在目录—行业场景应用—医疗行业—医疗绩效考核管理的栏目下，点击即可体验。

图7-3 绩效管理信息化系统（示例）

第四节 绩效管理制度

一、绩效管理制度的内涵

绩效管理制度是指企业组织实施绩效管理活动的准则和行为的规范。制定绩效管理制度之目的：一是为了提高企业竞争力，保证企业目标的顺利达成，在企业内部形成奖优罚劣、公平竞争的管理的氛围；二是保障绩效考核的顺利实施、降低绩效管理中的不确定性和风险的必要手段。

绩效管理制度一般应由总则、主文和附则等章节构成，主要内容如下：

（1）概括说明制定绩效管理制度的原因，绩效管理的地位和作用，以及加强绩效管理的重要性和必要性。

（2）对绩效管理的组织机构、职责范围、业务分工，以及参与绩效管理活动各层级员工的职责、权限及要求做出具体的规定。

（3）规定绩效管理的目标、程序和步骤，以及在实施过程中应遵守的基本原则和具体要求。

（4）对各类员工的绩效评估方法、设计依据和基本原理、评估指标和标准体系做出简要且具体的解释和说明。

（5）明确规定绩效评估的评估期限，包括提出计划、确定计划、计划的落地实施、绩效评估、绩效反馈面谈、提报成果等时间。

（6）对绩效管理的报表格式、评价量表、统计口径、填写方法、评述撰写、上报期限，以及对绩效评价结果误差的管控与优化提出要求。

（7）对绩效评价结果的应用原则，与之配套的薪酬激励、岗位调整、员工培训等规章制度的贯彻实施，作出明确规定。

（8）对各层级职能服务部门、业务部门的年度绩效管理总结、表彰活动和要求做出原则规定。

（9）对绩效评估中员工申诉权利、申诉流程和管理办法做出明确的规定。

（10）附则包括绩效管理制度的解释、实施和修改等其他有关问题做出必要的说明等。

二、绩效管理制度的建立

1. 绩效管理制度的建立方法

（1）专题讨论法。针对每一个专题内容进行专项讨论，主要是针对内容的准确性、规范性和实用性进行讨论。

（2）解释说明法。对某一个问题进行详细解释或说明指导。

（3）依照细分法。对现有的管理规章制度的相关内容进行细分。

（4）问题分析法。对已经发生或即将发生在经营管理、业务流程等方面的问题进行分析。

（5）小范围试点法。在公司内部选择个别部门先进行小范围的试点。

（6）引入第三方法。请第三方管理咨询公司的顾问开展制度设计等。

2. 绩效管理制度的设计步骤

（1）明确目标。企业制定制度之目的是保证经营活动正常进行。

（2）成立制度设计工作小组。工作小组主要成员由总经理、副总经理、人力资源部、部门负责人等有关成员构成。

（3）制度定位。在制定或修订制度之前要开展制度的可行性调研，包括国家相关法律法规及政策，同行业相关制度，企业内部管理制度的实施情况等，有利于从公司战略、运营管理、管理流程等角度出发进行制度定位。

（4）调研访谈。在制定制度之前要对相关人员进行调研访谈，包括目前企业当前的内资源能力、外部市场环境、管理中存在的问题等。

（5）起草制度。在起草制度之前要思考起草制度之目的，确定制度的写作风格和写作方法；在调研的基础上规划制度内容并设计纲要，最后再拟定制度草案。

（6）制度定稿。制度起草完毕后，要通过意见征询、小范围内试行等方式收集反馈意见。根据合理的反馈意见不断优化制度，直至定稿。

（7）制度公示。制度要为企业的运营和发展服务，经过总经理审批后的制度，要以适当的方式向全体员工公示，制度自公示之日起生效。

（8）制度推进。颁布的制度不能朝令夕改，"后令谬前者毁"（如果政令前后不一致，或者不同人不同标准，一定会导致失败）。如果制度前后不一致，员工不知道以什么为标准，不知道怎么处理，反而给管理带来麻烦。

3. 绩效管理制度的执行步骤

绩效管理制度执行的过程要"从绩效出发，再回归绩效"，只有切实应用才能产生贡献。绩效管理制度执行过程包括告知、解释及修订等过程。

（1）绩效管理制度的告知。只有将绩效管理制度告知每个员工，才能够避免因员工"不知道"而导致问题的发生。告知应遵循的原则有清楚准确性、时间及时性、覆盖员工的全面性等。告知方法有电子邮件、员工签收、微信、张贴布告等形式。

（2）绩效管理制度的解释。绩效管理制度的解释是指制定者和解释者应当按照一定的程序对绩效管理制度的规定、含义进行解释和说明：一是在绩效管理制度解释之前，先由绩效管理制度负责人以会议形式明确绩效管理制度需要解释的条目，确定解释的内容，然后由总经理指定专人负责制度的解释工作，在解释之前应落实对管理者的培训；二是采取集中培训方式进行双向沟通，既可以了解员工的困惑，有针对性地进行解释，又可以让员工及时提出自己的疑问，提高工作效率；三是在附件中描述相关解释内容；四是明确解释的效力，效力是指管理制度条文释义后的内容在时间、空间上对员工的拘束力，大家必须严格遵守。

（3）绩效管理制度的修订。制度的修订应坚持"废、改、立"的原则：一是经实践证明是行之有效的制度要继续认真执行；二是对操作性不强或不完善的制度要总结经验教训，不断优化；三是对不符合公司发展战略和经营方向的制度，该调整的调整，该废止的废止。

一般而言，出现以下几种情况时需要修订制度：一是组织架构、部门职责、经营条件面临着内外部环境变化或作业流程发生重大变化时；二是在执行过程中发现制度本身操作性不够完善时；三是国家法律法规、政策、相关标准等发生变化，与之相关的绩效管理制度也要随之变化时。修订后的绩效管理制度必须通过公示才能够生效，未经公示的绩效管理制度则无效。

【案例分享：企业绩效管理制度模板】

　　S公司是浙江台州的集炊具、厨房小家电研发、制造、营销为一体的股份制公司，现有总资产15亿元，占地面积60万平方米，员工3 000多人，每年的主营业务收入超地过30亿元，目前已发展成为一个集科研开发、信息集成、生产配套和市场营销于一体、拥有国内外先进设备和最新技术的现代化高新技术企业，是目前中国最大的厨具生产基地之一。

　　为了实施精细化管理，提高公司整体经营效益，在外部管理咨询顾问的协助下，制定了本绩效管理制度，以供参考。

第一章　总　则

第一条　绩效管理的目的

1. 保证公司战略目标的实现

　　绩效管理是实现公司战略目标的重要手段。科学的绩效考核可以把公司战略目标及实现战略目标的路径分解落实到各部门和各岗位的工作之中。通过绩效管理，实现对公司运营中的关键环节进行管控，促进战略目标的实现。

2. 促进组织绩效的改善

　　通过设置科学全面的绩效指标、设定合理的绩效目标，以及绩效沟通、审查与反馈工作，能够不断发现经营中的问题和缺陷，进而促进各部门工作方法和工作绩效的提升，最终实现公司整体绩效的提升。

3. 支持利益分配的评判

　　绩效考评的结果可以作为员工激励（工资调整、奖金分配）和人员调整（人员晋升、降职调职）的重要依据。

4. 培养健康的工作文化

　　在公司内部逐步建立起责任文化和绩效文化，培养公司员工的职业素养，激励员工尽到职业义务，逐步塑造公司健康的工作文化。

第二条　绩效管理的原则

1. 公正、公开、公平的原则

　　绩效考核和评估结论应依据准确的事实做出，反映被考核人员的真实绩效表现和能力水平，防止主观臆断，消除个人情感因素对考核结果的偏差；让被考核者充分了解考核的程序、方法和考核结果，保证考核的透明度。

2. 参与原则

鼓励动员公司各部门和员工的全体参与，促使绩效管理体系有效运行。

3. 差别性原则

针对各部门和员工在职能分工和工作特点等方面的不同，其考评内容和考评执行方式也有所区别。

4. 多角度双向沟通的原则

通过考核者与被考核者的即时的沟通，共同制定绩效目标。管理者在日常的工作中及时向员工提供指导和帮助，实现组织和个人绩效的改善。

5. 战略管理原则

建立高效的管理执行机制，以系统的方式将公司战略目标转化为工作目标，并有效实施。

第三条　绩效管理的方法

绩效考评是绩效管理的核心工作。部门及分子公司的绩效考评以部门平衡计分卡（BSC）为准，个人绩效考评以个人关键绩效指标（KPI）和部门平衡计分卡（BSC）得分共同决定。

1. 平衡计分卡

平衡计分卡是组织战略的实施工具，它是由一整套具有因果关系的目标、衡量指标组成的体系，核心思想是通过财务、客户、内部运营及学习与发展四个方面的指标之间的相互驱动的因果关系展现组织的战略实践通道，实现从绩效考核到绩效改进，从战略实施到战略修正的战略目标过程。

（1）财务类指标。它是指公司的财务和效益定位和需要衡量的核心领域，阐明了经营和管理行为所产生的可衡量的经济成果，体现组织的价值定位。

（2）客户（服务）类指标。它是指公司服务对象的界定和价值定位，阐述了对服务对象的理解以及如何通过产品管理和满意度管理促进效益目标实现。

（3）内部运营类指标。它是指公司内部运营管理活动与创新活动，通过改善公司运营，构建竞争优势。

（4）学习与成长类指标。它是指公司战略的能力构建，包括人力资源能力、创新机制和创新能力及技术保障和支持能力等。

（5）加减分项。它是对平衡计分卡指标体系的补充，是偶尔或突发但能对工作结果产生影响的事件。

2.关键绩效指标（KPI）考核

关键业绩指标是指通过对组织内部流程的输入端、输出端的关键参数进行设置、取样、计算、分析，衡量流程绩效的一种目标式量化管理指标，是把企业的战略目标分解为可操作的工作目标的工具。在实际工作中，员工的绩效具体体现为完成工作的数量、质量、时间、成本费用等。关键绩效指标考核内容主要包括两个方面：

（1）公司年度经营目标分解内容，主要侧重于年度重点工作、部门周边绩效、公司管理短板。

（2）部门和岗位的重点工作，主要侧重于各部门和各岗位员工为完成其部门职责、岗位职责和重要工作任务而采取的关键行为及最终结果。

第四条 绩效管理的适用范围

本绩效管理制度的适用范围为股份公司所有正式员工。

第二章 绩效管理的组织

第五条 绩效管理委员会

绩效管理委员会是公司绩效管理活动的决策机构，承担以下职责：

1. 负责对整个绩效管理工作的总体领导，对绩效管理工作提出指导性意见。

2. 审批各部门和员工绩效管理制度体系，并对绩效管理工作中的重大事项、重大活动进行决策。

3. 审批各部门的绩效计划、达成目标及考核标准。

4. 审批各部门（包括分子公司）的考核指标、权重和目标值等考核内容。

5. 审批各部门的绩效计划调整申请。

第六条 绩效管理小组

绩效管理小组是组织绩效考核活动的主要责任单位，承担以下责任：

1. 组织制定绩效管理相关的制度和管理体系，并报批准后督导执行。

2. 制定公司绩效管理制度文件，经批准后并督导执行。

3. 维护绩效管理体系的运行，保持系统运行顺利有效。

4. 组织制订本公司绩效管理工作计划，并督导实施。

5. 组织编制、调整年度/月度绩效管理工作计划，经批准后督导执行。

6. 审核年度绩效考核指标、绩效标准及相应权重。

7. 审批绩效信息，调查和听取绩效申诉和绩效异议，提报处理意见。

第七条 人力资源部

人力资源部负责公司绩效管理工作的实施，具体承担以下职责：

1. 组织实施本公司绩效考核工作，指导和检查各部门员工绩效管理活动的开展情况，并负责绩效信息的收集、汇总和计算。

2. 受理各部门员工的绩效申诉，组织调查和提出处置建议和意见，经批准后执行。

3. 对各部门及员工的绩效考核结果进行分析，积极运用绩效考核结果，提升绩效考核活动对公司的管理作用。

4. 对各部门及员工绩效计划、绩效计划调整、绩效考核结果、绩效反馈信息进行备案。

5. 在本部门职责内完整记录和提供相关绩效信息，并在职责范围内进行考核评估。

6. 完成与个人绩效管理相关的其他工作。

第三章 组织绩效

第八条 组织绩效管理的对象

组织绩效管理的对象包括公司一级部门与二级部门。一级部门是指总部各职能部门及各制造中心、营销中心、生活电器；二级部门是指各制造中心下属职能部门、制造部、分厂；营销中心下属各部门；生活电器下属各职能部门、制造部。

第九条 绩效计划的制定时间

部门/分子公司年度绩效计划的制订由公司绩效管理小组于上一年底，根据公司当年的经济效益指标及上年度的绩效考评结果和绩效反馈结果，与部门经理/分子公司总经理共同制订完成，同时将年度计划分解成月度绩效计划，提交公司绩效管理委员会讨论决定后，签订部门绩效合同，同时在人力资源部备案。

第十条 绩效计划调整

若企业的内外部环境发生了重大变化，足以影响部门绩效计划的顺利完成，则可由部门对绩效计划提出调整申请（绩效计划的调整一定要有相关的事实依据），经绩效管理小组审核后，交公司绩效管理委员会审批确定。

绩效计划调整必须在下一个绩效考核周期开始前3天提出申请并审核完成。

第十一条　信息收集

部门的信息资料（如产值、质量、成本、交货达成情况等）由公司人力资源部在每月底到各信息来源处收集整理后报公司绩效管理小组审核。

第十二条　考评对象、考评周期和时间

部门绩效考评的对象为公司一级和二级部门，每月考评一次并进行年度考评。年度部门绩效考评于当年十二月底完成。

第十三条　考评程序

1.月度考评。由公司人力资源部在每月月初，根据上月绩效考评信息对部门进行绩效考评，经绩效管理小组审批后对考评结果进行公示，无异议后由人力资源部填写"部门绩效结果汇总表"以备案。

2.年度考评。由公司人力资源部在每年十二月份，根据本年度绩效考评信息对部门进行年度部门绩效考评，经绩效管理小组审批后对考评结果进行公示，无异议后由人力资源部填写"部门绩效结果汇总表"（附件1）以备案。

第十四条　申诉和处理

被考评的各部门对考评结果有异议，必须由其部门领导在考评结果公示后3个工作日内向公司绩效管理小组提出书面申诉，绩效管理小组接到书面申诉后，在3个工作日内就申诉的内容组织审查，并将处理结果通知申诉者，若对处理结果不满意，可在收到处理结果后3个工作日内向绩效管理委员会书面提出申诉，由绩效管理委员会做出最终处理。

第十五条　绩效反馈与改进

部门绩效考评完成后，由股份公司人力资源部对绩效考评结果进行反馈沟通，由部门经理填写"部门绩效反馈表"（附件3）并报人力资源部备案。

第四章 个人绩效

第十六条 个人绩效计划

一级、二级部门以及分子公司负责人的月度个人绩效系数即为其所在部门的月度部门绩效系数。其他员工的月度绩效系数由本部门绩效完成情况和个人绩效考核情况共同确定。

在进行绩效管理的过程中，员工绩效考评必须制订绩效计划，绩效计划的主要内容有绩效指标、绩效目标、绩效衡量标准等。员工绩效计划分为年度绩效计划、月度绩效计划。

绩效计划的制订时间如下：员工年度绩效计划由直接主管及被考评者在当年1月，根据上年度的绩效考评结果和绩效反馈结果共同制订完成，并将年度计划分解为月度计划，填写个人"绩效计划表"（附件2），由员工的直接主管审核签字后由所在部门进行保管，同时交公司人力资源部备案。

绩效计划在制订和签署之后通常不予以调整，但如果企业的内外部环境发生变化足以影响绩效计划的顺利完成，则被考评者和其直接主管可以就绩效计划的目标值的调整进行沟通，对原绩效计划做出适当调整，但该计划的调整一定要有相关的依据，并得到直接主管和上一级主管领导的认可。绩效计划的调整必须在下一个考核周期开始前3天调整并审核完成，同时交公司人力资源部备案。

第十七条 绩效实施

绩效管理过程中，信息收集遵循由下而上的原则，员工每月的工作表现资料信息由其直接主管负责记录并管理，专人收集汇总整理后报间接上级领导审核，由人力资源部收集考核信息并进行汇总。

第十八条 绩效考核周期

绩效考评的考评周期分为月度考评、年度考评，本制度包括的所有人员都必须参加月度考评和年度考评。考评结果与绩效工资挂钩，年度考评还作为晋升、淘汰以及计算年终奖励、培训与发展的依据。

第十九条 绩效考评的时间

月度考评于下月月初完成，年度考评于当年十二月底完成。

第二十条　月度考评程序

直接主管在每月月初与被考评人进行充分沟通后根据收集到的信息填写上月"绩效考评表"，评出被考评人上月的绩效分数，同时与其进行绩效反馈，并根据绩效考评结果和反馈情况对本月度的"绩效计划表"进行调整确认。

指定专人对部门内所有被考评人上月绩效考评综合得分进行汇总，连同本月"绩效计划表"一同报公司人力资源部。

人力资源部对上月考评结果和本月绩效计划制定情况进行审核。

第二十一条　年度考评程序

由直接主管在当年十二月底，对员工进行全年考评并填写"绩效考评表"；

指定专人将所有被考评人的"绩效考评表"报人力资源部；

人力资源部于一月底前对员工的年度考评结果进行审核，并备案。

第二十二条　绩效考评方法

考评方法以关键绩效指标（KPI）为主，定性指标为辅的考评方法。

第二十三条　绩效反馈

常用的绩效反馈方式是进行绩效面谈。月度绩效反馈、年度绩效反馈在当期考评完成后三日内，对考评结果进行绩效反馈，并填写"个人绩效反馈表"（附件4），报人力资源部备案。

被考评人对考评结果有异议的，必须在考评结果公布后3个工作日内填写"绩效考核申诉表"（附件5）提出申诉，可以向间接上级进行申诉，部门负责人可直接向公司绩效管理小组提出申诉，接到申诉的领导或机构须在3个工作日内就申诉的内容组织审查，并将处理结果通知申诉者。

第二十四条　绩效改进

各级考评者和被考评者应及时针对考评中未达到绩效目标的项目分析原因，制订相应的改进措施计划。考评者有责任为被考评者实施绩效改进计划提供指导、帮助以及必要的培训，并予以跟踪、检查改进效果。

第五章　绩效考核的结果

第二十五条　月度绩效考核分数

按照月度进行考核的员工，根据月度平衡计分卡或月度考核表进行评分，评分结果即为月度绩效考核得分。

第二十六条　月度绩效考核工资

根据得分情况发放月度绩效工资，激励系数表，见表7-5。

部门负责人绩效工资=额定绩效工资×部门绩效系数

员工绩效工资=额定绩效工资×（个人考核系数×80%+本部门绩效系数×20%）

第二十七条　年度绩效考核分数

各类员工的年度绩效考核分数的计算方式如下。

1.分子公司负责人：

年度绩效得分=年度平衡计分卡得分×80%+管理能力考核得分×20%（见附件6）

2.一级、二级部门负责人：

年度绩效得分=年度平衡计分卡得分×80%+部门满意度得分×20%

3.其他员工：

年度绩效得分=KPI得分×80%+上级管理者评价×20%

第二十八条　年度绩效工资

年度绩效工资的发放以年度绩效考核结果为重要依据，分为优秀、良好、称职、合格、不合格五个年度绩效等级，全公司优秀员工的比例控制在10%以内。绩效考核等级与绩效系数表，见表7-6。

同时，年度绩效考核结果亦作为发放年终奖的重要参考依据。

第六章　绩效结果的应用

第二十九条　绩效考核结果与薪酬等级

员工下一年度的薪酬等级与年度绩效等级挂钩：

表 7-5　绩效考核得分与激励系数表

得　　分	70以下	70～80以下	80～85以下	85～90以下	90～95以下
激励系数	0	0.5	0.8	0.9	1.0
得　　分	95～100以下	100～105以下	105～110以下	110～115以下	115以上
激励系数	1.2	1.4	1.6	1.8	2.0

表 7-6　绩效考核等级与绩效系数表

年度绩效得分	年度绩效等级	年度绩效系数
110分（含）以上	优秀	2
105（含）～110分	良好	1.8
100（含）～105分	良好	1.6
95（含）～100分	良好	1.4
90（含）～95分	称职	1.2
85（含）～90分	称职	1.0
80（含）～85分	称职	0.9
70（含）～80分	合格	0.8
60（含）～70分	合格	0.5
60分以下	不合格	0

1.年度考核结果为"优秀"，薪资可自动晋升一档，连续两年考核结果"优秀"，可获得薪级调整优先资格。

2.连续两年年度考核结果为"良好"，薪资可自动晋升一档。

3.连续两年考核结果为"不合格"，薪资可自动降低一档。

4.员工的薪资升到该薪级的最高档后，不能使用该办法自动升级到下一个薪级，须按照薪级调整相关规定。

第三十条　绩效考核结果与岗位变动

公司对员工进行岗位轮换、晋升和任免时，以被考核者年度绩效等级作为重要依据。

1.考核结果为"优秀"，岗位聘任可视为自动续聘，并作为晋升的依据。

2.考核结果为"良好"或"称职"，岗位聘任可视为自动续聘。

3.考核结果为"合格",可继续担任原来职务。

4.考核结果为"不合格",需要参加待岗培训,重新竞聘上岗。

5.连续两次被考核为"不合格",人力资源部可提请上级部门将其辞退。

第三十一条 绩效考核结果与培训

公司以被考核者的年度绩效等级作为重要依据,根据被考核者的培训需求,有针对性展开对公司员工的培训工作。

1.考核结果为"优秀",优先进入公司的骨干培训计划名单。

2.考核结果为"良好",可以作为公司的骨干培训计划候选名单。

3.考核结果为"称职",可根据日常工作需要申请相关培训。

4.考核结果为"合格",可根据日常工作需要申请相关培训。

5.考核结果为"不合格"或连续两年"合格",需要参加待岗培训。

第七章 附 则

第三十二条 对于本制度所未规定的事项,由绩效管理委员会依照其他管理办法执行,需要时可及时编制新的补充规定。第三十三条 本制度由绩效管理委员会负责解释,员工对本办法产生疑义时可要求绩效管理委员会做出书面说明。

第三十四条 绩效管理委员会每年对本办法至少进行一次检查,并在必要时进行修正,确保本办法的适应性和有效性。

第三十五条 附件是本制度办法的组成部分,与本办法有同等效力。

第三十六条 本制度自颁布之日起实施。

附 件

附件1 部门(分子公司)绩效结果汇总表(见表7-7)。

附件2 个人绩效结果汇总表(见表7-8)。

附件3 部门/分子公司绩效反馈表(见表7-9)。

表7-7 部门（分子公司）绩效结果汇总表

部门/分子公司：

维度	考评指标	权重	考核标准	管理跟踪部门	月度绩效完成情况															单项得分	加权得分
					1月			2月			3月			4~11月（略）			12月				
					目标值	完成值	达成率	目标值	完成值	达成率	目标值	完成值	达成率	目标值	完成值	达成率	目标值	完成值	达成率		
财务维度																					
客户维度																					
内部运营维度																					
学习与发展维度																					
小计																					

续上表

部门/分子公司：

维度	考评指标	权重	考核标准	管理跟踪部门	月度绩效完成情况											单项得分	加权得分
						1月			2月			3月			4~11月（略）			12月				
						目标值	完成值	达成率	目标值	完成值	达成率	目标值	完成值	达成率	目标值	完成值	达成率	目标值	完成值	达成率		
管理能力考核																				
部门满意度考核																				
合 计	100%																			
加分项																				
减分项																				
绩效考核总分																				

部门/分子公司负责人　　　　　　　　　　日期　　　　　　　　　　绩效管理组签字　　　　　　　　　　日期

公司分管领导签字　　　　　　　　　　日期　　　　　　　　　　总经理签字　　　　　　　　　　日期

表 7-8 个人绩效结果汇总表

部门：

项目	权重	考核标准	信息来源	月度绩效完成情况											单项得分	加权得分
				1月			2月			3月			4～11月（略）			12月				
				目标值	完成值	达成率	目标值	完成值	达成率	目标值	完成值	达成率	目标值	完成值	达成率	目标值	完成值	达成率		
考核指标																			
小　计																			
加分项																			
减分项																			
绩效考核总分																			
被考核人签字	日期：			直接主管签字	日期：			上级管理者评分										
上级管理者签字	日期：			人力资源部签字	日期：												

表7-9　部门/分子公司绩效反馈表

部门/子公司负责人				
指标名称	计划完成	实际完成	同期比较	备注
反馈内容：				
未达成目标的原因分析				
部门内存在的主要问题及分析				
管理/技术经验分享				
述职人签字：		日期：		
上级管理者签字：		日期：		

附件4　个人绩效反馈表（见表7-10）。

表7-10　个人绩效反馈表

所属部门			岗位名称	
指标名称	计划完成	实际完成	同期比较	备注
反馈内容：				
未达成目标的原因分析				
工作中存在的主要问题及分析				

续上表

管理/技术经验分享		
述职人签字：	日期：	
上级管理者签字：	日期：	

附件5　绩效考核申诉、处理表（见表7-11）。

表7-11　绩效考核申诉、处理表

一、基础信息（由申诉方自行填写）			
申诉人姓名		所属部门	
申诉人岗位名称		直接主管姓名	
申诉提交日		申诉接收方	
二、申诉信息（由申诉方自行填写）			
申诉内容（由申诉人填报）			
三、申诉处理情况（由相关部门/人员填写）			
申诉受理方：		□接受申诉　□驳回申诉　□需上报处理	
间接上级意见：			签名： 日期：
四、申诉处理意见反馈确认（由申诉人填写）			
申诉人于　　年　月　日收到反馈意见 □认可上述处理意见 □不能接受上述处理意见或解释，将继续申诉			签名： 日期：
本记录由　　　　（部门）保管，经手人：　　　　日期：			

附件6　管理能力考核表（见表7-12）。

表 7-12　管理能力考核表

序号	考评内容	考核标准	分值
1	工作合理性 定义：采取有效工作方法，以期改善工作绩效	5级：努力创新、寻求较高层次的现代管理理念和方法	20
		4级：善于提出和运用一些新观念、新方法	17
		3级：能够接受合理化工作改进计划	14
		2级：安于现状、不能够改进工作方式、方法	10
		1级：对合理化、标准化工作方式不关心	4
2	工作责任感 定义：对工作认真、负责，寻求有效的方法达成工作目标	5级：以积极的态度承担责任，推动工作绩效的改进	20
		4级：承担授权责任	17
		3级：服从于本职工作的完成	14
		2级：出现责任问题时，寻求理由开脱	10
		1级：缺乏明显的工作责任心，面对问题推卸责任	4
3	主动性和独立性 定义：根据上级管理者的期望按时完成工作任务，包括能意识到并独立完成在最初指示之外的其他一些应做的工作	5级：能够意识到为完成总体目标而需要的工作任务。即使这些工作任务超出了上级最初的指示的范围，也会主动承担并在恰当的时候征求上级的同意。即使需要付出异乎寻常的努力，也会按时完成规定的和额外的工作任务	10
		4级：接受上级的指派的任务，并经常能够主动承担指派范围之外的工作。即使需要付出超额的努力，也会根据上级的指示按时完成任务	9
		3级：接受上级指派的任务，偶尔主动承担指派范围之外的工作。即使需要付出额外的努力，也会根据上级的指示按时完成任务	7
		2级：不会主动承担上级指派范围之外的任务，在别人的督促和指引下，能按时完成大部分主要工作。能独立完成一些稍微次要的工作，但有时需要有人提醒他最后的期限。最后期限的前一分钟才能完成工作任务，无法及时地纠正工作中的小纰漏。当意识到这些小错误时会及时纠正。从不主动付出额外的努力	5
		1级：能完成指派的任务，但时而会超出最后的期限，通常不会拖延太久。无法达到上级的要求，但此类员工会尽力改进。只有在强制的情况下，才会不情愿地付出额外的努力	2

续上表

序号	考评内容	考核标准	分值
4	组织协调能力 定义：在工作过程中，有效地进行任务安排，对人、财、物等资源进行合理调配，协调人际关系，满足工作开展的需要	5级：对重大事件和问题能够有效地进行组织和协调；对于突发或复杂的问题能够有效地协调公司内部与外部的稀缺资源，及时解决问题；与团队分享有效组织和协调的经验和方法，提升团队成员的组织和协调能力	10
		4级：抓住所做工作的重点难点，在部门内资源的协调调配上对这些工作进行优先考虑，和其他部门、上级单位、社会资源进行广泛联系，寻找并利用外部资源，以满足工作开展的需要	8
		3级：对自己管辖的人、财、物统筹安排，实现优化组合，使工作高效开展。平时注重人际关系的变化，消除摩擦，使人员团结共事，步调一致	6
		2级：根据工作需要，协调、配置手中的资源，使工作正常开展，当所辖范围人员出现矛盾冲突时，能及时解决，尽量减少对工作的影响	4
		1级：统筹安排能力弱，做事没有提前充分准备的习惯，由于协调问题，所负责工作在人、财、物方面常出现缺口，影响工作开展	2
5	成就导向 定义：表明一个人始终渴望有所建树，通过不断地给自己设定新的或更高的目标而获得某种满足	5级：坚忍不拔，直面挫折，勇于承担风险，采取持久的行动，付出不断的努力	20
		4级：敢于承担一定的风险，设定并努力达成具有挑战性的目标	17
		3级：绩效改进。虽然没有设定具体的目标，但是对整个系统或工作方法、工作流程采取了具体的变革和创新，以提高绩效	14
		2级：形成自己关于"绩优"的标准，但是不具备较强的挑战性	10
		1级：试图把工作做好，但是由于工作缺乏效率而导致绩效改进并不明显	4
6	团队精神 定义：热情地与同事沟通、协调、合作，即使存在强大压力的情况下，也能积极地开展提高组织士气的工作	5级：主动寻求、承担组织工作，并且能鉴别各类员工的优势，并提高他们的参与积极性。能积极避免员工间的冲突，有能力调停不健康的冲突，有时甚至在冲突发生前。愿意做出特殊的努力以保证组织绩效为员工所共享	20
		4级：是组织任务的积极完成和促进者。能和各类员工和睦相处，时而会提高其他员工的绩效。具有解决已爆发的不健康组织冲突的能力。愿意付出特殊努力，以保证组织绩效为每个员工所共享	17

续上表

序号	考评内容	考核标准	分值
6	团队精神 定义：热情地与同事沟通、协调、合作，即使存在强大压力的情况下，也能积极地开展提高组织士气的工作	3级：是实现组织目标的积极促进因素，能和大多数员工和睦相处，从来不是冲突的制造者，并且能够鼓励其他员工也不要制造冲突	14
		2级：当本身的技能和组织任务相匹配时，是组织任务的积极促进因素。不愿妨碍他人的工作绩效。一般不会介入组织冲突	10
		1级：对组织目标不太关心，但在个人利益的刺激下，会有助于实现组织目标。可能与其他员工无法和睦相处，结果要么是退出，要么会制造组织冲突。在组织整体绩效中，会片面夸大个人贡献而贬低他人的努力	4

第八章
综合案例：奉行运动健将精神的绩效管理体系

【导读】 运用"挑战极限、追求胜利"的运动健将精神，通过守正出奇的二维绩效管理模式，实现主营业务收入连续十多年增长率在20%以上且突破100亿元的实战案例。读者在研读这个案例的同时，发扬"比学赶帮超"的精神，运用对标管理法，比较本企业与该企业在绩效管理方面的异同，查漏补缺，推陈出新。

一、背景

G公司是我国一家大型生活用纸制造型企业，董事长一直在思考：如何让公司的业绩和效益实现可持续发展；怎样更合理地利用资源，让青山绿水与造纸行业共同和谐发展；员工如何找到职业发展与人生规划相平衡等问题。在一次季度经营管理会议上，总经理向董事长介绍了MBO目标管理和新中国体育界首位世界冠军、乒乓球运动健将容国团的故事，董事长豁然开朗，提出了以运动员精神提振企业的绩效管理思想。

【知识拓展：容国团的"人生能有几回搏"运动健将精神】

1937年8月10日，容国团出生于我国香港一个普通海员家庭，4岁时开始接受其舅父的乒乓球启蒙，用床板当球台练习乒乓球；13岁时向戴树荣等人学习打乒乓球；15岁时在父亲的帮助下，得到了去工联会俱乐部康乐馆练球的机会。容国团天资聪颖，经过系统训练，球技飞速提高，他一直奉行"人生能有几回搏"运动健将精神，不断向高难度目标挑战，分别在城市级、省区级、国家级、世界级大赛中取得了好成绩：

城市级：1957年，获得香港埠际乒乓球锦标赛的男子单打与男子团体第1名；

省区级：1958年，获得九城市乒乓球锦标赛的男子单打与男子团体第1名；

国家级：1958年，获得全国乒乓球锦标赛的男子单打与男子团体第1名；

世界级：1959年，获得第25届世乒赛男子的单打第1名；1961年，获得第26届世乒赛男子的单打第3名及男子团体第1名。

国乒男队队长马龙评说过：小时候曾经听教练给我们讲容国团夺得首个世界冠军的故事，听得我们心潮澎湃，虽然那时候对于"人生能有几回搏"这句话的意义还是懵懵懂懂，但是我记住了在赛场上要不畏强手、顽强拼搏、为国争光。正是这种"人生能有几回搏"运动健将精神，激励着我国乒乓球队员在征战奥运会、世乒赛、世界杯等赛事上，取得一个又一个好成绩。

作为一名运动健将，必须要有"挑战自我、追求胜利"的精神积极参与各级赛事，唯有成功，才具备下一轮竞赛资格并站在更高舞台。比如，只有在城市级竞赛上获得好成绩，才具备参加省区级竞赛的资格；只有在省区级竞赛上获得好成绩，才具备参加全国级竞赛的资格；只有在全国级竞赛上获得好成绩，才具备参加奥运会等世界级竞赛的资格,进而为国争光。毕竟,没有一个运动员是靠躺在功劳簿上且不付出辛劳,就可以在大赛中拿到冠军的。这种"挑战自我、追求胜利"的运动健将精神,正是企业管理者与员工所需要的。

很多时候,我们之所以会对大目标产生畏惧,是因为我们无法找到聚焦的那个点,也就是发力方向,根本不知道该如何下手。当我们利用目标细分法把问题分为一个个可执行的小目标的时候,就找到了可以聚焦的点,集中力量以自身强大的优势将这个问题瞬间解决掉。

G公司高管经过多次脑力激荡和思想碰撞后,认为员工要向"更快、更高、更强"的目标挑战和不断超越的奥运精神学习,以"胸怀大局、自信开放、迎难而上、追求卓越、共创未来"的文化精神结合简单易懂的语言,提出了以奥运会健将精神为宗旨的奥林匹克管理体系(MBOS)。经过多年的实践和迭代优化,形成了"挑战极限,追求胜利"的MBOS绩效文化。

在2023年12月2日,第七届"清华管理评论"管理创新大会上,清华大学经济管理学院教授陈劲、新加坡整合终身学习研究院创办人陈家赐围绕《以全方位整合式思维驱动企业的高效创新》展开主题演讲,提出奥林匹克管理体系(MBOS)的重要性,认为在企业中培育奥林匹克精神文化,让员工像企业奥运选手一样思考、工作、行为、表现,能够帮助企业实现最高绩效。培养企业奥运选手,要求企业管理关注可量化的关键绩效指标,弘扬"更快、更高、更强"的奥林匹克精神,确立行业世界级目标并进行基准测试,鼓励健康的团队竞争有利于重燃组织激情,形成有效的激励机制,推动不同企业间的交叉学习,不断提高认知,突破现状。

二、构建二维绩效管理架构

G公司强调工作要以实现绩效价值创造为导向,具备持续打胜仗的能力。根据陈家赐教授提出奥林匹克管理体系理论,我结合孙子兵法"以正合、以奇胜"的守正出奇思想,以及多年的绩效管理实战经验设计了二维绩效管理模式,见图1,为管理者实现公司使命和战略目标提供了一条导航路径。

在这里逐步阐述二维绩效管理运作模式。

三、战略规划的形成过程

企业要进行战略规划，必须清楚理解使命、愿景与价值观、战略之间的关系。使命、愿景与核心价值观都是企业经营管理最核心的理念部分，也是企业经营管理遵循的方向或基本原则。

使命是指企业由社会责任、义务所承担或由自身发展所规定的任务，也是企业形象的一个直接描述。G公司使命是实现绿色循环，传承造纸文明，提升生活质量。肩负的责任是以实际行动助力中国从"造纸古国"迈向"造纸强国"。

愿景是指员工们渴望共同创造的未来企业景象。企业在扑朔迷离、变化莫测的市场大海中航行，需要灯塔的才不会迷路，即使处境凶险，仍然信念不灭、信心不减。G公司愿景是透过林浆纸一体化经营，成为世界领先的可持续绿色产业。

核心价值观是指企业内部员工所接受的共同观念、遵守的底线、行为准则和信仰。对内是一个理念和旗帜，对外是一个承诺和形象，直接影响企业形象，品牌形象。G公司价值观是诚信正直、信守承诺，以客户为中心，以奋斗者为本。

战略规划是指企业根据外部环境和自身条件的状况及变化来制定和实施战略，根据对实施过程与结果的评价和反馈来调整，制定新战略的过程。G公司战略规划是把使命、愿景、价值观统一起来，让公司所有员工具有同样的理念一起奋斗，并落实到执行层面上。当公司能够成功地制定和执行价值创造的战略时，就能够获得战略竞争力。G公司作为传统的制造型企业，对市场竞争环境变化的敏感度要低于高科技公司，高管层认为"兵无常势，水无常形；能因敌变化而取胜者，谓之神"，在动态竞争势态上强调"你打你的、我打我的"。战略目标就是一个财务指标，即投资回报率20%或EBITDA（earnings before interest, taxes, depreciation, amortization，未计利息、税项、折旧及摊销前的利润）20%，反向驱动员工进行高效创新，将所有资源聚焦于价值创造上。在方向大致正确，组织充满活力的前提下，以突破性思考方式，推进改善活动，致力于成长型高挑目标的达成。即使外部环境变化给管理层带来非常大的压力，"力出一孔、对准一个城墙垛口冲锋"的追求高挑战目标从未改变，一以贯之。这种打法与一些企业做战略规划的方式区别较大，比如有些企业高管为了证明自己的战略规划是正确的，费了很大精力把SWOT、麦肯锡7模型、波特五力模型、波士顿矩阵、钻石模型等战略规划工具都用了一个遍，但对实现战略目标的资源配置想得不周全，一旦遇到障碍或阻力，就容易打退堂鼓或停滞不前。

四、战略解码

战略解码是化战略为具体行动的管理工具。这是将战略重点工作进行清晰的描述，通过可视化的呈现方式将G公司战略转化为全体员工可操作的语言。

1. 基于平衡计分卡的战略解码模型

战略解码要做两大基本工作：一是在战略框架下面，把企业"必须打赢的仗"的事情想清楚；二是把战略重点，转化成每个员工能理解的语言，让员工通过自己理解的语言，变成绩效目标。G公司运用基于平衡计分卡的战略解码模型，如图8-1所示，实现公司战略与组织、个人绩效目标的关联。

基于平衡计分卡的战略解码模型的主要内容包括：

（1）战略澄清。明确公司的使命、愿景、战略目标、业务重点等。

（2）战略地图开发。将公司战略目标、发展路径和发展措施结构化系统化，设计企业战略地图，明确战略主题，形成共识。

（3）根据战略地图和战略主题，开发对应的绩效指标和目标，并分解到各岗位上去，"千斤重担众人挑，人人肩上有指标"。在有条件的情况下，举办各部门管理者的目标承诺书（包括军令状等）签约仪式，在签约会上做"我承诺、我做到"宣誓，效果更佳。

（4）行动计划管理。管理者和员工都要明确为了达成战略目标，必须要做什么？要达成什么效果？如何将战略转化为具体的员工行动？

（5）预算管理。根据行动计划，优化预算并做好资源的有效配置，为行动计划的执行提供资源保证。

（6）动态监控。在实际工作中，定期落实员工的月度考核与奖惩，及时纠偏；定期进行战略复盘和指标迭代，降低风险。

2. 基于平衡计分卡的战略地图梳理

战略地图在战略解码中起到承上启下的关键作用。通过战略地图问题清单，见表8-1，能够寻找答案，演绎战略解码所关注的要素。

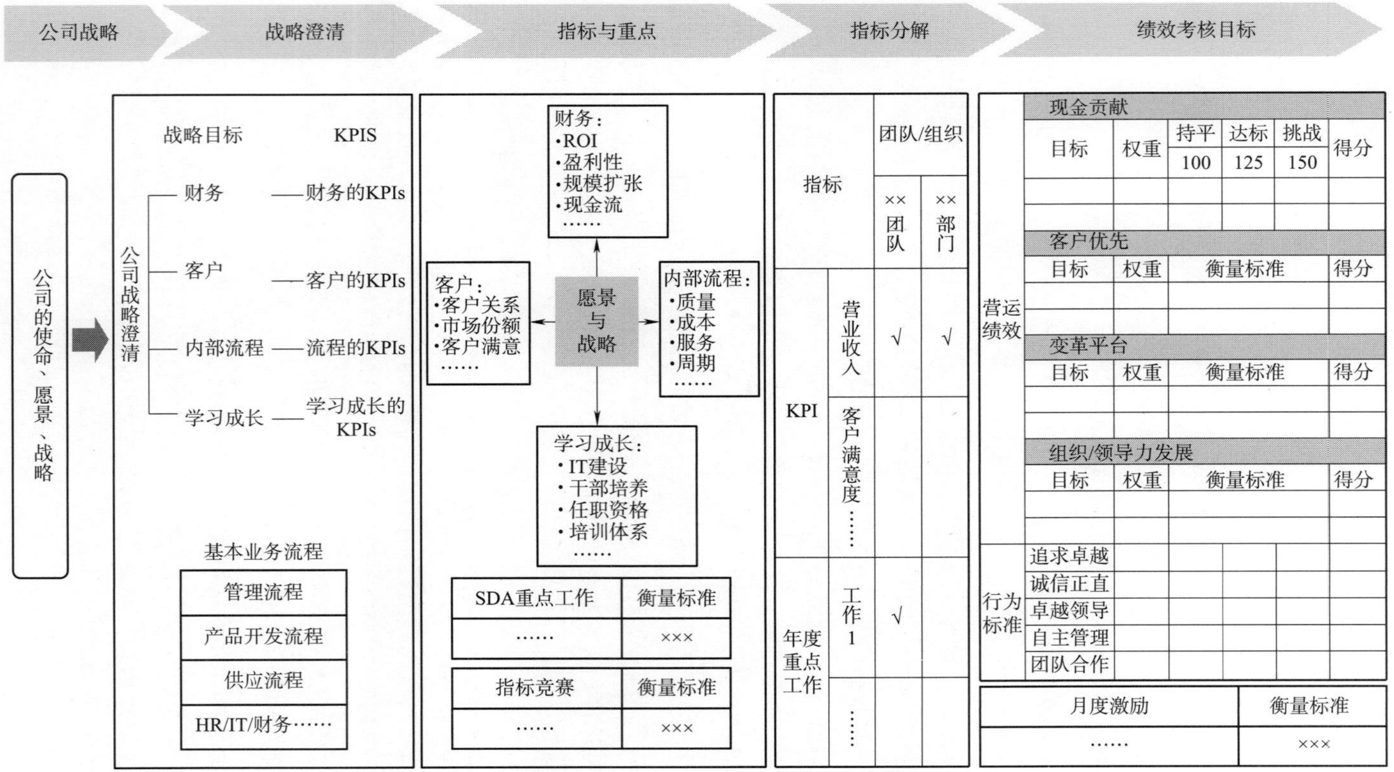

图8-1 基于平衡计分卡的战略解码模型（示例）

表 8-1　战略地图问题清单表

维度	问题清单
战略任务	（1）公司的使命、愿景、价值观各是什么
财务维度	（2）公司在财务上要有什么表现？如何分阶段设定
客户维度	（3）公司的主要客户、潜在客户是谁
	（4）业务增长路径：产品系列如何定位？聚焦的主要客户是谁？业务单元的产品与市场的组合策略是什么
	（5）客户价值主张：客户选择我们的主要因素是什么？是品牌、价格、服务、形象、社会关系等
	（6）客户价值：有哪些外部战略利益相关者？他们的价值主张是什么
内部运营维度	（7）在价值链上的各环节（销售、研发、设计、生产、物流配送等）要设定怎样的目标，才能满足客户价值主张
	（8）在价值链上的各环节要设定怎样的目标，才能提高资产周转率
	（9）在价值链上的各环节要设定怎样的目标，才能支持成本费用等降低
学习与成长维度	（10）未来人才梯队建设的战略目标是什么
	（11）未来推动标准化、数字化、信息化的设想是什么
	（12）未来企业文化建设、学习型组织的设想是什么？等等

"一图胜千言。" G公司以平衡计分卡的四个维度为核心，在分析各维度之间因果相互关系的基础上，绘制了战略地图，如图8-3所示。

战略地图法作为描述和分解公司战略的工具，需要在战略的指引下分层分级地分解指标，保证各管理层级的指标之间保持因果关系和递进关系。

3. 基于平衡计分卡的四大维度的绩效指标分解

G公司在其战略地图绘制后，对平衡计分卡各维度内容采用价值树分解法，寻找关键成功要素与关键绩效指标。

（1）财务维度指标分解，如图8-4所示。

经过总经理办公会研讨后，确立公司级关键成功因素及关键绩效指标、部门级关键成功因素及关键绩效指标，如图8-5所示，并指定完成各项关键绩效指标的主要负责部门。

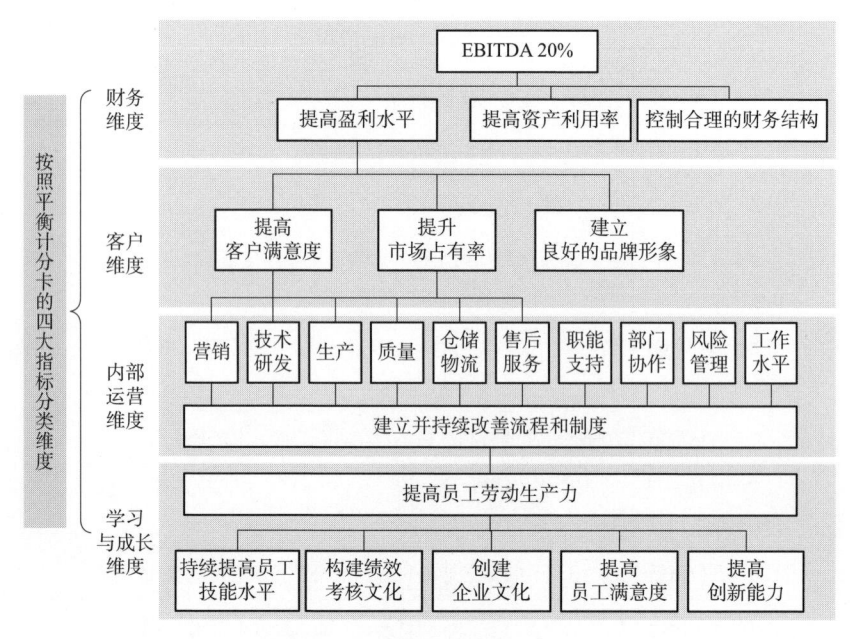

图8-3 战略地图的绘制（示例）

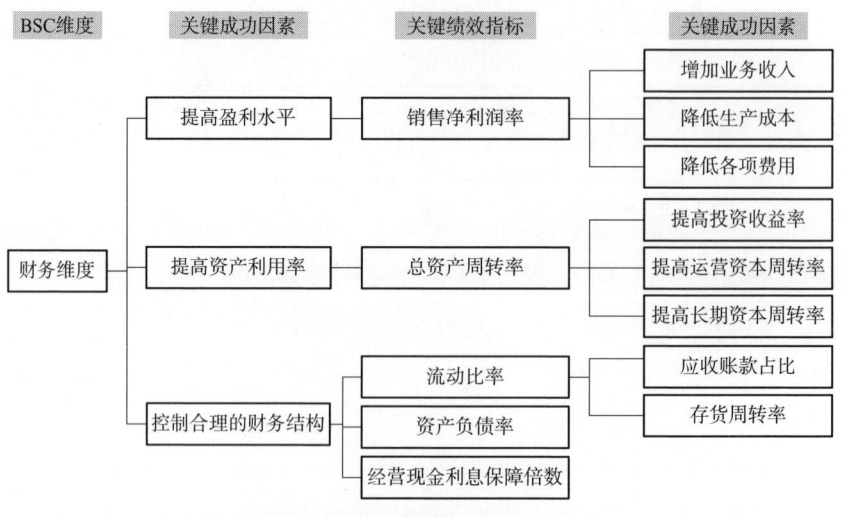

图8-4 财务维度指标分解（示例）

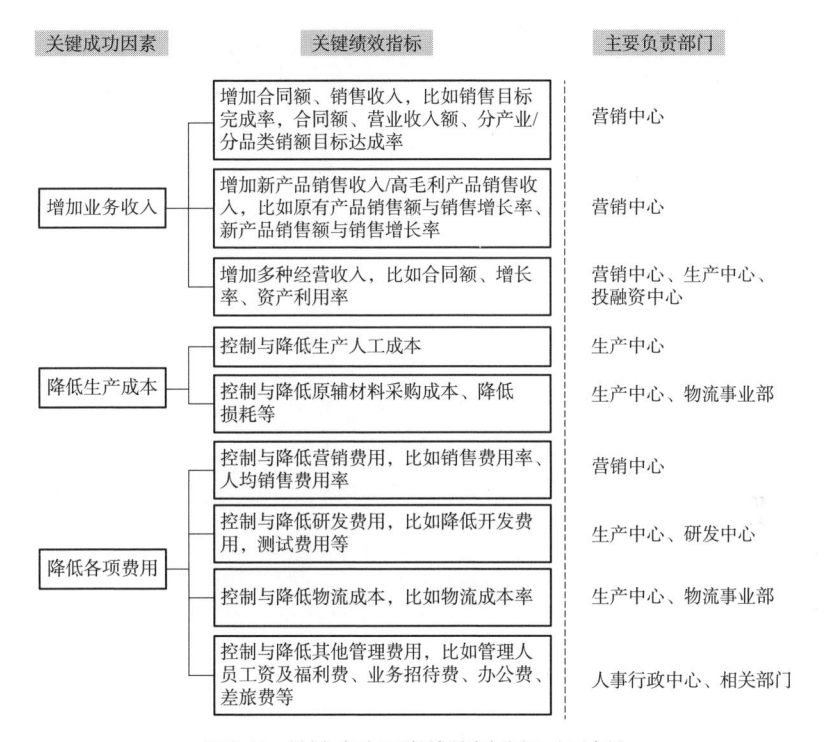

第八章 综合案例：奉行运动健将精神的绩效管理体系

关键成功因素	关键绩效指标	主要负责部门
增加业务收入	增加合同额、销售收入，比如销售目标完成率，合同额、营业收入额、分产业/分品类销额目标达成率	营销中心
	增加新产品销售收入/高毛利产品销售收入，比如原有产品销售额与销售增长率、新产品销售额与销售增长率	营销中心
	增加多种经营收入，比如合同额、增长率、资产利用率	营销中心、生产中心、投融资中心
降低生产成本	控制与降低生产人工成本	生产中心
	控制与降低原辅材料采购成本、降低损耗等	生产中心、物流事业部
降低各项费用	控制与降低营销费用，比如销售费用率、人均销售费用率	营销中心
	控制与降低研发费用，比如降低开发费用、测试费用等	生产中心、研发中心
	控制与降低物流成本，比如物流成本率	生产中心、物流事业部
	控制与降低其他管理费用，比如管理人员工资及福利费、业务招待费、办公费、差旅费等	人事行政中心、相关部门

图8-5 关键成功因素价值树分解（示例）

（2）客户维度指标分解，如图8-6所示。

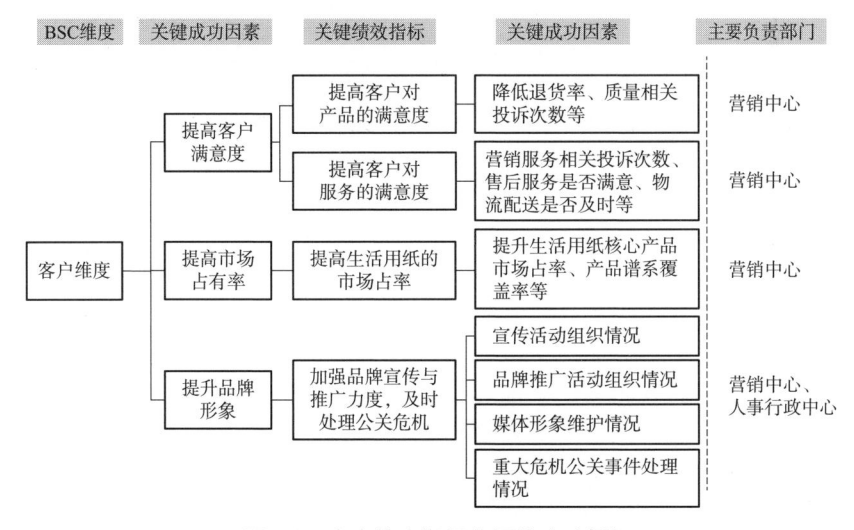

BSC维度	关键成功因素	关键绩效指标	关键成功因素	主要负责部门
客户维度	提高客户满意度	提高客户对产品的满意度	降低退货率、质量相关投诉次数等	营销中心
		提高客户对服务的满意度	营销服务相关投诉次数、售后服务是否满意、物流配送是否及时等	营销中心
	提高市场占有率	提高生活用纸的市场占率	提升生活用纸核心产品市场占率、产品谱系覆盖率等	营销中心
	提升品牌形象	加强品牌宣传与推广力度，及时处理公关危机	宣传活动组织情况	营销中心、人事行政中心
			品牌推广活动组织情况	
			媒体形象维护情况	
			重大危机公关事件处理情况	

图8-6 客户维度指标分解的（示例）

（3）内部运营维度指标分解，如图8-7所示，关键成功因素分解，如图8-8所示。

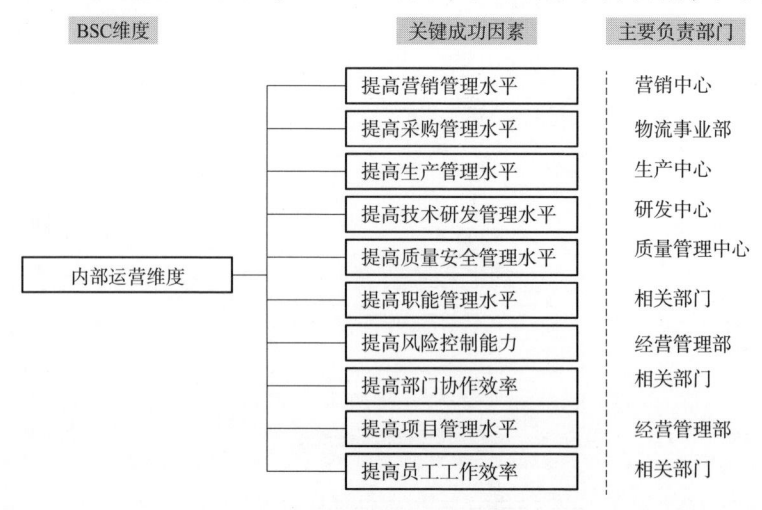

BSC维度	关键成功因素	主要负责部门
内部运营维度	提高营销管理水平	营销中心
	提高采购管理水平	物流事业部
	提高生产管理水平	生产中心
	提高技术研发管理水平	研发中心
	提高质量安全管理水平	质量管理中心
	提高职能管理水平	相关部门
	提高风险控制能力	经营管理部
	提高部门协作效率	相关部门
	提高项目管理水平	经营管理部
	提高员工工作效率	相关部门

图8-7　内部运营维度指标分解（示例）

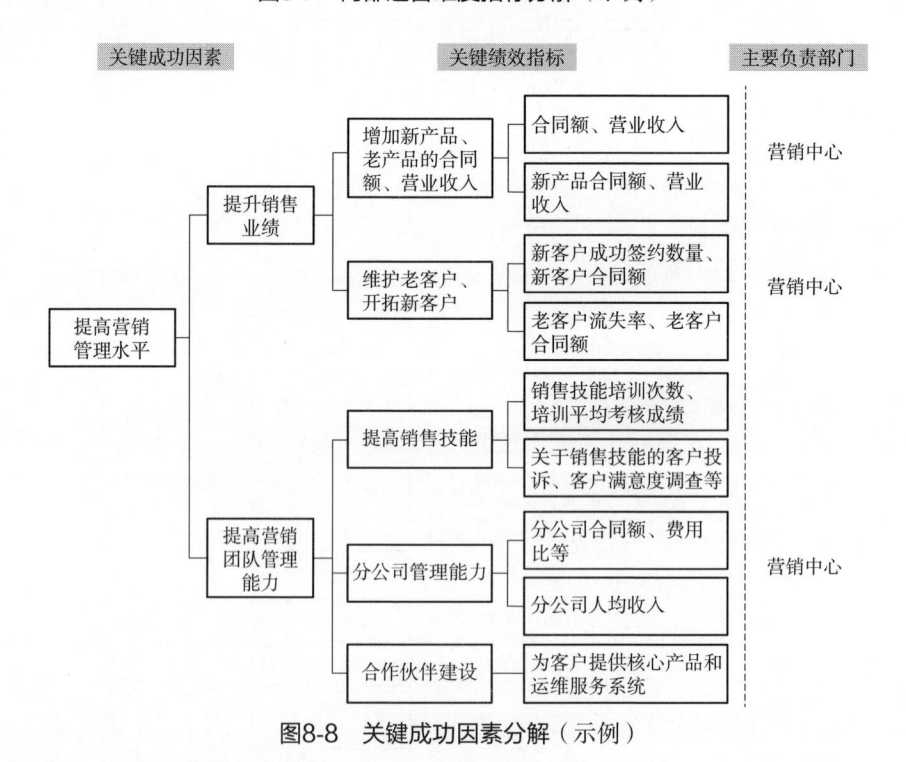

关键成功因素		关键绩效指标	主要负责部门
提高营销管理水平	提升销售业绩 → 增加新产品、老产品的合同额、营业收入	合同额、营业收入	营销中心
		新产品合同额、营业收入	
	维护老客户、开拓新客户	新客户成功签约数量、新客户合同额	营销中心
		老客户流失率、老客户合同额	
	提高营销团队管理能力 → 提高销售技能	销售技能培训次数、培训平均考核成绩	营销中心
		关于销售技能的客户投诉、客户满意度调查等	
	分公司管理能力	分公司合同额、费用比等	
		分公司人均收入	
	合作伙伴建设	为客户提供核心产品和运维服务系统	

图8-8　关键成功因素分解（示例）

（4）学习与成长维度指标分解，如图8-9所示。

第八章 综合案例：奉行运动健将精神的绩效管理体系

BSC维度	关键成功因素	关键绩效指标	主要负责部门
学习与成长维度	提高员工技能水平	员工培训达成率	人事行政中心/相关部门
		员工培训需求分析准确性	
		员工培训满意度	
	构建绩效管理文化	绩效考核报告提交及时率	人事行政中心/相关部门
		绩效反馈及时性	
		绩效考核工作差错数	
		绩效考核结果申诉率	
	积极创建企业文化	企业文化认知度调查得分	人事行政中心/相关部门
	提高员工满意度	员工流失率	人事行政中心/相关部门
		员工综合满意度调查得分	
		员工合理化建议反馈及时性	
	提高创新能力	管理创新合理化建议	相关部门
		制度、标准、流程、规范等合理化建议	相关部门
		成果及学术交流次数	相关部门

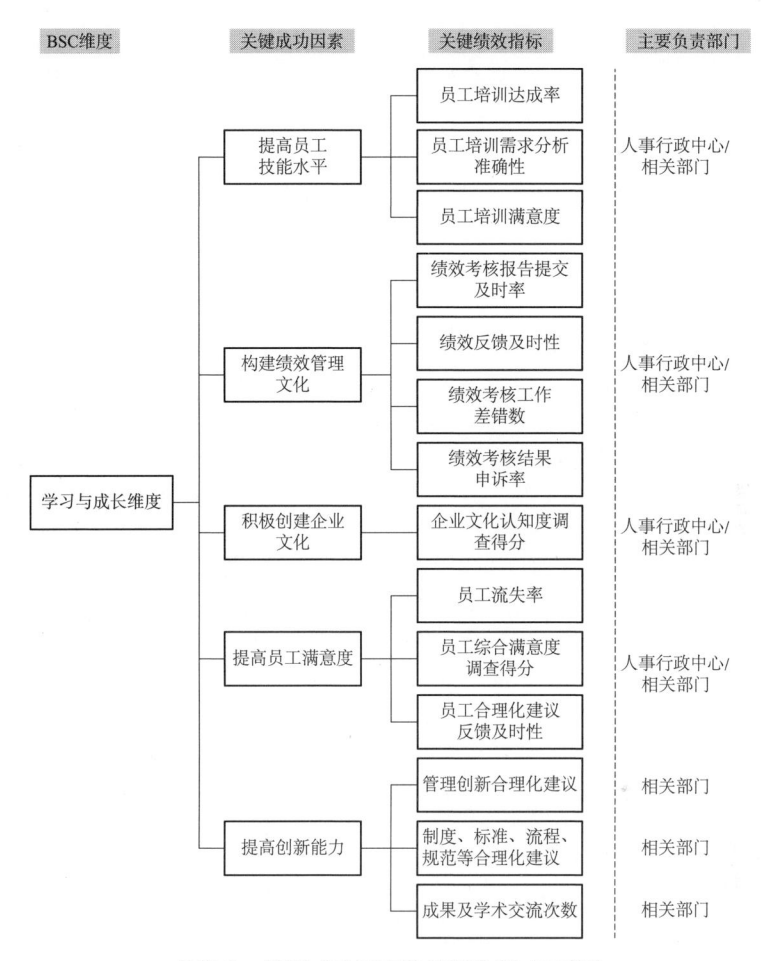

图8-9 关键成功因素价值树分解（示例）

通过各维度指标的逐级分解：一是保证了各部门、各岗位工作责任的层层落实，为个人绩效指标的设定提供了依据；二是保证了各部门在纵向承接公司关键绩效指标一致性的同时，建立起部门之间的横向连带责任和协作关系。

4. 基于年度预算的财务目标分解

在可持续发展的成长型战略引领下，先通过基于平衡计分卡的战略解码模型，实现G公司战略与部门绩效指标的关联。再以年度财务预算为抓手，运用价值树目标分解法，对损益表中的各项指标进行详细拆解。

财务指标价值树分解，如图8-10所示。

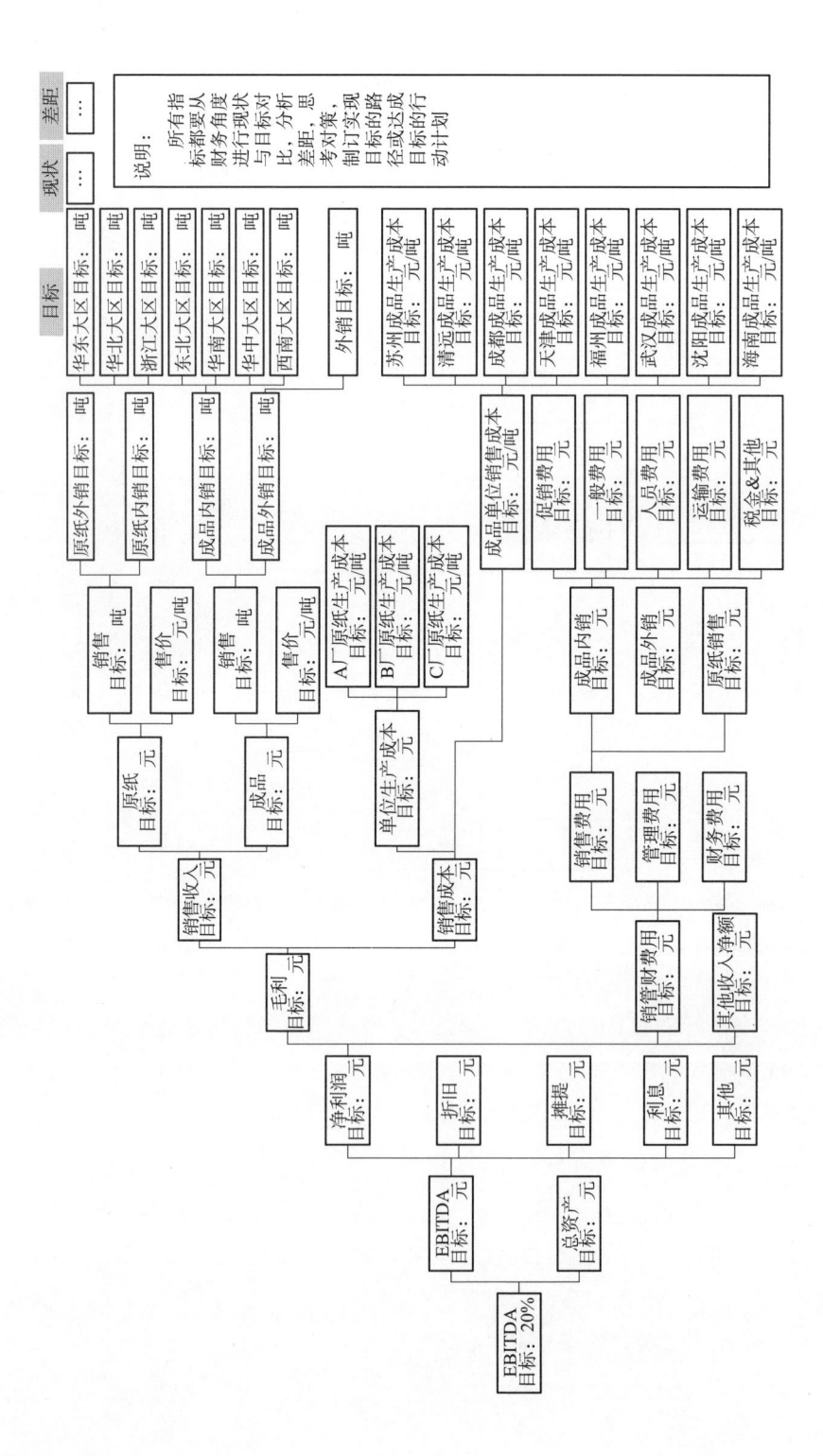

图8-10 财务指标价值树分解（示例）

各级管理者要认真分析现状与目标的差距思考对策，制订达成目标的主要工作计划方案，这些内容应体现在年度经营计划书中。

五、编制年度经营计划书

编制年度经营计划书是一项非常复杂的工作，很多企业的绩效负责人或外聘顾问在做绩效管理项目时，通常会跳过编制年度经营计划书这个环节通过战略解码直接设计KPI指标库。这样做似乎也可以，但在绩效考核落地实施时，一旦遇到障碍或阻力等问题，由于资源配置方面准备不足，很容易掉入陷阱之中而难以自拔。

G公司总经理深知年度经营计划书的重要性，在每年的10～12月安排经营管理部把工作重点放在年度经营计划书的编制方面，确保各部门的重点工作都聚焦在完成年度经营目标这个主航道上来，避免各自为政。通过经营管理部团队、各层级管理者与员工的共同努力，G公司主营业务收入从4亿元/年（1998年）提升到110亿元/年（2015年），增长率约为20%，一举成为行业的翘楚。

1. 年度经营计划书的主要内容

年度经营计划书的主要内容包括上一年度经营计划执行情况总结、近期战略目标、内外部环境分析与预测、年度经营策略和目标、实现目标的行动计划措施、风险分析及相应对策准备等。

2. 年度经营计划书的编制步骤

G公司总经理认为年度经营计划应符合以下要求：一是对上要能够承接战略发展目标；二是对下要能够为各部门管理者确定新一年度应开展的重点工作；三是对外能够准确分析市场营销方面的问题并提出解决问题的对策；四是对内能够关注组织管理中的"短板"并找到改进或优化方向。因此，上至公司决策层，下至各部门（营销、研发、生产、采购、质量、人力资源、财务等）管理者都要制订其年度经营计划书，包括达成目标的行动计划方案，以及为了完成目标需要公司（或跨部门）提供哪些资源支持等。

以营销中心的年度经营计划书为例，在对上一年度营销情况分析与回顾、新一年度营销形势分析与预测等基础上，制定营销整体策略，并落地实施。

（1）上一年度营销工作的回顾及分析，见表8-2。

表 8-2　上一年度营销工作的回顾及分析表（示例）

序号	事项	回顾内容	说明
1	销售业绩的回顾及分析	①年度累计销售额； ②各季度销售额的对比； ③区域销售额及对比； ④各销售办事处的销售对比； ⑤年度销售额完成率； ⑥年度销售额增长率； ⑦与历史同期销售额对比等	对各类销售业绩差异的原因做一个简要的回顾及分析
2	费用投入的回顾及分析	①营销整体费用投入； ②营销分类费用投入（广告费、业务费、宣传品费、运输费等）； ③各区域的营销费用对比等	分析费用的使用效率，以及造成各类营销费用增减的原因
3	产品销售回顾及分析	①不同产品的总体销售情况； ②各区域不同产品的销售情况对比； ③各月不同产品的销售情况对比； ④不同产品的费用比率等	对各类产品销售业绩差异的原因做回顾及分析，寻找机会点
4	内部运营分析	①销售办事处执行营销计划的情况； ②各部门对销售办事处支持情况等	对内部运营要素分析，找到营销流程或制度优化点
5	上年度营销计划的执行情况	①产品对市场的渗透程度及其扩张程度； ②新产品的投放效果； ③价格的上涨/下降对销售带来的影响； ④分销网络的建设情况； ⑤渠道促销对销售的影响； ⑥媒体广告投放对销售的影响； ⑦消费者促销活动对销售的影响等	重点分析竞争对手的情况，通过与竞争者在产品、价格、渠道、促销各环节的详细对比，找出彼此之间的差异点，确定导致销售差异的原因，并对营销计划进行必要的调整
6	存在问题的描述及分析	①营销人员、资源支持问题； ②营销推广方法问题； ③营销组织体系问题等	每个问题都是互相关联的，不能"头痛医头、脚痛医脚"，要从整体的角度系统地分析，找到问题解决方法

（2）新年度营销形势分析及预测。

①宏观经营环境分析。宏观经营环境分析主要是国内的经济形势和政策方向，

其对企业营销策略规划的作用因行业不同而有较大的区别。受宏观环境影响较大的行业有家电、制药、零售等。G公司属于生活用纸行业，受到的影响较小。

②行业发展趋势分析。行业发展趋势分析是判断企业盈利潜力和未来发展潜力的重要内容，决定着企业的资源投入方向。行业发展趋势分析要抓住两点：一是在进行市场容量分析时，要列出历年行业市场容量的变化曲线，同时说明变化产生的背景，在一定数据的支持下对未来2～3年的发展趋势作出预测；二是在对市场特征进行分析时，先从宏观层面上确定本行业的性质和特点，然后从微观层面对行业的竞争特点进行简要描述。

③产品发展趋势分析。产品发展趋势分析实际上就是对消费需求趋势的分析，这是制订具体营销计划的基础。产品发展趋势分析要抓住三点：一是产品内在性质，主要是品种、构造、内容功能等，这是消费者最本质的需求；二是产品外部形态，主要是包装、规格、形状等，是消费者核心需求的外在表现；三是产品市场表现形式，主要是产品进行售卖的方式，比如销售渠道、陈列方式、流通特点等，不同产品的售卖方式不同。

④竞争形势分析。竞争形势分析是通过与竞争企业营销活动各环节进行的详细对比，发现自己与竞争企业之间的差距，对本企业的营销活动进行有针对性地调整，最终赢得竞争优势。竞争形势分析要抓住两点：一是对竞争形势的描述，比如市场总体竞争特点、竞争企业的界定，主要品牌的市场份额表现、年度销售趋势、销售对比、广告费用对比等；二是对竞争品牌的直接描述，包括从整体策略、产品、价格、渠道、促销、费用等方面对竞争品牌进行直接描述，全方位地展示竞争品牌的营销活动及策略意图做简要分析，作出预测。

⑤SWOT分析找发展方向与机会。一是强势分析，从营销组织、管理、资源、产品、价格、渠道、促销、品牌等方面来分析企业具备哪些强项可以与竞争品牌的弱项或者强项抗衡等；二是弱势分析，从营销组织、管理、资源、产品、价格、渠道、促销、品牌等方面来分析企业具备哪些弱项，对弱项的分析一般较为准确，但关键在于管理层是否能够下定决心对弱项进行改善；三是机会分析，从行业环境的变化和竞争品牌的市场盲点中挖掘机会，难点是企业很难将自己认为的机会转化为实实在在的竞争优势或者利益；四是威胁分析，与竞争品牌在各个环节进行细致的对比，从威胁中发现竞争品牌的弱势，把握住改变局势的机会。SWOT分析能够帮助企业清晰地把握全局，分析自己在资源方面的优势与劣势，把握环境提供的机会，防范可能存在的风险与威胁，具有非常重要的意义。

（3）制定年度营销整体策略。通过对上一年度营销工作分析、新一年度营销形势分析，结合自身的资源与能力分析，制订了营销中心的年度经营计划，见表8-3。

表8-3　营销中心的年度营销计划表（示例）

序号	项目	工作目标与行动计划	负责人
1	内销市场展望	1.市场 ①市场开发：重点开发华东、华南市场，抢占市场份额； ②中高档纸年增长率在20%以上，抓住AFH重点通路增长； ③调整品类销售收入结构：卫生纸与面巾纸的销售额比例由30∶70调整为25∶75； ④高档面巾纸增长率仍很高，加大力度抢夺份额 2.营销 ①确保国内市场的营业收入目标：＿＿＿＿万元； ②加大空白终端网点覆盖率； ③全国实施精耕/深耕计划，弥补市场空白点，提升销量	
2	新产品开发计划	……	
3	旧产品之淘汰计划	……	
4	新客户开发	……	
5	旧客户淘汰	……	
6	广告及销售推广政策	……	
7	售价政策	……	
8	授信及账款回收政策	……	
9	业务人员增减及异动	……	
10	销售费用控制	……	
11	可能遭遇困难及对策	……	

G公司经营管理部将各一级部门制订的年度经营计划书进行整理和优化，结合公司战略目标，编制公司年度经营计划书，作为各部门的年度工作指南，为各部门绩效指标库的建立打下了良好基础。

六、构建 KPI 绩效指标库

经过年度经营计划书对相关指标的梳理、归纳、整理、优化之后，就可以从平衡计分卡的四个维度构建KPI指标库。

1.财务维度的常见指标（见表8-4）

表8-4　财务维度常见指标库（示例）

指标	指标	指标	指标
营业收入	资产负债率	产权比率	市盈率
净利润	流动比率	资产净利率	净资产收益率
人均净利润	速动比率	毛利收入	毛利收入增长率
营业收入增长率	销售毛利率	坏账比率	投资回报率
EBITDA	资金充足率	现金流	成本额
销售净利率	营业利润	每股收益	预付款金额
成本占比或费用比率	新客户营业收入	股价	贷款总额
人均营业额	产量	产值	资产收入等

2.客户维度的常见指标（见表8-5）

表8-5　客户维度常见指标库（示例）

指标	指标	指标	指标
市场占有率	指标市场渗透率	品牌价值认可度	客户忠诚度
新客户增长率	客户投诉解决及时性	市场知名度	客户流失率
会员增长率	客服成本	会员数量	有/无消费会员比率
老客户推荐率	单位客户客服成本	客品数	新客户收入占比
客单价	客户投诉数量	重复购买率	获客成本
单位客户销售额	网站用户满意度	产品价格指数	客户对产品的好评率
单位客户净利润	公共关系评价	媒体正面报道次数	危机公关次数
客户满意度	危机公关处理情况	点击率/阅读量	客户转发率等

3. 内部运营维度常见指标（见表8-6）

表8-6　内部运营维度常见指标库（示例）

指标	指标	指标	指标
存货周转天数	应收账款周转天数	内部客户满意度	产品开发周期
存货周转率	应收账款周转率	产品开发费用	产品交期及时性
新产品数量	新产品占比	风险数量	违规件数/次数
门店营业额	制度流程完备率	异常处理及时率	供应商数量
质量体系认证达标率	工作计划完成率	档案完整性	出现错误的次数
项目完成率	项目成功率	信息系统安全性	硬件设备完好率
信息披露及时性	会议组织的有效性	信息收集的准确性	人员编制控制
分/子机构扩张达成率	内控体系完备率	信息传递效率	安全事故发生次数等

4. 学习与成长维度常见指标（见表8-7）

表8-7　学习与成长维度常见指标库（示例）

指标	指标	指标	指标
招聘满足率	年均员工培训时间	创新建议数量/质量	员工满意度
员工招聘成本	培训课程种类完备率	员工建议采纳数量/比率	员工申诉次数
举办培训次数	培训费用支出	员工能力达标率	人才梯队完备率
举办培训课时数	培训满意度	劳动争议次数/比率	员工离职率
培训覆盖率	员工违规次数	工伤发生次数/比率	员工敬业度
员工培训成本/费用	员工缺岗率	合理化建议数量/质量	员工平均晋升时间
培训参与率	员工出勤率	新产品/技术培训及时性	团队建设质量
单位员工培训成本	企业文化培训次数	核心/高绩效员工比例	高层次人才占比等

管理者在使用指标库需注意，应根据部门职责、岗位职责、工作任务等要素选取绩效考核指标。

七、岗位绩效考核指标库

G公司制定岗位绩效指标是从两个方面进行考虑：一是对结果的关注；二是对过程行为的管控。处于不同层级的人员因承担的责任不同，其结果指标和行为指标的项目及权重都要有所不同：对于中高级管理者而言，更多的是对结果承担责任，比如总经理的工作重心在经营决策方面，以结果性的量化KPI指标为主；对基层管理者或员工而言，对结果的影响主要是通过其完成任务的过程中表现出来的行为规范来决定的，过程管控或执行的指标占权重就大一点。

根据各部门的岗位职责、绩效指标对公司整体经营绩效的重要性和贡献度，设立KPI指标及其评价权重，权重采用百分制，见表8-8。

八、阶段性绩效考核

1. 设计员工通用绩效考核表

岗位职责KPI绩效指标库的建立为员工的绩效考核工作开展打下了良好的基础。为了更好地落实员工的绩效考核，绩效负责人在开展员工绩效考核工作之前，需要制定员工通用绩效考核表单，见表8-9，供各部门管理者参考。

2. 计算员工绩效考核得分与绩效奖金

人力资源部绩效负责人根据绩效管理制度，落实员工的阶段性（月度、季度或年度）绩效考核。

员工月度绩效考核表，见8-10。

根据员工阅读绩效考核表，可以计算正、负激励的绩效奖金。比如，员工刘某的工资为10 000元/月，其中40%作为绩效考核奖金，即

奖金基数/月=1万元×40%=4 000元/月

（1）正激励绩效奖金。假设，刘某的月度绩效考核综合得分为113.5分；因表现优秀，被公司评为A+级员工，奖金系数为1.25。那么，当月所得的绩效激励奖金=4 000×1.25-4 000=1 000元（额外金额）

虽然刘某表现优秀，但获得正激励绩效奖金与个人的工作付出相比较，还是偏低的，很难激起员工的积极性。

（2）负激励绩效奖金。假设，刘某的月度绩效考核综合得分为90分（百分制，即被扣了10分），被评为B等，奖金系数为0.9。

表 8-8 岗位 KPI 绩效考核指标库（示例）

职位	指标																							
	EBITDA KPI									销量 KPI										费用管控 KPI				指标权重合计
	净利润	营业利润	毛利率	吨单价	销售费用比	品类达成率	生产成本	库存品	机台稼动率	销量	市场占有率	品牌知名度	品牌忠诚度	进货量	分销量	空白网点开发	门店覆盖率	SKU上架	门店走访率	门店分销量	门店陈列占比	门店缺货率	订单完成率	新品销量占比	人员流失率	形象店建设	人均贡献度	促销费用占比	费用贡献度	合约费用	让利	一般费用	人员费用	导购费用	项目推展费	
销售总监	20%			10%	20%			√		50%	√																									100%
市场总监	20%		√	√	20%	√				40%	20%	√	√															√	√							100%
品牌副总监	√		20%	√	√	√				40%	√	20%	√	√																						100%
店内行销副总监	20%			20%	20%		√			50%														20%	10%		√		√	√	√					100%
大区总经理	20%	√		10%	20%	√				50%	√									50%		20%					√	20%	√	√	√		√			100%
大区市场经理		√	30%	√	√	√					√				√			√																		100%

第八章 综合案例：奉行运动健将精神的绩效管理体系

续上表

职位	EBITDA KPI							指标 - 销量KPI													费用管控KPI					指标权重合计
	净利润	营业利润	毛利率	吨单价	销售费用比	品类达成率	生产成本	滞销库存品	机会稼动率	销量	市场占有率	品牌知名度	品牌忠诚度	进货量	分销量	空白网点开发	门店覆盖率	SKU上架	门店走访率	门店分销量	门店陈列占比	门店缺货率	订单完成率	新品销量占比	人员流失率	形象店建设	人均贡献度	促销费用占比	费用贡献度	合约费用	让利	一般费用	人员费用	导购费用	项目推展费	
区域产品经理		15%	15%			√			√	50%																20%		15%								100%
大区项目经理	15%				10%20%	√	15%			40%																			30%							100%
省办经理	20%					√				50%						√	√										√	√	√	√	√	√				100%
营业所所长		15%				√				50%						√	20%										√	15%	√	√	√	√				100%
业务人员															60%	√	20%	20%	20%		√															100%
…																																				100%

说明：上表"√"代表监控及关联性KPI，根据管理需要可以作为员工的绩效考核指标。

表8-9 员工通用绩效考核表（示例）

所在部门：　　　　　　　　　　　　　　　　　　岗位任职者姓名：

类别	考核KPI	权重	指标说明	考核方法	目标	实际完成	实际完成情况得分		信息来源	备注：未达标分析及改进措施
							自评	部门负责人审定		
考核指标项	关键业绩指标（KPI）	营业收入目标达成率	××	实际达成÷序时目标×100%	1.低于××%得0分；2.大于等于××%，按照百分比得分，本项最高得××分	××	××	××	××	财务管理中心	略
	重点工作计划指标				根据管理制度办理						
	能力与态度指标	能力									
		态度									
合计		100%									

KPI考核得分＝

第八章 综合案例：奉行运动健将精神的绩效管理体系

续上表

所在部门：					岗位任职者姓名：				
类别	考核KPI	权重	指标说明	考核方法	目标	实际完成	实际完成情况得分	信息来源	备注：未达标分析及改进措施
							自评 / 部门负责人审定		
加减分	关键例外事件	加分项		根据管理制度办理	序时 / 序时				
		减分或否决项							
					关键例外事件得分=				
	临时性工作	加分项		根据管理制度办理	序时 / 序时				
		减分或否决项							
					临时性工作得分=				
							综合得分=		
主管签名：			日期：			员工签名：		日期：	

表8-10 员工月度绩效考核表

所在部门：　　　　　　　　　　　　　　　　　　　　　　岗位任职者姓名：

类别	考核KPI	权重	指标说明	考核方法	目标	实际完成	实际完成情况得分 自评	实际完成情况得分 部门负责人审定	信息来源	备注
关键业绩指标（KPI）	营业收入目标达成率（单位：万元）	40%	实际达成÷序时目标×100%	1. 低于50%得0分；2. 大于等于50%，按照百分比得分，本项最高得150分	1 000	1 200	48	48	财务管理中心	
	吨单价目标达成率（单位：元）	10%	实际达成÷序时目标×100%	1. 低于90%得0分；2. 大于等于50%，按照百分比得分，本项最高得150分	10 000	11 000	11	11	财务管理中心	
	营业利润目标达成率（单位：%）	15%	实际达成÷序时目标×100%	1. 低于80%得0分；2. 大于等于50%，按照百分比得分，本项最高得200分	20%	22%	16.5	16.5	财务管理中心	
重点工作计划指标	新客户开发数	20%	实际达成÷序时目标×100%	按照目标达成率计算得分	10	12	24	24	营销管理中心	
能力与态度指标	能力	10%		根据管理制度办理			10	9	直接主管	
	态度	5%					5	5	直接主管	
考核指标项 合计		100%					114.5	113.5		

KPI考核得分=

第八章 综合案例：奉行运动健将精神的绩效管理体系

续上表

所在部门：　　　　　　　　　　　　　　　　　岗位任职者姓名：

类别	考核KPI	权重	指标说明	考核方法	目标	实际完成	实际完成情况得分		信息来源	备注
							自评	部门负责人审定		
加减分	关键例外事件	加分项		根据管理制度办理	序时		0	0		
		减分或否决项			序时		0	0		
				关键例外事件得分=			0	0		
	临时性工作	加分项		根据管理制度办理	序时		0	0		
		减分或否决项			序时		0	0		
				临时性工作得分=			0	0		
						综合得分=		113.5		

在当月所得的绩效奖金=4 000×0.9-4 000=-400元（扣减金额）

值得注意的是，公司采取负激励模式很容易打击员工士气。这是绩效负责人需要想办法解决的问题。如果不解决打击员工士气这个问题，要赢得竞争对手非常难。

【知识拓展：阶段性绩效差距分析与改进】

1. 绩效差距分析

绩效差距分析可以理解为一个减法过程，即目标绩效-实际绩效=绩效差距。重点在于分析绩效差距形成的前因后果，核心在于两个概念：一是目标绩效，最简单理解"应当怎样"，为衡量最佳绩效，我们应当具备哪些指标，可以理解为理想的、期待的绩效；二是实际绩效，最简单理解"是怎样"，比如目前公司产品销售收入是怎样的，可以理解现状绩效。

2. 进行绩效差距分析的步骤

（1）识别和分析实际绩效状态和期望绩效状态。

（2）识别实际绩效状态和期望绩效状态之间的差距点（差距点包括当前差距、未来差距，以及积极、中立或消极差距）。

（3）按照重要程度对各类差距进行排序。

（4）分析差距产生的原因。

3. 绩效差距分析的方法

（1）目标比较法。将考评期内员工的实际工作表现与绩效计划的目标进行对比，寻求工作绩效的差距和不足的方法。

（2）水平比较法。将考评期内员工的实际工作业绩与上一期的工作业绩进行比较，衡量和比较其进步或差距的方法。

（3）横向比较法。在各部门或单位间，各个员工之间进行横向比较。

绩效差距分析与改进，如图8-12所示。

管理者在进行差距分析时，要知道如何整合或分配手中的资源来达到实现目标之目的。这就需要发现问题，并分析企业的优势和劣势、可用的机会和可能阻碍你取得预期结果的因素。

第八章 综合案例：奉行运动健将精神的绩效管理体系 243

```
年度预算目标
    ↓
季度/月度度预算目标
    ↓
KPI目标
    ↓
KPI差距 → 找到异常问题点
    ↓         ↓
KPI实际 ← 持续优化与改进
```

图8-12 绩效差距分析与改进（示例）

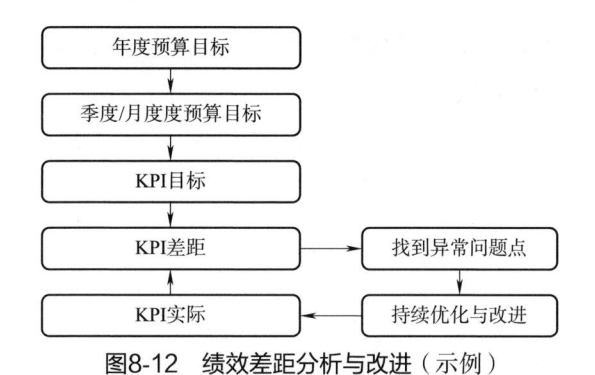

九、年度绩效考核

企业内外部运作要形成一个有机整体，可以结合平衡计分卡思考：企业要生存发展就要重视现金流，现金流主要来自客户的贡献；管理者要以客户为中心，心中就要装着客户优先的理念；为了实现客户优先这个目标，需要顺应外部环境的变化，不断变革，持续提高组织与领导力，为企业持续经营提供保障。

G公司要求科长级（含）以上管理者根据公司财务预算及年度经营计划书，结合部门运营情况，在上一年度结束之前制定年度个人绩效目标，内容包括现金贡献、客户优先、变革平台、组织与领导力发展四大模块，如图8-13所示。

现金贡献是指投资回报率、现金贡献金额、运营支出、应收账款等量化指标；客户优先是指提升客户满意度、扩大市场占有率、高毛利产品收入占比率、准时交货率、重点客户销售额占比等客户关心的指标；变革平台是指为了加速实现公司战略目标而设立的经营规划与变革方向，包括专案改善、指标竞赛、信息化建设、流程优化等降低成本、提升效率方面的指标；组织与领导力是指为了提升组织竞争力，在人才梯队建设、团队合作、员工激励等方面设立的指标。

```
      现金贡献
        ↓
      客户优先
       ↙ ↘
  变革平台 ⇄ 组织与领导力发展
```

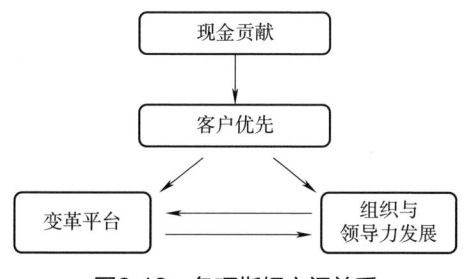

图8-13 各项指标之间关系

1. 管理者个人年度绩效考核指标

管理者个人年度绩效考核指标表，见表8-11。

表8-11　个人年度绩效目标表（示例）

维度	指标	单位	现状	目标 保证	目标 挑战	达标行动措施
现金贡献	业收入					华东_____个营业所，实现通路精耕 （1）整合通路管理与后勤管理，确保业绩指标层层下达； （2）地级市开发数：_____个，县级市开发数：_____个等
	销售费用					（1）制定合理的费用预算，下达到营业所执行； （2）费用有效执行：让利转固定、延后支付等
	应收账款					（1）成立会计对账小组，统一管理，加强对账与账款回收； （2）将回款率纳入营业所竞赛指标，鼓励回收账款等
	营业利润					（1）营销中心制定管理者利润贡献提成年效奖励方案； （2）专人分析营业利润，公告竞赛成果，提出改善建议等
客户优先	终端客户数					（1）建立终端网点信息化数据库，明确终端客户开发方向； （2）把新客户开发指标纳入KPI考核和指标竞赛
客户优先	客户占有率					……
	交货及时率					……
变革平台	利润中心建设					……
	业务组织建设					……
	指标竞赛推展					……
组织与领导力	接班人储备					……
	选优汰劣实施					……
	优化激励体系					……

2. 年度绩效考核的实施

在上年度结束后的30个工作日内开始实施管理者的年度绩效考核。一般而言，考核者要花时间观察被考核者的工作情况，准确地将观察结果转化为评价信息，真实地提供绩效考核的评价结果。可采用360°评估法，考核者包括直接主管评价、同事评价、下属评价、自我评价、客户评价等方式。

个人年度绩效考核评价表，见表8-12。

3. 员工年度绩效考核等级的确定

员工的年度个人绩效考核是按部门、分层级进行。以部门为单位，同一层级员工根据其年度绩效考核综合得分，统一排名，配置考核等级。

表8-12 个人年度绩效考核评价表（示例）

维度	权重	指标	单位	现状	目标 保证	目标 挑战	实际达成	自我评价 20%	小组评分 上级评价 50%	小组评分 下级评价 10%	小组评分 同事评价 10%	小组评分 客户评价 10%	本项评分
现金贡献	40%	营业收入											
		销售费用											
		应收账款											
		营业利润											
客户优先	20%	终端客户数											
		市场占有率											
		交货及时率											
变革平台	20%	利润中心建设											
		业务组织建设											
		指标竞赛推展											
组织与领导力	20%	接班人储备											
		选优汰劣实施											
		优化激励体系											
综合得分													

以G公司营销中心为例,见表8-13,说明强制分配的比例情况。

表8-13 个人年度绩效考核等级分布表(示例)

项目A+		部门内部员工考核等级分布(%)					合计
		A+	A	B	C	D	
部门获得绩效考核等级	A+	10%	20%	70%	—	—	100%
	A	10%	10%	80%	—	—	100%
	B	—	20%	70%	10%	—	100%
	C	—	10%	70%	15%	5%	100%
	D	—	—	70%	20%	10%	100%

等级说明:A+代表优秀;A代表优;B代表良;C代表中;D代表差。

4. 各等级的奖金分配系数

根据绩效管理制度的规定,对员工参加年度绩效考核后所获得的等级落实员工的奖金分配。

个人年度绩效考核等级与奖金分配系数表,见表8-14。

表8-14 个人年度绩效考核等级与奖金分配系数表(示例)

考核等级	A+	A	B	C	D
奖金分配系数	2.0	1.5	1.0	0.8	0～0.8

员工的年度绩效考核也存在正、负激励两种方式,下面举例说明:

假设,江苏分公司张经理的年度奖金基数为20 000元。

一是正激励:本年度绩效表现良好,绩效考核等级被评为A+,奖金分配系数为2.0,年度奖为20 000元×2.0=40 000元,被激励奖金20 000元。

二是负激励:本年度绩效表现欠佳,个人年度绩效考核等级被评为C,奖金分配系数为0.8,年度奖为20 000元×0.8=16 000元,被罚扣奖金4 000元。

通常情况下,公司追求的是扩大规模和提高净利润,员工追求的是提升收入和促进职业发展,只有解决负激励的问题才能够让员工定下心来谋发展。需要企业在打下良好绩效管理基础"守正"的同时,采用东方管理思想,运用"出奇"策略进行高效的创新驱动,加大贡献者激励力度,实现企业与员工的"双赢"目标。

企业"守正""出奇"示意图,如图8-14所示。

十、奖金池预算与分配规划

"军无财，士不来；军无赏，士不往。"G公司强调增长型战略，既关注利润与回款又关注收入和客户，鼓励多劳多得，员工打的"粮食"越多，公司给员工分享的奖金就越多。

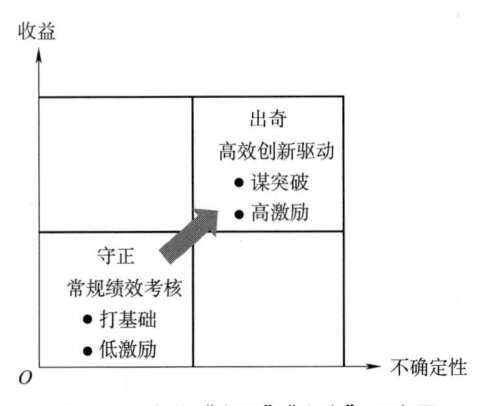

图8-14 企业"守正""出奇"示意图

1. 奖金池的预算来源

奖金池的资金来源主要是从"提高天花板"的利润增长与"压低地板"的成本费用降低等方面按一定比例提取，共创、共赢和共享，动态调整。

（1）从增量净利润提升中提取。假设预算净利润同比增长1亿元，提取10%作为奖金，预算奖金增量为1 000万元。

（2）从成本节约或费用降低的空间中提取。比如，成本降低、费用下降、工期缩短等撙节的成本费用。假设，年度预算的成本费用撙节总额为1亿元，提取10%作为奖金，奖金池奖金增量为1 000万元。

（3）绩效考核方面的"负激励"奖金返还。

（4）惩罚留存金额。因部门或员工违反公司相关规定而被罚扣的钱，纳入奖金池。

（5）从历年结存的利润、集团总部等上级单位发给的奖金中提取一定比例等。

2. 奖金池的分配

奖金池可以采用总包切分型，公司设计一个总奖金包，各部门根据年度预算确立其财务贡献，按一定比例进行切分奖金额，视情况动态调整占比。

G公司的总奖金额预算与部门奖金分配预算，见表8-15。

表8-15 部门奖金预算与分配（示例） 单元：元

序号	部门		总人数	人均月奖金额	人均年奖金额	奖金预算	备注
1	营销中心	营销业务团队	3 500	1 500	18 000	63 000 000	1.各部门负责人制定部门奖金分配制度，经总经理办公会审批后执行
2		市场管理团队	100	1 000	12 000	1 200 000	
3		职能服务团队	150	800	9 600	1 440 000	
4	生产中心	生产团队	3 500	1 000	12 000	42 000 000	
5		职能服务团队	200	800	9 600	1 920 000	
6	研发中心	研发部	200	1 000	12 000	2 400 000	
7		职能服务团队	20	800	9 600	192 000	
8	物流事业部	采购团队	100	1 000	12 000	1 200 000	
9		职能服务团队	10	800	9 600	96 000	
10	质量管理中心		100	1 000	12 000	1 200 000	
11	财务中心		100	1 000	12 000	1 200 000	
12	人事行政中心		170	800	9 600	1 632 000	2.员工获得奖金后须签字确认，由各部门负责人将签字材料递交绩效管理部门存档备案
13	其他部门		500	800	9 600	4 800 000	
14	积分制奖金（预留）		—	—	—	7 500 000	
	合计		8 650	—	—	129 780 000	
	人均激励奖金（元/年）					15 003	

部门负责人须做好奖金预算管理，在公司制定下一年度预算时，提前规划部门的奖金总额度、使用范围、发放时间，包括各月度、季度、半年度、年度等不同阶段所需要发放的奖金，确保资金配置能够及时到位。

让基层员工高兴的是，G公司总经理一直强调不能让奖金池"睡大觉"，对各部门负责人规划的年度绩效奖金使用效率进行排名，奖金总额没有使用完且排名在倒数10%以内的管理者，将调整岗位或淘汰出局，倒逼管理者不能懒政，主动思考做绩效改善项目。将重点放在淘汰管理者上，发生了意想不到的变化，管理焕然一新，实现为了管理者为公司作贡献，为员工谋收益之目的。

十一、绩效改进的实施措施

绩效持续改进需要根据自身实际情况实施，采用绩效管理方法包括：KPI绩效考核、指标竞赛、OKR、军令状、积分制、股权激励、驱动高效创新的技能开发活动、网格化管理等。在前面的章节有阐述KPI、OKR、股权激励等内容在前面的章节已经阐述过，这里不再赘述，只讲述G公司常用的军令状、指标竞赛、驱动高效创新的技能开发活动、网格化管理等方法。

1. 军令状

军令状是古代将士在接受军令后所立的保证文书，上面载明如不能完成任务愿依军法处置等内容。这相当于签订战时的保证书，是对明确责任、落实责任、追究责任的形象化表达，凸显了任务的高度严肃性、神圣庄严性，以及未完成任务时将被严厉追责的处罚性。

G公司为了激励管理者全力以赴、协同作战，加速实现高挑战目标，经常会让有关部门负责人签署军令状，以营销团队居多。

【案例分享：G公司军令状】

> 为了加速实现年度公司经营目标，配合公司产能扩展的需求，迅速占领全国生活用纸市场，特立此军令状，以激励销售团队全力以赴。

KPI指标，见8-16。

表8-16　KPI指标

KPI指标		单位	挑战目标
（省）分公司级团队	市场占有率		
	主要门店重要货架的产品占有率		
（市）营业所级团队	管辖区域高毛利产品的市场占有率		
	销售额排名在当地前三名门店中，高毛利产品的占有率		

（1）奖励标准。①分公司级销售团队达标奖。如果市场占有率与主要门店的综合货架占有率的KPI目标达成率≥100%，奖励相关销售团队50万元。②营业所级销售团队达标奖。如果城市营业所管辖区域高毛利产品市场占有率与销售额排名在当地前三名门店中，高毛利产品市场占有率的KPI目标达成率≥100%，奖励相关销售

团队5万元。③奖励标准说明。如果KPI指标只达成其中一项目标，达标的奖金按50%计算；如果有人为了实现目标不择手段，包括扰乱市场秩序、门店客诉等违规行为，直接取消获奖资格。

（2）立军令状人。部门、岗位、员工名单、预期贡献、奖金分配比率、罚扣率等（略）。

（3）奖金发放。经总经理办公会审核，总经理审批后执行。

（4）奖励期限。本军令状设立的期限为6个月，即7月1日至12月31日止。

2. 指标竞赛

指标竞赛是指聚焦标杆找差距，想办法找措施来补齐短板的一种绩效管理方法。以"对标排头兵·勇做赶超者"的精神分析指标、研究规则、主动思考谋划，苦干实干巧干，全方位跟踪落实。

绩效负责人在各部门的奖金池预算规划被总经理批准后，立即通过业务部门、职能服务部门的管理者制定其内部指标竞赛方案，以季度为单位，设立高挑战目标，大家以"比、学、赶、帮、超"的精神开展竞赛，通过相互比较与学习交流，取得成功的项目应做案例分享，典型案例在全公司推广。

【案例分享：G公司指标竞赛方案】

G公司营销中心开始试行以各分公司为利润中心单位以提高销售收入和营业利润。为了提高业务团队的工作积极性，特公布指标竞赛方案。

（1）竞赛指标与权重的设定。经过总经理办公会讨论后，在年度上半年度，各分公司经理的竞赛指标为营业收入，同比营业利润作为本季度的指标竞赛KPI项目。

分公司经理竞赛的指标与权重，见表8-17。

表8-17　分公司经理竞赛的指标与权重

项　目	营业收入		同比营业利润增长率	合　计
	目标达成率	增长率		
权　重	40%	20%	40%	100%

（2）竞赛目标的设定。①营业收入目标以个人年度绩效考核表中的"挑战目

第八章 综合案例：奉行运动健将精神的绩效管理体系

标"为基准；②营业收入、同比营业利润的增长率与上一年度同期指标为基准；③如果该指标实际达成低于比较基准，在未有改善的情况下，按0分计算。

（3）排名公告。每月度结束后的5个工作日内，公布上月度各分公司经理的指标竞赛排名，半年度按其月度排名的平均值进行排名奖励。

（4）奖励方式与成功经验分享。在本轮指标竞赛中，综合排名优秀者，可获得奖金：第1名，奖金3万元；第2名，奖金2万元；第3名，奖金1万元。

①根据营销中心安排的培训计划，主动在跨分公司单位之间落实成功经验分享与培训，经过参加培训人员的评价，评分在90分以上者，将获得总经理颁发的"年度优秀省级经理"奖章。如果参加集团或公司组织的半年度指标竞赛大会，因表现优秀而获得竞赛奖金的团队，按公司指标竞赛的相关管理制度办理。

②指标竞赛实行末位淘汰制，如果连续两个轮次的竞赛排名在倒数第3名之内且业绩实际达成情况低于去年同期者，必须及时调整其岗位，把岗位腾出来给优秀人才担任。

注意事项：G公司强调健康团队指标竞赛，而不是个人英雄主义。分公司经理只是代表本分公司团队参加指标竞赛，获得的所有荣誉归团队，奖金也是归团队而不是归个人所有。在奖金分配时，必须按照员工的贡献度排名进行奖金分配，见表8-18，实现有奖同享、责任共担之目的。

表8-18 指标竞赛奖金分配到个人（示例）

序号	姓名	职务	占比	金额（元）	签名
1		分公司经理	30%	9 000	
2		营业所长	15%	4 500	
3		客户主管	5%	1 500	
4		业务代表A	3%	900	
5		业务代表B	2%	600	
6		业务代表C	1%	300	
7		市场经理	3%	900	
8		督导	3%	900	
9		销售支持	2%	600	
10		营管	2%	600	

续上表

序号	姓名	职务	占比	金额（元）	签名
11		财务	2%	600	
12		人事行政	2%	600	
13		团队活动基金预留	30%	9 000	
合计	—	—	100%	30 000	—

（5）标竞赛的成效。通过阶段性指标竞赛，一是给团队成员创造积极向上的氛围，二是对表现优秀的员工及时晋职加薪，承担更大的责任，通过"赛马不相马"机制，让优秀人才成批地脱颖而出。

【案例分享：G 公司营销 MBOS 竞赛】

> 在2009年7月，G公司受到美国次贷危机的影响，生活用纸销路不畅导致产品滞销，甚至仓库的走廊上都堆满了产品。为了提振一线员工士气，公司举办了营销MBOS竞赛大会，根据大会竞赛规则，荣获一等奖的奖金为5 000元、二等奖的奖金为3 000元、三等奖的奖金为2 000元。然而，在经过激烈竞赛后的颁奖环节，老板说："员工们非常辛苦，各级管理者要鼓励员工力创高绩效，这次把竞赛奖金做一下调整：一等奖的奖金为5 000美元、二等奖的奖金为3 000美元、三等奖的奖金为2 000美元。"奖励力度翻了6倍多，获奖者拿到奖金之后，大家群情振奋，"不用扬鞭自奋蹄"。在这次大会精神的引导下，重燃组织激情，大家顶住压力、齐心协力，将仓库积存品卖了个精光。颁奖的事很快被快消品行业的员工知晓，一时成了佳话。试想一下，公司面临产品滞销，甚至爆满仓库的情况下，如果采用常规的绩效管理方法，根本达不到上述效果的。
>
> 一个好的绩效激励机制，需要在扎实做好"守正"的基础上，采用"出奇"的绩效管理方法，让员工"如鱼在水"的环境下工作，有利于战略目标的实现。

3. 驱动高效创新的技能开发活动

技能开发活动是指针对高难度挑战目标，成立跨部门的项目团队，驱动管理者运用创新的突破性思维，找到解决之道，实现缩小乃至消除与目标的差距。其宗旨在于解决问题、激发创新、增强技术能力，通过团队合作巩固和提升组织绩效。参

第八章 综合案例：奉行运动健将精神的绩效管理体系

加技能开发活动项目的团队成员可以事先深入了解跨部门之间的业务情况。

G公司的技能开发活动通常以财务指标为抓手，以"做正确的事、把事情做正确"的思想开展工作，培养持续改进的进取文化。技能开发活动项目内容包括主题选择、项目立案、项目进度追踪、项目结案、成果发表等流程。

【知识拓展：技能开发活动的操作流程】

（1）技能开发活动项目主题。技能开发活动项目主题一般是先从财务角度思考，设立EBITDA 15%提升至EBITDA 20%的目标，通过财务指标的逐一分解，如图8-15所示，将指标落实到有关部门执行，让大家把工作重点聚焦在"做正确的事情"上。管理者收到任务后，立即召集部门内部会议，将指标逐一拆解到所管辖的二级部门执行。各二级部门负责人为了实现高挑战目标，分别制定技能开发活动项目主题，大家并力一向。

以营销中心为例，每年下属单位主动提出的技能开发活动项目主题共有100个以上，主题包括：提升新品销量、提升吨单价、产品销量提升、销售费用合理化、降低费用率、改善逾期账款、清理待核销费用、通路精耕与开发、空白市场开发等。

（2）技能开发活动项目立案。技能开发活动项目活动小组项目立案应具备以下条件：

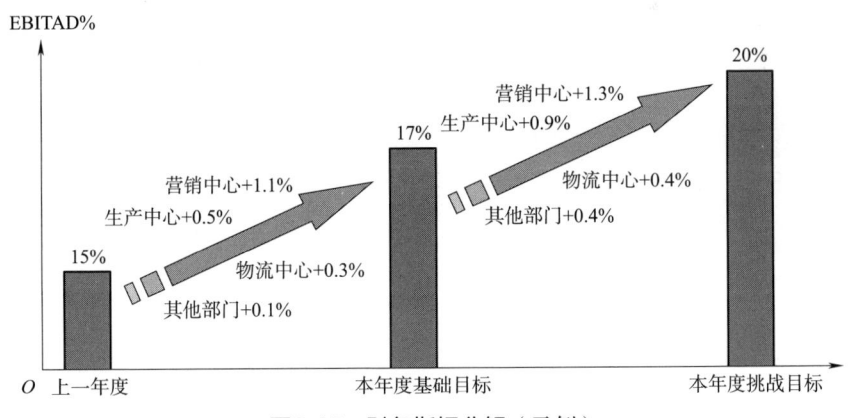

图8-15 财务指标分解（示例）

① 有明确可量化的目标，或不可量化的创新管理改善项目。
② 对现状评估可量化，或不可量化的管理改善项目。
③ 明确的团队组织，包括小组长、小组秘书、组员。
④ 有活动期限，设立明确分月或阶段性目标。

⑤预估效益。
⑥活动方法概要说明。
⑦制定成果奖励方案。

由项目小组长填报技能开发活动项目小组登录表，经项目负责人核准后，报总经理办公会评审后，符合条件者立案。

技能开发活动项目活动登记表，见表-19。

表8-19 技能开发活动项目活动登记表（示例）

1. 小组名称				
2. 活动主题				
3. 小组长				
4. 活动成员	姓　名	单　位	姓　名	单　位
5. 活动目标（尽量以可以量化的目标表示）	项目	改善前	改善后	改善目标
6. 预估经济效益				
7. 奖励办法				
8. 活动期限	自　　年　　月　至　　年　　月			
总经理	人力资源部	项目负责人	小组长	申请人

第八章 综合案例：奉行运动健将精神的绩效管理体系

（3）技能开发活动项目进度追踪。由小组长依据工作计划，定期或不定期召开小组会议，跟踪工作进度，如果小组活动存在的障碍或困难，立即请求项目负责人提供资源支持，排除障碍。

技能开发活动项目月度报告表，见表8-20。

表 8-20　技能开发活动项目月度报告表（示例）

序　号	问题点	改善措施	负责人	完成日期	执行成果

（4）技能开发活动项目结案。当技能开发活动项目活动达成预定目标时，小组长要填报技能开发活动项目成果报告表，主要内容包括：背景说明、项目成员、现状分析、设立目标、问题分析与对策、工作计划、成果及经济效益、主要的学习心得与创意、后续成果如何巩固等。

技能开发活动项目成果报告表，见表8-21。

表 8-21　技能开发活动项目成果报告表（示例）

部　门					
小组名称		项目主题			
项　目	改善前	改善目标	实际改善	效　益	成果巩固
效益评估					

（5）技能开发活动项目成果发表。公司每半年举办一次技能开发活动项目成果发表会，根据参赛技能开发活动项目的数量，奖金预算情况，设立获奖数量及其奖金额度。技能开发活动项目组长得到成果发表会的通知之后，按规定填写参赛申请表，经过审批后获得参赛资格。

技能开发活动项目成果发表会奖励，见表8-22。

表 8-22　技能开发活动项目成果发表会奖励（示例）

排　名	奖金额（元）	名　额	备　注
一等奖	5 000元	1名	奖励名额与奖金额，根据参加比赛的人员数量、奖金预算等情况，进行调整
二等奖	3 000元	2名	
三等奖	2 000元	3名	
参与奖	1 000元	不限	

（6）技能开发活动项目成果奖励。当技能开发活动项目小组活动达成预定目标时，由项目负责人在总经理办公会上做技能开发活动项目成果报告，项目财务成果经过财务总监审核和总经理审批后，予以奖励。

技能开发活动项目财务成果奖励方案，见表8-23。

表 8-23　技能开发活动项目财务成果奖励方案（示例）

财务效益	奖金率	备　注
等级第1阶段：50万元以下	2%	0
等级第2阶段：50万（含）～100万元	3%	50万元以下按2%计算
等级第3阶段：100万（含）～500万元	4%	50万元以下按2%计算 50万～100万元按3%计算
500万元以上	专案核准	—

技能开发活动项目负责人对项目成员分配奖金时，必须遵照成员对项目贡献度的大小分配奖金。所有获奖的人员要在奖金分配表上签名确认。技能开发活动是通过聚焦问题，运用PDCA的管理循环不断解决公司在经营管理中出现的新问题，达到持续改进、不断创新之目的。

4. 网格化管理

网格化管理是以客户为中心的服务理念，实行"定格、定人、定责"的管理模式，通过业务团队做好客户建档，精准营销，进而提高客户贡献度，提升营销团队的精细化管理能力。G公司为了提高整体运营绩效，采用网格化管理，每个重要城市的营业所所长负责20～30个网格，网格的负责人叫网格长，组织采用1+N模式管理，即1名网格长和N名员工组成一个网格。要求网格长做到一岗多能，利用PDA （personal digital assistant，个人数字助理）信息化手段，实行就近管理，及时服务客户，解决现场问题，促进整体销售收入的增长。

【知识拓展：网格化管理的操作流程】

（1）城市分级。以城市的人口数、GDP、中高档纸品销售额、人均月用纸量等要素为依据，划分城市等级，见表8-24。

表8-24 城市分级（示例）

城市等级	对应行政区划	中高档纸品的市场容量
一级	直辖市，经济发达省会城市，计划单列市	容量≥120吨/月
二级	一般省会城市，地级市，商业发达县级市	90吨/月≤容量<120吨/月
三级	经济不发达的地级市、县级市，经济发达的县城	60吨/月≤容量<90吨/月
四级	县城	30吨/月≤容量<60吨/月
五级	不发达县城	容量<30吨/月

（2）绘制门店网点地图。根据各城市覆盖区域，绘制门店网点地图，找到业绩发展较快的城市、门店、产品品类等，有目的地规划经销商布局、合理配置资源，包括业务人员、费用支持等。

（3）划分业务负责片区。根据业务的工作饱和度与负责门店数量，规划出业务的责任区域。

（4）巡查门店。业务员每周内要完成责任区域内所有门店的巡查。业务员在每天巡查门店时，要做好门店服务工作，包括商品库存、铺货、补货、新品促销，了解产品竞争力度、处理客诉纠纷等工作，针对自己不能解决的问题要及时向上级领导报告，在该问题解决后，落实下一家门店的巡查工作。

（5）网点信息管理。业务在每次巡查完门店之后，及时将该门店信息录入手机PDA数字化系统，前台业务录入PDA数字化系统的所有资料将会及时转存入营销中心的信息化系统，中台职能服务人员通过营销中心的信息化系统，就能了解到该门店进货量、出货量、库存量、促销力度、产品竞争等信息，并根据业务管理的需要，及时向业务提供专业支持，提升业绩。

（6）绩效考核。基于信息化的网格化管理，营销中心的管理者通过信息化系统能够知道业务在每一个工作日的工作表现：一是能够及时提供资源帮助业务员解决问题；二是推动业务员想办法提高每个网点的贡献度。因此，公司对业务员的绩效考核是按照其负责片区内的所有门店进行考核，主要考核指标为业绩目标达成率、业绩增长率、新客户开发数等，旨在推进业务想办法提升销售额。

　　G公司采用网格化管理，结合PDA数字化系统，落实了"一线呼唤炮火，打赢网格长的战争"模式，既提高了产品的分销量，又实现了创新谋划、精准施策。比如，生活用纸市场上分别有以木浆、草浆、竹浆、混合浆为原料制成的纸张，各纸品制造商之间，经常打价格战，竞争非常激烈。有一次营销总经理走访一线市场，与随行业务人员一边看商品一边聊天地询问："什么纸品卖得好？用户为什么买这类纸品？"业务员说："还是用木浆为原料做的纸品最好卖，我们的产品要是能突出是纯木浆制造的，一定会更好卖"。营销总经理回到宾馆，认真查询了PDA数字化系统中员工与用户反馈的信息，口中反复念道："用纯木浆为原料做的纸品好销售，纯木浆原纸，原木纯品纸。"瞬间顿悟，及时推出定位为"原木纯品"系列生活用纸，这个差异化产品定位拉升了品牌效应，锚定"原木纯品"的新品非常畅销。特别是盒装面纸"平地起惊雷"，在中高端产品的市场占有率很快冲到了30%以上，原木纯品已经成为中国生用纸类产品的代名词了。这是网格化+信息化管理超越传统管理给公司绩效提升创造的价值，也是给我国人民生活水平的提升带来了贡献。

后 记

这本写给企业管理者，特别是从事人力资源管理同仁的绩效管理实务书，自2022年3月初，闭门在家整理十多年沉淀下来的企业管理咨询笔记和绩效管理实操材料以来，至2024年12月，稿件修改完成，前后共耗费两年多时间的磨砺。这是本人多年绩效管理咨询和实战经验的结晶，希望对读者有所帮助。

绩效管理是一门技术，也是一门学问，具有较强的专业性和实践性。我们能够通过"干中学、学中干、学以致用、用以促学、学用相长"的方式，在实战中总结经验、提高认知，掌握绩效管理的要点和诀窍。"水因地而制流，兵因敌而制胜。故兵无常势，水无常形；能因敌而制胜者，谓之神。"管理者要根据企业所在发展阶段的特点和挑战，结合内外部环境变化和竞争势态等因素，不断优化绩效管理体系。通过合理的方法激励员工，促进员工个人绩效和企业整体绩效的共同成长，将人力资源转化为企业核心竞争力。

写到这里，感谢上海交通大学安泰经济与管理学院的颜世富教授、石金涛教授提供绩效理论知识指导；感谢复旦大学历史学系的何爱国教授、经济学院的余显财教授提供东方管理思想理论指导；感谢北大纵横管理咨询集团的周国来、李允洲、徐升华、汪亮、张威、李之川、慈书学、邵云翔、周春江、贺鸣、李运峰、赵时坤、许晓俊、吴梦怡、凡付涛、杨西林、方安兵、杨骞、黄程荣、祖丽胡玛尔·孜比不拉等专家顾问提供的管理咨询案例信息与技术支持；感谢上海慧圣咨询有限责任公司的郭淞、陈霜君、陈荣、李平、王允圣、严奉云等专家顾问提供的管理咨询案例信息支持；感谢金光集团APP（中国）的刘兴功、王贵国、蒋娅菲、杨庆华、欧充、宋建策、樊清亮、赵亮、孟建忠、黄爱国、龚蕾、方玉宽、赵志贤、刘斌等同仁的鼓励。特别感谢我的太太和其他家人的理解和支持；此外，还要感谢提供资料，给予帮助的同事们。

谨以此文，向大家致以衷心的感谢和深深的敬意！

参考文献

[1] 颜世富. 绩效管理[M]. 北京: 机械工业出版社, 2021.

[2] 颜世富. 管理要务[M]. 北京: 机械工业出版社, 2010.

[3] 石金涛. 绩效管理[M]. 北京: 北京师范大学出版社, 2007.

[4] 彭剑锋. 人力资源管理概论（第三版）[M]. 上海: 复旦大学出版社, 2018.

[5] 唐政. 企业年度经营计划与全面预算管理[M]. 北京: 人民邮电出版社, 2016.

[6] 秦杨勇. 战略解码: 华为等公司战略落地的利器[M]. 北京: 中国人民大学出版社, 2021.

[7] 任康磊. 绩效管理工具: OKR、KPI、KSF、MBO、BSC应用方法与实战案例[M]. 北京: 人民邮电出版社, 2021.

[8] 江竹兵. 绩效增长: 人人都是绩效引擎[M].北京: 机械工业出版社, 2023.

[9] 沈小滨, 贺清君. 绩效领导力: 从绩效1.0到绩效3.0[M].北京: 中国法制出版社, 2020.

[10] 杨长清. 华为高绩效管理PBC: 上下同欲, 力出一孔[M].北京: 电子工业出版社, 2021.

[11] 郭京生. 绩效管理制度设计与运作[M]. 北京: 中国劳动社会保障出版社, 2012.

[12] 姚琼. OKR敏捷绩效管理你学得会[M]. 北京: 中华工商联合出版社, 2019.

[13] 陈劲, 陈家赐. 成为奥林匹斯山的企业[EB/OL].(2022-03-09)[2024-05-19].https://mp.weixin.qq.com/s/DAkm5YawHBhUJA6MK8TB5g.

[14] 帆软. 如何优化三公医院绩效考核? 公立医院绩效考核管理平台搭建方案[EB/OL]. (2024-03-15)[2024-05-24].https://www.sohu.com/a/764335997_218639.

[15] 戴璐. 基于平衡计分卡的铁路运输企业绩效考核研究[EB/OL].(2021-02-07）[2024-05-25]. https://www.chinamas.cn/al/list/430.

[16] 黄晶晶. 数字化时代绩效管理趋势特征及实施建议[EB/OL].(2023-07-24)[2024-06-26].https://mp.weixin.qq.com/s/kXrOGss3_da3dqLaFtHZog.

[17] 张威. 积分制管理在企业应用蓝皮书[EB/OL].(2023-06-01)[2024-06-27].https://mp.weixin.qq.com/s/0fyULrFYLVnRhSHTUEDZMg.

[18] 张小峰. 数智时代, 绩效管理10大新趋势[EB/OL].(2024-07-31)[2024-08-05].https://https://news.sohu.com/a/797480713_121124364.